이근철의 왕초보 영문법 탈출

이근철의
왕초보 영문법 탈출

1판 1쇄 발행 2013. 7. 12.
1판 4쇄 발행 2014. 8. 22.

저자 이근철
기획 (주)이근철영어문화연구소, 크레듀 외국어연구소

펴낸이 박민우
기획팀 송인성, 김선명, 박민하
편집팀 박우진, 박영숙, 김영주, 김정아, 최미라
관리팀 임선희, 정철호, 김성언, 라영일
펴낸곳 (주)도서출판 하우
주소 서울시 중랑구 망우로68길 48
전화 (02)922-7090
팩스 (02)922-7092
홈페이지 http://www.hawoo.co.kr
e-mail hawoo@hawoo.co.kr
등록번호 제306-2004-22호

값 14,900원
ISBN 978-89-7699-956-6 13740

Copyright ⓒ 2013 by 이근철

All rights reserved.
No part of this publication may be reproduced, stored in a retrieval system,
or transmitted in any form or by any means, electronic, mechanical, photocopying, recording,
or otherwise, without the prior permission of the publisher.

이 책은 저작권법에 따라 보호받는 저작물이므로 무단전재와 무단복제를 금지하며,
이 책 내용의 전부 또는 일부를 이용하려면 반드시 (주)크레듀와 (주)도서출판 하우의 서면 동의를 받아야 합니다.

이근철의 왕초보 영문법 탈출

KBS FM 굿모닝팝스
이근철 지음

cr_edu Hawoo

이 책의 구성

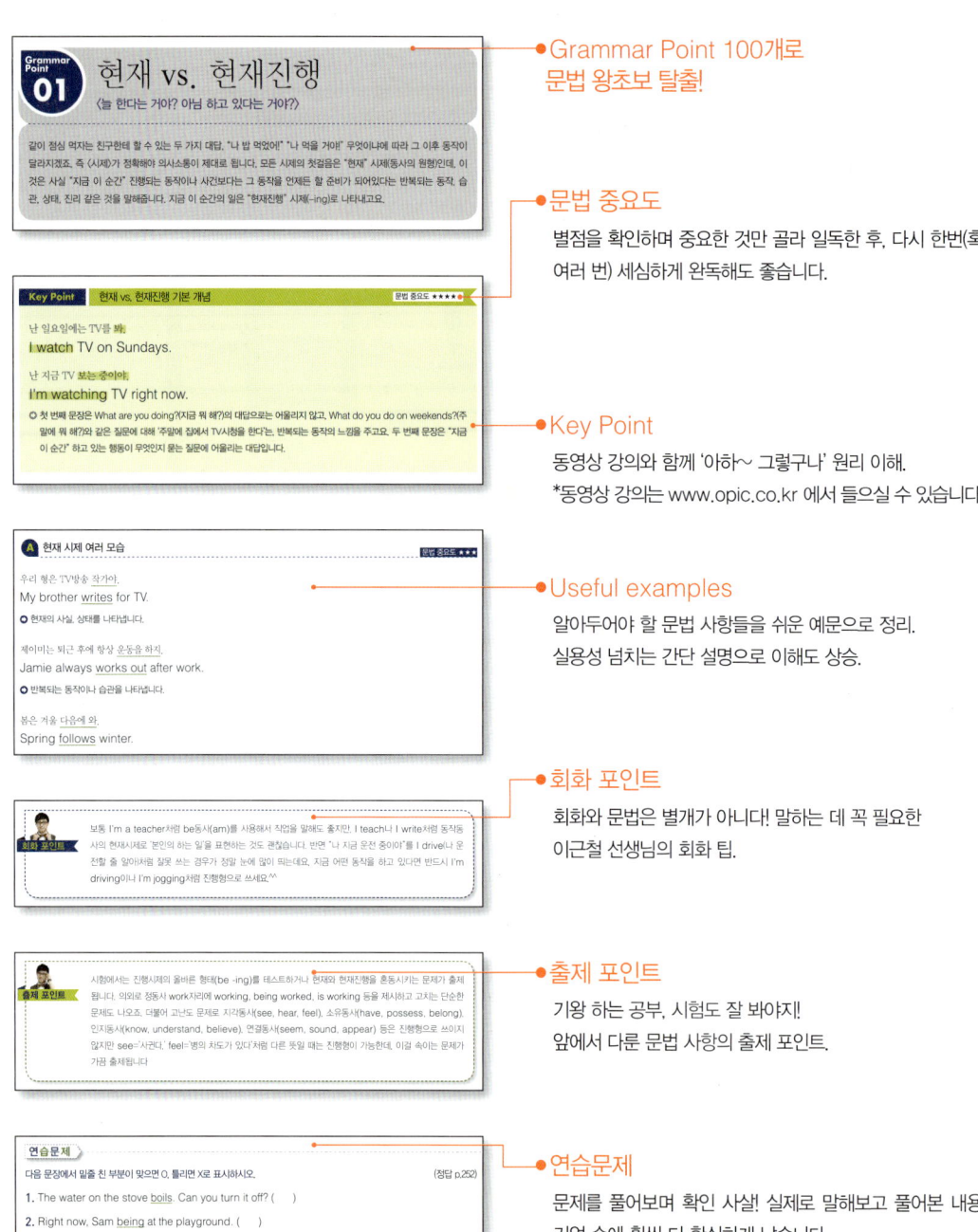

- **Grammar Point 100개로 문법 왕초보 탈출!**

- **문법 중요도**
  별점을 확인하며 중요한 것만 골라 일독한 후, 다시 한번(혹은 여러 번) 세심하게 완독해도 좋습니다.

- **Key Point**
  동영상 강의와 함께 '아하~ 그렇구나' 원리 이해.
  *동영상 강의는 www.opic.co.kr 에서 들으실 수 있습니다.

- **Useful examples**
  알아두어야 할 문법 사항들을 쉬운 예문으로 정리.
  실용성 넘치는 간단 설명으로 이해도 상승.

- **회화 포인트**
  회화와 문법은 별개가 아니다! 말하는 데 꼭 필요한 이근철 선생님의 회화 팁.

- **출제 포인트**
  기왕 하는 공부, 시험도 잘 봐야지!
  앞에서 다룬 문법 사항의 출제 포인트.

- **연습문제**
  문제를 풀어보며 확인 사살! 실제로 말해보고 풀어본 내용이 기억 속에 훨씬 더 확실하게 남습니다.

Not skills but philosophies!
Not knowledge but realization!

머리말

여러분, 영문법은 왜 필요할까요? 영어회화를 위해 영문법을 멀리해야 하는 걸까요? 영문법 문제를 만드는 출제위원들은 무엇을 기준으로 시험문제를 낼까요?

중학교 때, 영어 교과서의 내용을 모두 암기했기에 특별히 시험에서 틀릴 것이 없었던, 그래서 늘 즐겁게 영어를 대했던 기억이 납니다. 한편 고등학교 때 처음 중간고사에서 수많은 어려운 영문법 용어에 무척 당혹해 했던, 그래서 여름방학 때 하루 15시간씩 공부해서 영문법 책을 모두 암기했던 기억 또한 떠오릅니다.

이제 돌이켜 보면, 반드시 알아두어야 할 영문법부터 더 이상 쓰이지 않는 사라진 영문법까지 꼼꼼하게 발라내고 추려낸 것을 여러분과 함께 나눌 수 있게 된 것은 20년 넘게 가르치고, 통역하며, 방송을 통해 받았던 수많은 한국인과 원어민의 feedback의 결과물이 아닐까 생각합니다.

영문법에서 무엇이 가장 중요하고, 무엇은 나중에 해도 되는지, 무엇이 회화에 요긴하고, 무엇이 출제위원들이 좋아하는 항목인지 궁금해 하셨던 분들께는 100가지의 문법 포인트를 통해 문법의 허와 실 그리고 문법 원리를 재미있고 쉽게 이해하는 색다른 기회가 되실 겁니다.

영문법은 무조건 암기해야 할 대상이 아니라, 영어 말하기와 영어 글쓰기를 좀 더 자신감 있고, 즐겁고, 효율적으로 하기 위한 든든한 기초가 된다는 것, 꼭 기억하시고 이 책을 시작하셨으면 합니다!

작은 결과이지만 많은 정성이 들어갔습니다. 우선 좋은 제안을 해 주신 (주)크레듀의 임영휘 대표님, 김미정 센터장님, 계영아 연구소장님과 담당자로 애써주신 진수현 과장님께 감사드립니다. 그리고 내지 디자인에서 표지까지 최선을 다해 좋은 결과 만들어 주신 구진희 실장님, 좋은 아이디어로 동영상강좌의 기획, 촬영, 편집까지 잘 마무리 해준 〈이근철 영어문화연구소〉의 이찬형 부장님께 무척 감사드립니다. 무엇보다도 책의 처음부터 끝까지 모든 것을 정성과 지혜로 함께하면서 양육하듯 좋은 결과를 만들어 주신 김진원 부장님께 진심으로 고마운 마음 전하고 싶습니다. 마지막으로 더 생각하고 행동하고 깨닫고 그래서 가진 지혜를 나누려는, 스킬이 아니라 철학을 찾는 모든 분들, 그리고 늘 유쾌한 깨달음을 주는 저의 가족과 선후배 벗들에게도 감사드립니다.

여러분, 쌓으려는 지식은 쉬 사라지지만 진정한 깨달음은 나를, 나아가 남을 그리고 결국에는 나를 둘러싼 온 우주를 변화시키게 됩니다. 늘 맑은 에너지와 열정으로 매 순간 행복함을 만들고 나누는 멋진 영혼이 되시기를 기원하겠습니다.

Contents

이 책의 구성   04
머리말   05

세상을 움직이는 힘 〈동사〉 편

Class 1. 시제 ● 3 x 4 = 12 시제   11
    1 현재 vs. 현재진행   12
    2 과거 vs. 현재완료   14
    3 미래 표현: will vs. be going to   16
    4 진행시제: 현재, 과거, 미래   18
    5 완료 vs. 완료진행   20
    Class 1 정답   24

Class 2. 조동사 ● 너의 마음과 감정을 보여줘!   25
    6 가능과 허락: can vs. may   26
    7 의무의 조동사   28
    8 will vs. would   30
    9 추측의 조동사   32
    10 의미 주의 조동사   34
    Class 2 정답   36

Class 3. 문장의 형식 ● 지루하지 않고, 다양하게 말해봐!   37
    11 주어 + 동사 (1형식)   38
    12 주어 + 동사 + 보어 (2형식)   40
    13 주어 + 동사 + 목적어 (3형식)   42
    14 목적어가 두 개 (4형식)   44
    15 동사 + 목적어 + 목적보어 (5형식)   46
    Class 3 정답   48

Class 4. 동사구문 ● 세상을 움직이는 힘, 동사들!   49
    16 be는 '상태' do는 '행동'   50
    17 have 의 여러 모습   52
    18 make vs. have vs. let   54
    19 지각동사 + 목적어 + 동사   56
    20 자동사 vs. 타동사   58
    Class 4 정답   60

Class 5. 부정사 ● 동사의 변신 1   61
    21 동사 + to부정사 (명사적 용법)   62
    22 명사/의문사 + to부정사 (형용사적 용법)   64
    23 문장 + to부정사 (부사적 용법)   66

Contents

24 부정사의 가주어 vs. 의미상 주어	68
25 부정사 동반 동사	70
Class 5 정답	72

Class 6. 동명사 ● 동사의 변신 2 — 73
- 26 명사 자리에 동명사 — 74
- 27 동명사 동반 동사 — 76
- 28 과거 의미 동명사 vs. 미래 의미 to부정사 — 78
- 29 전치사 다음에 동명사 — 80
- 30 전치사 없는 동명사 — 82
- **Class 6** 정답 — 84

Class 7. 분사 ● 동사의 변신 3 — 85
- 31 명사 + 분사 or 분사 + 명사 — 86
- 32 동사 + 분사 — 88
- 33 동사 + 목적어 + 분사 — 90
- 34 분사구문 1 — 92
- 35 분사구문 2 — 94
- **Class 7** 정답 — 96

Class 8. 수동태 ● 입장 바꿔 생각해봐! — 97
- 36 수동태가 필요할 때 — 98
- 37 주어가 두 개인 수동태 어감 차이 — 100
- 38 수동태의 다양한 전치사 — 102
- 39 have[get] + 목적어 + 과거분사 — 104
- 40 의미/형태에 주의할 동사 — 106
- **Class 8** 정답 — 108

Class 9. 가정법 ● 네 상상력을 보여 줘! — 109
- 41 가정법 과거 — 110
- 42 가정법 과거완료 — 112
- 43 I wish ~ — 114
- 44 What if~? / or = otherwise — 116
- 45 가정 의미의 명사, 분사 — 118
- **Class 9** 정답 — 120

Class 10. 일치/화법 ● 색깔 맞추기/말 전하기 — 121
- 46 주어와 동사 수 맞추기 — 122
- 47 일부분 표현하기 — 124
- 48 심리적 동사 표시법 — 126
- 49 회화에서 가장 중요한 화법 — 128
- 50 명령문, and/or ~ — 130
- **Class 10** 정답 — 132

Contents

세상을 인식하는 힘 〈명사〉 편

Class 11. 명사 ● 저도 이름 있거든요! — 135
- 51 셀 수 있는 명사 — 136
- 52 셀 수 없는 명사 — 138
- 53 셀 수 없는 명사의 단위 — 140
- 54 의미상 복수 vs. 의미가 달라지는 복수 — 142
- 55 중요한 명사의 소유격 — 144
- Class 11 정답 — 146

Class 12. 대명사 ● 두말하면 잔소리! — 147
- 56 인칭대명사 & 의문대명사 — 148
- 57 it의 주요 쓰임 — 150
- 58 so vs. such vs. same — 152
- 59 one, another, other 기본 개념 — 154
- 60 no, none, either, neither 기본 쓰임 — 156
- Class 12 정답 — 158

Class 13. 형용사 ● 궁금해요? 명사의 정체를 알려 줘! — 159
- 61 형용사 + 명사 — 160
- 62 동사/명사 + 형용사 — 162
- 63 형용사 + 전치사 — 164
- 64 형용사 + to 부정사/that 절 — 166
- 65 의미 주의 형용사 — 168
- Class 13 정답 — 170

Class 14. 관사/한정사 ● 인간 소유욕의 산물! — 171
- 66 부정관사 a/an — 172
- 67 정관사 the — 174
- 68 무관사 / 속성, 기능 표시 — 176
- 69 all, every, each, most, some, any — 178
- 70 many/few, much/little vs. a lot of — 180
- Class 14 정답 — 182

Class 15. 부사 ● 궁금해요? 동사의 정체를 알려줘! — 183
- 71 뜻에 주의할 부사 — 184
- 72 부사의 위치 — 186
- 73 ago, since, already, still — 188
- 74 enough, too, almost — 190
- 75 home, anymore, so — 192
- Class 15 정답 — 194

Contents 4

Class 16. 비교 ● 인간 경쟁심의 산물!   195
    76 동등 비교 (as~as: ~만큼)   196
    77 우·열등 비교 (-er/more: 더 vs. less: 덜)   198
    78 최상급 비교 (the -est/ the most~ vs. the best: 최고의)   200
    79 비교 관련 중요 표현들   202
    Class 16 정답   204

Class 17. 특수구문 ● 특이한 애들 다 모여!   205
    80 강조 표현: It is ~that, very, do   206
    81 반복을 피하기 위한 생략   208
    82 Never 강조, 감탄문!   210
    83 기본 삽입구/삽입절   212
    84 무생물 주어: What/명사   214
    Class 17 정답   216

세상을 연결하는 힘 〈연결어〉 편

Class 18. 전치사 ● 1차원, 2차원, 3차원을 넘나드는 힘!   219
    85 1차원 at, 2차원 on, 3차원 in   220
    86 기간을 나타내는 주요 전치사들   222
    87 점 at, 면 on, 공간 in   224
    88 위치를 나타내는 주요 전치사들   226
    89 원인과 비교의 전치사들   228
    90 기타 전치사 표현법   230
    Class 18 정답   232

Class 19. 접속사 ● 생각의 흐름을 읽게 해 주는 힘!   233
    91 Both A and B, Either A or B   234
    92 시간의 접속사   236
    93 이유, 원인의 접속사   238
    94 양보와 조건의 접속사   240
    95 결과, 목적의 접속사   242
    Class 19 정답   244

Class 20. 관계사 ● 동사와 명사를 이어주는 힘!   245
    96 관계대명사 who, whose, whom   246
    97 관계부사 where, when, how, why   248
    98 범용의 that   250
    99 선행사가 포함된 what   252
    100 주의할 관계사 -ever   254
    Class 20 정답   256

Class 01-10

세상을 움직이는 힘
〈동사〉 편

Class 01
시제

Grammar Point 01-05

⟨3 x 4 = 12 시제⟩

가만히 생각해 보면 우리가 일상 생활에서 가장 필요한 시간 개념은 일단 세 가지가 있습니다. "(무엇)했다, 한다, 할 것이다" 이와 같은 ⟨과거⟩, ⟨현재⟩, ⟨미래⟩가 시제의 기본이 되고, 여기에 "어제 저녁부터 오늘 아침까지"라는 식의 시작과 끝의 개념이 들어간 것이 ⟨완료⟩입니다. 그리고 어떤 일이 진행되고 있는 자체에 관심이 있으면 ⟨진행⟩, 완료와 진행을 합하면 바로 ⟨완료진행⟩이 되는 것이지요. 그래서 영어에는 우리말과는 다르게 열두 가지나 되는 시제가 존재합니다. 하지만 이 열두 가지 중 어떤 시제가 빈번하게 쓰이는지, 그리고 그렇게 표현하는 이유는 무엇인지, 쉬운 예문을 통해 정리하고 또 실제로 쓸 수 있다면 시제의 종류를 규정짓는 문법 용어 따위는 전혀 중요하지 않다는 것, 꼭 기억해 주세요!! Are you ready? Let's hit the road! 출발해 볼까요~

현재 vs. 현재진행
늘 한다는 거야? 아님 하고 있다는 거야?

같이 점심 먹자는 친구한테 할 수 있는 두 가지 대답, "나 밥 먹었어!" "나 먹을 거야!" 무엇이냐에 따라 그 이후 동작이 달라지겠죠. 즉 〈시제〉가 정확해야 의사소통이 제대로 됩니다. 모든 시제의 첫걸음은 "현재" 시제(동사의 원형)인데, 이것은 사실 "지금 이 순간" 진행되는 동작이나 사건보다는 그 동작을 언제든 할 준비가 되어있다는 반복되는 동작, 습관, 상태, 진리 같은 것을 말해줍니다. 지금 이 순간의 일은 "현재진행" 시제(-ing)로 나타내고요.

Key Point 현재 vs. 현재진행 기본 개념   문법 중요도 ★★★★★

난 일요일에는 TV를 봐.
I watch TV on Sundays.

난 지금 TV 보는 중이야.
I'm watching TV right now.

▶ 첫 번째 문장은 What are you doing?(지금 뭐 해?)의 대답으로는 어울리지 않고, What do you do on weekends?(주말에 뭐 해?)와 같은 질문에 대해 '주말에 집에서 TV시청을 한다'는, 반복되는 동작의 느낌을 주고요, 두 번째 문장이 "지금 이 순간" 하고 있는 행동이 무엇인지 묻는 질문에 어울리는 대답입니다.

A 현재 시제 여러 모습   문법 중요도 ★★★

우리 형은 TV방송 작가야.
My brother **writes** for TV.

 현재의 사실, 상태를 나타냅니다.

제이미는 퇴근 후에 항상 운동을 하지.
Jamie always **works out** after work.

 반복되는 동작이나 습관을 나타냅니다.

봄은 겨울 다음에 와.
Spring **follows** winter.

 진리도 현재시제로 나타냅니다.

B 현재진행형이 어울리지 않는 경우　　　　　　　　　　　문법 중요도 ★★★

나는 요즘 새 여자친구를 사귀고 있어. vs. 나는 지금 이 그림을 보고 있어.
I'm seeing a new girl these days. [O] vs. I'm seeing this picture. [X]

- see와 같은 동사는 I'm seeing this picture와 같이 '본다'는 뜻은 진행형으로 쓰지 않지만, see가 누구를 '사귄다'는 의미일 때는 진행형이 가능합니다.

C 현재진행형이 미래를 나타낼 때　　　　　　　　　　　문법 중요도 ★★★

나 시장 보러 갈 건데, 같이 갈래?
I'm going grocery shopping. Do you want to come?

- 정해진 미래를 보여줄 때 진행형이 사용됩니다. '쇼핑을 하겠다'는, 이미 정해진 마음의 상태가 드러나죠.

보통 I'm a teacher처럼 be동사(am)를 사용해서 직업을 말해도 좋지만, I teach나 I write처럼 동작동사의 현재시제로 '본인의 하는 일'을 표현하는 것도 괜찮습니다. 반면 "나 지금 운전 중이야"를 I drive(나 운전할 줄 알아)처럼 잘못 쓰는 경우가 정말 눈에 많이 띄는데요, 지금 어떤 동작을 하고 있다면 반드시 I'm driving이나 I'm jogging처럼 진행형으로 쓰세요.^^

시험에서는 진행시제의 올바른 형태(be -ing)를 테스트하거나 현재와 현재진행을 혼동시키는 문제가 출제됩니다. 의외로 정동사 work 자리에 working, being worked, is working 등을 제시하고 고치는 단순한 문제도 나오죠. 더불어 고난도 문제로 지각동사(see, hear, feel). 소유동사(have, possess, belong). 인지동사(know, understand, believe). 연결동사(seem, sound, appear) 등은 진행형으로 쓰이지 않지만 see='사귄다.' feel='병의 차도가 있다'처럼 다른 뜻일 때는 진행형이 가능한데, 이걸 속이는 문제가 가끔 출제됩니다.

연습문제

다음 문장에서 밑줄 친 부분이 맞으면 O, 틀리면 X로 표시하시오.　　　　　　　　　　　(정답 확인 p.24)

1. The water on the stove <u>boils</u>. Can you turn it off? (　　)

2. Right now, Sam <u>being</u> at the playground. (　　)

3. Ted and Sara <u>are getting married</u> next week. (　　)

과거 vs. 현재완료

지난 일이야? 아님 지금이랑 관련 있어?

영어 공부를 참 힘들게 하는 것 중 하나가 바로 "현재완료"라는 시제 표현입니다. have + [과거분사]의 형태로 나타내는 이 표현법은 우리말로 바꾸어 놓으면 얼핏 과거 시제와 무슨 차이가 있을까 싶죠. 그런데 I "lost" my cell phone 이라고 하면 단순히 과거의 어느 시점에 '잃어버렸다'는 사실만 나타내는 한편, I "have lost" my cell phone이라고 하면 과거에 잃어버려서 '지금도 찾지 못했다' 그래서 '현재 휴대폰이 없다'는 정보까지 알 수 있습니다.

Key Point 과거 vs. 현재완료 기본 개념   문법 중요도 ★★★★

마틴은 5년 전에 한국에 있었어.
Martin was in Korea 5 years ago.

마틴은 5년 전부터 한국에 와 있어.
Martin has been in Korea since 5 years ago.

ⓞ 어떤 동작이 단순히 지나간 일이면 과거시제(was)를, 현재와도 상관이 있으면 현재완료(has been)를 사용합니다.

A 과거의 습관   문법 중요도 ★★★

방과 후에 컴퓨터 게임을 했었어[하기도 했지].
I used to[would] play computer games after school.

ⓞ 과거의 습관을 표현할 때 used to [동사]나 would [동사]를 이용할 수 있습니다. 그 중 would는 불규칙적인 습관을 나타내는데, 그 이유는 간단합니다. will이 "의지"를 보여주므로 '자기가 하고 싶은 때에 한다'는 불규칙적 습관에 would가 쓰이는 것은 당연한 일이죠. 한편 used to는 비교적 규칙적인 습관을 보여줍니다.

B 함께 사용되는 부사들   문법 중요도 ★★★★★

말리는 태어난 후로 지금까지 눈을 본 적이 없어.
Marley has never seen snow since he was born.

ⓞ '태어난 이래로 지금까지 쭉' 그렇다는 느낌이 바로 has seen에서 드러납니다. since 뒤에는 연도 등 과거의 어느 한 시점을 의미하는 명사나 절(= 주어 + 동사: 누가 무엇 했다)이 올 수 있습니다.

그는 3년 동안 거기 살았었지.
He lived there for three years.

그는 3년째 거기 살고 있지.
He has lived there for three years.

○ 기간을 표현하고 싶을 때는 for + [기간]을 쓰면 됩니다. 거기에 예전에 언제든 3년만 살았다면 첫 번째 문장을, 지금을 기준으로 거슬러 올라가 3년 동안이라면 두 번째 문장을 쓰면 됩니다. 의미 차이가 중요하니까 알아두세요.

마일즈 데이비스는 이 음반을 50년도 더 전에 녹음했어.
Miles Davis recorded this album more than 50 years ago.

○ 과거의 한때를 나타내려고 ago를 사용했습니다.

완료시제가 have + [과거분사]처럼 두 부분으로 이루어진 이유는 간단합니다. have는 동작이 끝나는 점(지금 현재)을, 과거분사는 동작의 시작점(지난 일)을 보여주기 때문이죠. 즉, "예전부터"와 "현재까지"라는 두 느낌을 형태에서 바로 알 수 있는 것입니다.

과거를 보여주는 어구(ago, yesterday...)와 함께 현재완료(have + 과거분사) 시제를 써놓고 틀린 것으로 고르게 하는 시험문제가 곧잘 나옵니다. 또 since를 과거시제와 써놓고 틀린 것으로 골라내게 하거나, for와 since의 의미를 혼동시켜 틀린 것으로 만드는 문제가 가장 많이 출제되는데요, 구분법은 for 다음에는 "기간"이, since 다음에는 "과거의 어떤 시점"이 나와야 합니다.

연습문제

다음 문장에서 밑줄 친 부분이 맞으면 O, 틀리면 X로 표시하시오. (정답 확인 p.24)

1. A few minutes ago, I heard about a bad train accident on the radio. (   )
2. Alexander Graham Bell has invented the telephone. (   )
3. It's already 9:30 pm and I waited here for over an hour. (   )

미래 표현: will vs. be going to
너의 미래를 알려주마

앞으로의 일을 말하는 미래 시제는 will과 be going to를 잘 활용하면 됩니다. 둘 다 우리말로는 '~할 것이다'라는 의미이고 앞으로 일어날 일에 대해 이야기한다는 점은 같지만, 차이는 분명 있습니다. will이 기본적으로 말하는 사람의 의지를 담고 있어서 순간적으로 결심한 사실을 나타내는 경우가 많은 한편, be going to는 생각의 단계에서 벗어나 행동이 시작된 일, 이미 예정된 일이라는 느낌을 줍니다.

Key Point will vs. be going to   문법 중요도 ★★★★

오늘 오후에 제시카를 만나려고 해.
I will meet Jessica this afternoon.

오늘 오후에 제시카를 만날 예정이야.
I'm going to meet Jessica this afternoon.

A: 이런, 카페트에 커피를 쏟았네.
B: 클리넥스 가져다 줄게.
A: Oops, I spilled my coffee on your carpet.
B: I will[✗am going to] get you some Kleenex.
○ 커피 흘릴 것을 몰랐기 때문에 순간 결심인 will만 어울리고 be going to는 불가능!

A 현재, 현재진행으로 미래 표현하기   문법 중요도 ★★★

그 콘서트는 7시 30분에 시작해.
The concert begins at 7:30.

그 콘서트는 7시 30분에 시작할 거야.
The concert will begin at 7:30.

○ 한국어의 '시작해'와 '시작할 거야'의 차이처럼 영어도 같은 느낌을 줍니다. 지금 당장 시작할 것처럼 확실히 정해져 있는 미래를 보여줄 때 첫 번째 문장과 같이 현재시제가 쓰입니다.

저스틴 비버의 새 앨범이 곧 나와.
Justin Bieber's new album is coming out soon.
- 정해진 미래를 보여줄 때 진행형이 사용됩니다. 필요한 작업들이 진행 중, 즉 출시가 이미 진행되고 있는 중이라는 맥락에서죠.

B 미래 의미의 표현 & 미래 대용 표현 문법 중요도 ★★★★

KAL 380편이 곧 착륙할 것이다 (예정이다 / 예상된다 / 기대된다 / 막 하려고 한다).
KAL 380 is (due / supposed / expected / about) to land soon.

난 쌤이 돌아오면[오자마자 / 온 후에 / 오기 전에 / 온다면 / 오지 않는다면] 사과할 거야.
I'll apologize to Sam when[as soon as / after / before / if / unless] he comes back.
- 문장 속에 미래 표현(I'll apologize)이 이미 있으면, when과 같은 표현 다음에는 "현재" 시제로만 미래를 표현해 줍니다.

쌤이 언제 돌아올지는 모르겠는데.
I don't know when Sam will come[✕comes] back.
- when이 시기나 때(언제 무엇 할지)의 의미일 경우는 현재로 미래를 대신하지 않습니다. 단, 이 때 when 앞에는 know와 같은 인지동사가 주로 쓰입니다.

will은 순간적인 결심. be going to는 예정된 일에 주로 사용하는데, [B]에 나오는 supposed나 expected 등의 어감을 충분히 살려 활용하면 대화가 더 다채로워진다는 것, 기억하세요. 참. be going to는 구어체에서 be gonna처럼 줄여서 쓰고 발음도 [거너]처럼 납니다. 미드, 영화, 회화에서 수도 없이 듣게 되실 거예요.^^

고시나 대학원, 기업체 시험에서 [B]의 두 번째 문장을 제시하고 시간이나 조건 표현(when, if...) 다음에 미래 시제(will come)를 써놓는 트릭이 가장 잘 등장합니다. 단 이때 주절이 I'll apologize ~ 처럼 미래라는 것을 확인하는 것이 문제의 관건이죠. 또한 be supposed to의 supposed를 suppose로 해놓거나, be about to [동사]를 be about -ing처럼 바꾸어 놓는 경우도 있습니다.

연습문제

다음 문장에서 밑줄 친 부분이 맞으면 O, 틀리면 X로 표시하시오. (정답 확인 p.24)

1. I'll apologize to her if she will call me first. (   )
2. We need to hurry up. The movie starts very soon. (   )
3. A: What are your vacation plans?
   B: I haven't decided yet. Maybe I'm spending my vacation in Hawaii. (   )

진행시제: 현재, 과거, 미래
무엇 "하는 중"이야 3형제

우리말에서 '~하는 중이다'로 표현되는 진행시제는 영어도 be(이다) + -ing(~중)로 똑같이 쓰면 되는데요, 기준으로 삼는 시점이 말을 하고 있는 "지금 이 순간"이 아닐 때는 be동사를 이용해 기준 시점의 시간을 표현할 수 있습니다. 과거의 어느 한때를 기준으로 진행되고 있었던 일이라면 was/were -ing(과거의 어느 때 ~하는 중이었다)로, 미래의 어느 한때를 기준으로 진행될 일이라면 will be -ing(미래의 어느 때 ~하는 중일 것이다)로 말이죠.

Key Point 현재진행 vs. 과거진행 vs. 미래진행   문법 중요도 ★★★

(지금) TV 보는 중이야.
I'm watching TV.

(네가 전화했을 때) TV 보는 중이었지.
I was watching TV (when you phoned me.)

(네가 돌아오면) 난 TV 보는 중일 거야.
I'll be watching TV (when you get back.)

A 과거진행   문법 중요도 ★★

불이 나갔을 때, 난 파일을 내려받는 중이었어.
I was downloading files when the lights went out.
○ 다운로드 동작이 진행 중이었을 때의 다른 동작의 개입을 when이 알려줍니다.

덩치 조는 학교에서 늘 아이들을 괴롭혔었지.
Big Joe was always bullying kids at school.
○ 아이들을 괴롭히는 것이 싫었다는 "불평/불만의 뉘앙스"가 있습니다. always, forever, constantly 등이 진행시제와 함께 쓰이면 말하는 사람이 불평하는 느낌이 담겨요.

B 미래진행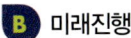

문법 중요도 ★

네가 돌아올 때쯤 난 컴퓨터로 작업을 하고 있는 중일 거야.
I'll be working on my computer when you get back.

네가 돌아오면 나는 컴퓨터로 작업을 할 거야.
I'll work on my computer when you get back.

○ 미래진행 시제(will be -ing)와 미래 시제 (will + 동사)의 차이점은 두 가지로 요약해 볼 수 있습니다. 첫째는, 무엇이 정해져 있다는 계획성을 미래보다 미래진행 시제가 더 잘 드러내 주고, 둘째는 미래진행 시제가 미래 시제보다 앞으로 있을 동작 자체에 대해 더 초점을 두는 느낌을 준다는 것입니다.

과거진행형이나 미래진행형은 when과 같은 비교시점이 함께 있어야 자연스럽게 들립니다. 즉 과거진행형은 거의 대부분 "무엇을 할 때" 어떤 동작을 하고 있는 중이었다. 그리고 미래진행형은 "어떠한 상황에서" 앞으로 어떤 동작을 하고 있을 것이라고 말하게 됩니다.

시험에서는 Grammar Point 1에서 짚어 보았던 것처럼 현재 시제(I watch)와 현재진행 시제(I'm watching)의 의미 차이를 정확하게 알고 있는가를 묻는 문제를 필두로 하여, 과거진행 시제(was/were -ing)가 필요한 상황에서 다른 진행시제(현재진행이나 미래진행)를 제시해놓고 혼동시키는 문제가 출제됩니다. 결국 진행시제의 기본형태와 의미를 알면 다 해결할 수 있는 문제들이죠. 더불어 진행형으로 쓸 수 없는 동사들(appear, seem)을 진행형으로 해놓고 틀린 것으로 고르게 하는 문제도 꽤 나옵니다.

연습문제

다음 문장에서 밑줄 친 부분이 맞으면 O, 틀리면 X로 표시하시오.   (정답 확인 p.24)

1. I am working on a crossword puzzle when you came home. (   )
2. She is giving the presentation by the time we arrive. (   )
3. I can't call you because I'm not knowing your new phone number. (   )
4. These days it's seeming everyone's blogging. (   )

완료 vs. 완료진행
옛날에 시작해서 지금 끝냈다고?

완료시제 역시 기준 시점에 따라 현재완료(have + 과거분사), 과거완료(had + 과거분사), 미래완료(will have + 과거분사) 등으로 구분하여 나타낼 수 있습니다. 또한, 진행시제와 결합하여 쓰이기도 하는데, 앞서 공부한 기본 시제들만큼 빈번하게 쓰이는 것은 아니지만 그 개념을 확실히 알아둔다면 의사소통이나 시험에서 좀 더 유리해지겠죠? 주로 형태를 묻거나 의미상 어울리는 시제를 골라내는 기본적인 문제들이 많습니다.

Key Point 현재완료 vs. 현재완료진행   문법 중요도 ★★★

스티브는 태블릿 PC를 **다 고쳤고** 이제 인터넷을 쓸 수 있어. [현재완료]
Steve **has fixed** his tablet PC and now he can use the Internet.
◯ 현재완료(has + 과거분사)는 동작의 완성이 현재에 끝난다는 뜻이죠.

스티브는 지난 밤부터 계속 태블릿을 **고치고 있는 중이야**. [현재완료진행]
Steve **has been fixing** his tablet PC since last night.
◯ 반면 완료진행(has been + -ing)은 그 동작을 쭉 이어왔으나 아직 완성되지 않았다는 뜻이 됩니다.

 과거완료   문법 중요도 ★★

말리는 알프스를 방문하기 전까지 눈을 결코 본 적이 없었죠.
Marley had never seen snow until[×since] he visited the Alps.
◯ 알프스를 방문하기 전까지의 눈을 못 보았던 기간을 과거완료(had seen)가 나타내 줍니다. 의미상 since(~한 이후로 지금까지)는 전혀 어울리지 않습니다.

마일즈는 죽기 전까지 30년간 50장의 음반을 냈지.
Miles had made 50 albums over 30 years before[when] he passed away.
◯ 죽은 것보다 음반을 낸 것이 먼저라 made(과거) 대신 had made를 썼으나, 구어체에서 동작의 순서에 오해가 없는 경우 그냥 made(과거)를 써도 됩니다.

전화를 끊자마자 초인종이 울리기 시작했습니다.
No sooner had I hung up the phone than the door bell started ringing.

○ No sooner [과거완료](had hung) than [과거](started)의 형태인데, 그 뜻은 '[과거완료] 하자마자 [과거] 했다'는 것입니다. 'B보다(than) A가 절대로(No) 빠르지(sooner) 않았다'는 의미를 떠올리면 이해가 쉬울 테고요, 다소 고난도의 표현법이니 여유 될 때 익히세요.

현재완료와 어울리는 since를 과거완료에 사용해서 틀린 것으로 잡아내게 하거나, 과거완료의 정확한 뜻과 형태를 묻는 문제가 각종 시험에 자주 등장합니다. 또한 대학원 시험이나 고시에서는 현재완료나 과거완료가 필요한 자리에 과거표현을 보여주고 '그때까지 ~해왔다'는 느낌을 골라낼 수 있는가를 묻는 문제가 자주 출제되고요. 이 때 빈칸 주위의 시제를 확인하고 예문처럼 when이나 before 혹은 시간의 기간을 보여주는 for와 같은 표현이 있는가를 확인하면 문제를 쉽게 풀 수 있죠.

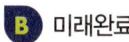 미래완료   문법 중요도 ★

다음 달 말까지는 이 일을 끝내 놓을 겁니다.
I will have finished this project by the end of next month.

○ 미래완료 시제는 거의 단독으로 쓰이지 않고 반드시 비교개념이 있어야 합니다. 즉, '(언제)쯤이면'의 느낌을 주는 by와 같은 표현이 없으면 이상하게 들리죠.

그가 토익 시험을 다시 치른다면, 그 시험을 열 번째 보게 되는 셈이지.
If he takes the TOEIC test again, he will have taken it ten times.

○ if와 같은 표현이 by 대신 쓰여서 by와 같은 효과를 줄 수도 있습니다.

C 과거완료 진행과 미래완료 진행   문법 중요도 ★

잭은 질이 마침내 도착할 때까지 두 시간 동안이나 기다리고 있었어.
Jack had been waiting for 2 hours when[before] Jill finally arrived.

○ '질이 도착하기 전까지 잭이 계속 기다리고 있었다'는 느낌이 드러나는 것이 과거완료 진행형이죠. 이 정도 시제를 쓰면 아마 원어민이 깜짝 놀랄 겁니다.

부산에 도착할 때쯤이면 계속해서 10시간이나 운전하고 있는 셈이겠지.
I'll have been driving for 10 hours by the time we arrive in Busan.

○ '이전에 시작했던 동작을 앞으로도 계속해서 하고 있는 중'일 거라는 느낌이 드러나는 미래완료 진행입니다. 중요도 별표에 맞게 다른 것 다 끝내고 마지막에 연습하세요.

"완료 시제에는 경험, 계속, 완료 등의 몇 가지 뜻이 있다"고 분류하는 것은 정말로 한국식 접근법입니다. 그냥 완료 시제의 기본형태가 확인되면, 이것을 문맥에 비추어 가장 적절하고 자연스럽게 풀어내는 것이 좋습니다. for나 until은 현재완료와 과거완료 둘 다 어울리며, since는 현재완료만(과거완료를 쓰면 틀림) 어울립니다.

각종 시험에서 완료진행 시제의 틀린 형태(been -ing[✗] → have been -ing[○])를 골라내는 문제가 잘 등장합니다. 즉, 완료의 기본형태를 알고 있는가를 묻는 문제이죠. 더불어 완료진행 시제들끼리 잘못 써놓고 혼동을 유발하는 문제도 출제되는데, 이 때 문장 속에 현재, 과거, 미래를 보여주는 표현이 무엇이 있는가를 확인하면 어떤 시제를 써야 할지 알 수 있습니다.

연습문제

다음 문장에서 밑줄 친 부분이 맞으면 O, 틀리면 X로 표시하시오.   (정답 확인 p.24)

1. They <u>had never met</u> an American until they met John. (   )

2. I <u>have lived</u> in London for six months by the time I leave. (   )

3. <u>I've been waiting</u> for her for two hours. (   )

4. I <u>have already left</u> home when you called. (   )

Bonus · 실전 Clinic 　혼동되기 쉬운 since, for, from, until, by의 구분　　문법 중요도 ★★★★

1. since + 과거의 한 시점이나 동작

Jack and Jill have been friends <mark>since</mark> they first met at a party.
(파티에서 처음 만난 이후로 잭과 질은 친구로 지내왔다.)

◎ since 앞은 현재완료, since 뒤는 과거(시점)로 표시돼요.

2. for + 일정한 기간

I haven't seen Jenny <mark>for</mark> 5 years. (제니를 5년 동안이나 못 보았다.)
I haven't seen Jenny <mark>for</mark> a long time. (제니를 오랫동안 못 보았다.)

◎ 일정한 기간을 강조할 필요가 있을 때는 for를 쓰면 되는데요, 이 때 첫 번째 문장처럼 주로 숫자가 포함된 기간이 나오는 경우가 많죠.

3. from + 동작의 시작점(요일, 시간)

<mark>From</mark> July 1, the subway fare will go up to $2.50.
(7월 1일부터 전철 요금이 2.5달러로 오를 겁니다.)

◎ from 다음에는 시작을 보여주는 시간표현이 등장합니다.

4. until + 시점 : ~까지 계속(줄곧)

I'll wait here for you <mark>until</mark> 8 pm. (여기서 오후 8시까지 쭉 기다릴게.)

◎ 언급한 시간까지 동작이 끊기지 않고 쭉 진행될 때 until 혹은 till을 쓰세요.

5. by + 시점 : ~까지 (일회성 동작)

I'll send the report <mark>by</mark> 8 pm. (오후 8시까지 보고서 보낼게요.)

◎ 8시까지는 보낸다는 일회성 동작이니까 until은 어울리지 않고 by만 가능합니다.

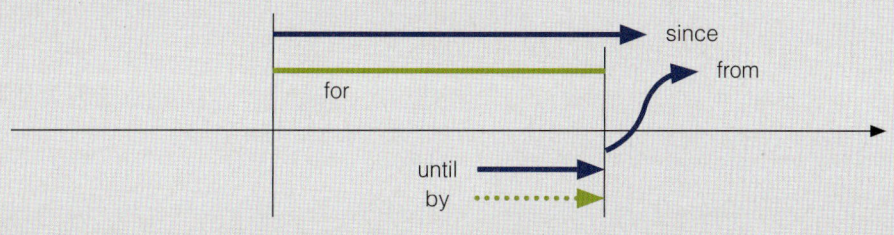

정답

Class 1. 시제

Grammar Point 1. 현재 vs. 현재진행
1. is boiling
2. is
3. O

Grammar Point 2. 과거 vs. 현재완료
1. O
2. invented
3. have waited

Grammar Point 3. 미래 표현: will vs. be going to
1. she calls
2. O
3. I'll spend

Grammar Point 4. 진행시제: 현재, 과거, 미래
1. was working
2. will be giving
3. I don't know
4. it seems

Grammar Point 5. 완료 vs. 완료진행
1. O
2. will have lived
3. O
4. had already left

Class 02
조동사

Grammar Point 06-10

〈너의 마음과 감정을 보여줘!〉

"말 한마디로 천냥 빚을 갚는다"는 속담처럼, 똑같은 내용의 말이라도 어떻게 상대방에게 전달하는가에 따라서 그 느낌과 분위기가 많이 달라지게 되죠. 이렇게 말하는 사람의 의도가 상황과 분위기에 맞게 효과적으로 표현될 수 있도록 동사를 도와주는 것을 바로 조동사라고 합니다. 허락을 구하거나, 무엇을 할 필요가 있다고 강조하거나, 후회, 비난 등등 조동사가 일상 언어생활에서 얼마나 필요한지는 쉽게 알 수 있습니다. 흔히 생길 수 있는 이런 상황을 떠올려보는 것이 무조건 "will에는 무슨 무슨 용법이 있다"고 외우는 것보다 훨씬 더 낫습니다. 그러면 어떻게 자기의 생각을 보다 적절히 표현할 수 있는지 다음에서 살펴보기로 하지요.

가능과 허락: can vs. may
너의 능력을 보여줘

약속시간을 잡으면서 "내일 7시까지 강남으로 온다?"라고 물으면 웃기겠죠. "7시까지 올 수 있어?"라고 해야 할 텐데요. 여기서 <온다>라는 동작에 <할 수 있어?>라는 어감을 덧붙였죠? 이렇게 동사를 도와 다양한 어감을 만들어 주는 동사 도우미가 조동사이고, 일상생활에서 가장 필요한 첫 번째 역할이 바로 "가능성"입니다. 영어로도 You come by 7 pm?이 아니라 "Can" you come by 7 pm?처럼 come을 도와 능력/가능성을 보여주는 can을 사용하죠.

Key Point 가능과 허락의 느낌 첨가   문법 중요도 ★★★

나 거기 7시까지 갈 수 있어.	I can get there by 7 pm.
나 거기 7시까지 갈 수 있겠어.	I could get there by 7 pm.
나 거기 7시까지 갈지도 몰라.	I might get there by 7 pm.
거기 7시까지 가도 될까? [될까요?]	Can[Could] I get there by 7 pm?
거기 7시까지 가도 되겠습니까?	May I get there by 7 pm?

○ 위 문장 모두 우리말과 비교하면서 어감을 잡으시면 됩니다.

A 가능성   문법 중요도 ★★★

내가 대신 해줄 수 있는데[수도 있는데 / 해줄지도 모르는데 / 혹, 해줄지도 모르는데].
I can[could / may / might] sit in for you.

○ 가능성은 can(70%) → could(60%) → may(50%) → might(40%)의 순서로 낮아지죠.

다음 주엔 대신 해줄 수 있을 거야.
I'll be able to sit in for you next week.

○ be able to [동사](~할 수 있다)는 현재시제로는 잘 쓰이지 않고, 다른 조동사와 함께 쓰여 "가능성, 능력"에 대한 뜻을 보충해 줍니다.

B 허락   문법 중요도 ★★★

이틀 정도 차를 빌릴 수 있을까?
Can I borrow your car for a couple of days?

이틀 정도 차를 빌릴 수 있을까요?
Could I borrow your car for a couple of days?

이틀 정도 차를 빌려 주시겠습니까?
May I borrow your car for a couple of days?

◎ Can I~?는 가능성, May I~?는 허락의 느낌이 더 크기 때문에 May I~?가 Can I~?보다 더 공손한 느낌을 줍니다. Can → Could → May의 순서로 공손함이 더 강해지죠.

C 관용표현

문법 중요도 ★★★★

이상하다고 생각할 수밖에 없어.
I can't help thinking that's strange.

◎ can't help -ing는 '~할 수밖에 없다'는 뜻이고, I can't help but think~라고 해도 됩니다. 참고로 I can't help it!라고 하면 '어쩔 수가 없어!'의 뜻이 되고요.

회화에서 조동사의 핵심은 바로, 내 마음의 상태를 어떤 방법으로 편하고 효율적으로 표현해줄 것인가입니다. I swim(나 수영해) → I can swim(나 수영할 줄 알아) → I could swim(수영할 수도 있는데) → May I swim?(수영해도 되나요?) → I'll be able to swim(수영할 수 있게 될 거야)와 같이, swim 자리에 여러분이 아는 동사만 바꿔 넣으면 무한 연습이 되니까 꼬옥 해보세요!

시험에서 be able to를 수동태나 무생물주어(It's able to ~[×])로 만들어 놓고 틀린 것으로 고르게 하는 문제가 가장 일반적입니다. 또 '~할 수밖에 없다'는 can't help -ing의 정확한 형태나 뜻을 구별해내도록 하는 문제도 빈번하게 등장합니다.

연습문제

다음 문장에서 밑줄 친 부분이 맞으면 O, 틀리면 X로 표시하시오.   (정답 확인 p.36)

1. My phone battery is dead. Could I borrow your phone? (   )

2. I couldn't help ask them for help. (   )

3. I will can play the saxophone like Sonny some day. (   )

4. It'll be able to come to the meeting on time. (   )

의무의 조동사
강하게 말하고 싶을 땐 나를 불러

사람이 가장 관심 갖는 것이 "무엇을 할 수 있는가?"라는 능력이거나 "해도 되나요?"라는 허락이고, 그것을 Grammar Point 6에서 이미 살펴보았죠. 그럼 이번에는 아침에 일어나서 출근하라는 말을 "너 일어난다!", "너 출근한다!"라고 하면 어떨까요? 시트콤 대사도 아니고 역시 웃깁니다! 당연히 "일어나야지!" "출근해야지!"처럼 '~해야 한다'는 어감을 동사에 덧붙이게 되는데요, 이게 바로 "의무"를 보여주는 조동사가 됩니다.

Key Point   '해야 한다'는 표현들   문법 중요도 ★★★★

이제 **가야겠네**.   We **should** leave now.
이제 **가야 하는 거지**.   We **ought to** leave now.
이제 **가야 할 상황인데**. We **have to** leave now.
이제 **반드시 가야만 해**. We **must** leave now.

○ '가야 한다'는 느낌을 가장 약하게 보여주는 것은 should, 가장 강력하게 보여주는 것은 must입니다. ought to는 어떤 규정에 근거할 때 많이 쓰이고요.

A '하면 안된다'는 표현들   문법 중요도 ★★★

그녀를 혼자 내버려 두면 안 돼.
We **shouldn't** leave her alone.

그녀를 혼자 내버려 두면 안 되는 거지.
We **ought not to** leave her alone.

그녀를 혼자 내버려 두면 절대 안 돼.
We **must not** leave her alone.

○ '하지 말아야 한다'는 부정의 뜻이 될 때에 not의 위치가 ought만 다르니까 주의하세요.

B have to + not 문법 중요도 ★★★★

난 지금 갈 필요가 없어. 한 시간 더 있어야 나 태우러 올 거거든.
I don't have to leave now. My ride won't be here until another hour.

○ '떠나지 말아야 한다'는 뜻이 아니라 '떠날 필요가 없다'는 뜻이죠. 발음은 실제 회화에서는 거의 [아론햅투]처럼 들리고요, I "don't need to" leave라고 해도 됩니다. need not [동사] 역시 같은 뜻인데, 주로 영국식 영어에서 많이 쓰이고요.

C insist 등이 포함된 문장의 should 문법 중요도 ★★★

의사는 그가 담배를 바로 끊어야만 한다고 권고했어.
The doctor advised that he quit smoking right away.

○ '담배를 끊어야 한다'는 사실을 강조하려고 일부러 인칭과 시제에 맞지 않는 원형(quit)을 쓴 것이죠. 영국식 표현에서는 ~ that he "should" quit처럼 should를 앞에 쓰기도 합니다. 주의할 것은 advise, insist, ask처럼 "권고, 주장, 요청"과 같은 뜻이 와야 뒤에 that 다음에 동사의 원형(혹은 should + 원형)이 쓰인다는 것이죠.

무엇을 '해야 한다'는 의미로 보통 제일 간단하게 생긴 must를 쓰기 쉽지만 말할 때 조심해야 해요. should에서 must로 갈수록 그 "필요성, 의무성"의 느낌이 더 강해져서 실제로 must는 "강한 명령"을 의미하는 경우를 제외하면 회화에서 거의 사용되지 않거든요.

너무 쉽지만 조동사(should) 다음에 동사의 원형(leave)이 나오는 것을 초점으로 만든 문제가 가장 흔합니다. leave대신 leaving, to leave, left 같은 것이 나오면 바로 골라내면 되겠죠. 더불어 부정어 not의 위치도 고난도 문제로 나올 수 있고, 대부분은 문맥에 맞는 조동사 고르기가 출제되니까, 이런 표현들의 기본 뜻을 정확히 파악하는 것만으로도 시험에서 많은 도움이 됩니다.

연습문제

다음 문장에서 밑줄 친 부분이 맞으면 O, 틀리면 X로 표시하시오. (정답 확인 p.36)

1. You don't have to worrying about it right now. (   )
2. He should to make a reservation first. (   )
3. I ought to not miss my history class today. (   )
4. You need not answer his question. (   )

Grammar Point 08

will vs. would
할 생각이 있다는 거야 없다는 거야?

'유언장'을 영어로 뭐라 하는지 아세요? 바로 will입니다. 이 말은, will 속에는 '~할 의지'를 보여주는 어감이 있다는 뜻이 됩니다. 예를 들어 I'll stop smoking하면 금연하겠다는 의지가 엿보이잖아요. 그런데 '무엇을 하겠다'는 결심은 타임머신이 있지 않은 이상 과거에 대해서는 할 수가 없겠죠? 그래서 will은 또한 "앞으로의 일, 미래를 보여주는 역할"을 하기도 합니다. '~하지 않겠다'할 땐? will not을 줄여 won't[워운트]라고 하면 되고요.

Key Point will vs. would   문법 중요도 ★★★★

가방 드는 것 좀 도와<u>줄래요?[주실래요?]</u>
Will[Would] you help me carry this bag?

난 그에게 말도 <u>안 할 거야[안 하겠어]</u>.
I **won't[wouldn't]** talk to him.

○ will, would 둘 다 무엇을 부탁할 때 쓰이지만 would가 더 공손한 느낌을 줍니다.

A will vs. shall   문법 중요도 ★

중고차는 항상 고장 나게 <u>돼 있어</u>.
A second hand car <u>will</u>[×shall] always break down.

○ 습성을 보여줄 때는 will이 어울리고 shall은 어색하죠.

몇 시로 <u>정할까?</u>
What time <u>shall we</u> make it?

내일 같이 영화 보러 가자, <u>좋지?</u>
Let's go to the movies tomorrow, <u>shall we</u>?

○ shall은 고서, 법률문서, 성서 등의 경우를 제외하고 구어체에서는 거의 will로 대체되지만 shall we의 형태에는 거의 유일하게 남아있습니다.

B would vs. should

이 보고서 좀 검토해 주시겠어요? [검토해 주실 수 있을까요?]
Would[Could] you go over this report?

○ 공손한 요청에 would나 could는 가능하고요, "Should" you go over this?는 '이거 검토해야 하는 거 아냐?'처럼 의무의 느낌이 있는 다른 표현이 됩니다.

나는 네가 파티에 오지 않을 거라고 생각했었어.
I thought you wouldn't[×won't] come to the party.

○ 지나간 일에 대한 언급이므로 won't대신 wouldn't를 써야 더 정확합니다.

A: 이런 상황에선 내가 어떻게 해야 하지?
A: What should I do in a situation like this?

B: 형하고 대화해 봐[할 수도 있지 / 할 지도 모르겠네].
B: You should[could / might] talk with your brother.

○ '해야 한다'는 의무의 느낌은 should, 가능성은 could, 희박한 가능성은 might.

말씀드린 것처럼 shall은 거의 will로 통일되어 쓰이지만 고서, 공식문서, 법률문서처럼 격식 차리고 딱딱한 느낌을 전달하고 싶을 때에는 오히려 shall이 제격입니다. 옛날 영화나 문서에서 확인해 보세요. 참고로 shall we의 경우에는 아직도 will we로 대체되어 쓰이지는 않는데, 이는 will we보다 더 발음하기 쉽기 때문이죠.

시험에서는 조동사 다음에 제대로 된 동사형태(동사원형)를 쓸 줄 아는가를 묻는 문제가 가장 많이 등장합니다. 또한 [A]에서 살펴본 습성의 will의 뜻을 구별하는 문제가 종종 출제되고요. shall의 경우는 약속을 하는 표현인 What time shall we make it?이 출제된 적이 있습니다.

연습문제

다음 문장에서 밑줄 친 부분이 맞으면 O, 틀리면 X로 표시하시오. (정답 확인 p.36)

1. All the students will pay $20 to take the test. (   )
2. What time shall we calling you tomorrow? (   )
3. You don't have to take an umbrella with you. It won't raining today. (   )

추측의 조동사
100%는 아니라고? 그럼 추측해봐!

사람이 신이 아닌 이상, 100% 정확하게 다 알거나 확신을 할 수는 없겠죠. "저 사람이 범인이야!" 같은 말은, 잘못하면 생사람 잡을 수도 있잖아요. 이때 필요한 것이 바로 "추측"의 어감을 보여주는 동사 도우미입니다. '범인임에 틀림없어, 범인일 수도 있어, 범인일지도 몰라'와 같은 머릿속 생각을, 영어에서는 감사하게도 앞서 나왔던 강한 의무의 must, 할 수 있다는 뜻의 can/could, 해도 좋다는 may/might까지, 이미 나왔던 것들을 재활용하면 됩니다.

Key Point 추측을 표현하는 조동사들   문법 중요도 ★★★★

그녀는 영화배우가 아냐 [아님에 틀림없어 / 아닐 지도 몰라].
She isn't[can't be / may not be] a movie star.

○ 100% 사실이 아니면 isn't, 90% 아니면 can't be, 아닐 가능성이 50% 정도이면 may not의 느낌이 딱 들어 맞습니다.

A 아닐 거라는 추측   문법 중요도 ★★★

저기 있는 여자가 가수일 리 없어.
The girl over there can't[couldn't] be a singer.

○ can't이나 couldn't는 긍정일 때와는 달리 '~일 리 없다'는 강한 추측이 됩니다.

저기 있는 여자는 가수가 아닐지도 몰라.
The girl over there may not[might not] be a singer.

○ may not은 50% 정도의 가능성, might not은 그 가능성이 50% 미만으로 떨어집니다.

B 과거의 사실에 대한 추측   문법 중요도 ★★★★

그가 너한테 거짓말을 했어. (100%)
He lied to you.

그가 너한테 거짓말을 했음에 틀림없어. (90%)
He must have lied to you.

그가 너한테 거짓말을 했을지도 모르지. (90%)
He may[might] have lied to you.

○ 100% 거짓말을 한 거라면 lied, 90% 확실하다 생각되면 must have lied, 가능성이 50% 정도로 떨어질 때는 may 혹은 이보다 더 희박한 가능성의 might을 쓰면 됩니다.

C 후회와 비난의 표현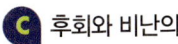

캐시가 기차를 놓쳤네. 좀 더 일찍 왔어야 했는데.
Cathy missed her train. She should've come earlier.

번호를 알았더라면, 너한테 전화할 수도 있었을 텐데 [했었을 거야 / 했을지도 몰라].
I could[would / might] have called you, if I had known your number.

여러분, Celine Dion의 *Coulda, Woulda, Shoulda*라는 노래가 있습니다. 철자가 이상하죠? 원래는 could've(할 수도 있었는데), would've(했었을 텐데), should've(해야 했었는데)이고 발음도 [쿠럽/우럽/슈럽]처럼 해야 하지만, 많이 쓰이다 보니 구어체에서 [쿠라/우라/슈라]처럼 발음하고 이 때문에 철자에도 영향을 준 것이죠. 노래 들어보세요~ 이 표현 바로 뒤에 왜 But I didn't do that이 나오는지 이해하실 거예요.

추측의 표현들은 각종 시험에서 출제빈도가 높은데요, 문맥에 근거해서 추측이나 후회의 의미가 현재인지 아니면 과거인지를 구분하는 문제가 가장 많이 등장합니다. 외국 시험에서는 주로 정확한 형태(특히 [조동사] have [과거분사])를 묻는 문제가 대부분이죠.

연습문제

다음 문장에서 밑줄 친 부분이 맞으면 O, 틀리면 X로 표시하시오.   (정답 확인 p.36)

1. You didn't see John yesterday? He must have visited. (   )
2. He didn't get my email? I might have called him. (   )
3. Are you still working? You must have been really tired. (   )

Grammar Point 10 의미 주의 조동사
그 밖에 나의 생각과 감정을 보여주는 방법은?

사실 앞서 나온 정도면 인간의 생각과 감정을 보여주는 기본 장치는 다 배운 셈인데요, 이런 생각/감정표현 동사 도우미, 일명 기본 조동사 외에도 요긴한 것들이 꽤 있습니다. '예전에 ~했었지'라는 옛날 습관을 보여주는 used to, '~하는 편이 낫다'는 had better나 would rather, '~할 필요가 있다'는 필요성을 강조한 need to, '감히 어디를?'의 느낌을 주는 dare까지, 이런 표현의 어감을 알고 실제로 상황에 맞게 편안하게 쓸 수 있도록 예문, 들어갑니다.

Key Point 뜻의 차이에 주의해야 할 조동사들   문법 중요도 ★★★

나는 예전에 수영을 많이 했었지.
I used to swim a lot.

나는 이제 수영하는 데 익숙해졌어.
I'm used to swimming now.

너 이제 잠자러 가야겠다.
You'd better go to bed.

나 차라리 잠이나 자야겠어.
I'd rather go to bed.

 **used to**   문법 중요도 ★★★

예전에는 저녁 식사 후 산책을 했는데, 지금은 너무 바빠.
I used to go out for a walk after dinner, but now I'm too busy.

○ 현재와 대비되는 규칙적인 습관은 used to로 나타냅니다. 규칙적이 아닌 과거의 습관은 would로 나타낼 수 있고요.
  (※ Grammar Point 2 참고)

앤은 1년 전 런던에 왔고, 이제 왼쪽 차선으로 운전하는 데 익숙해 있지.
Ann came to London a year ago and she is now used to driving on the left.

○ '~하는 데 익숙해 있다'는 표현은 be used[accustomed] to -ing로 하세요.

B need to, dare

당신은 회의에 참석할 필요가 없었어.
You didn't need to[have to] attend the meeting.

어떻게 감히 그것이 네 잘못이 아니었다고 말할 수 있어?
How dare you say it wasn't your mistake?

➲ need(~할 필요가 있다)나 dare(감히 ~하다)를 조동사(don't need to)로 사용하는 것은 미국식입니다. don't need to는 need not처럼 써도 되는데, 이는 영국식이고요.

C had better, would rather

서두르는 게 좋을걸, 아니면 비행기를 놓칠 테니까.
You had better hurry or you'll miss your plane.

산책하러 나갈래요 아니면 집에 있을래요?
Would you rather go out for a walk or stay home?

다이어트 중이라, 이거 먹지 않는 편이 낫겠어요.
I'm on a diet so I'd rather not eat this.

회화 포인트: had better[해드 베러]나 would rather[우드 래더]는 구어체에서는 둘 다 You'd better~, I'd rather~ 처럼 줄여서 사용합니다. 왜? 더 간편하니까요.^^ 그리고 이때 발음도 [유드베러/아이드래더]처럼 들리니까 실제 회화에서 확인해 보세요. 참고로 had better는 주로 "강한 명령조의 충고"이므로 조심해서 사용해야 합니다.

출제 포인트: 시험에 가장 많이 출제되는 것이 바로 "규칙적인 습관"의 used to [동사원형]과 '~에 익숙하다'는 be used to -ing를 슬쩍 바꿔놓은 문제입니다. 또한, had better나 would rather 다음에 [동사원형]이 오는 것도 단골 출제 포인트이며, 고난도 문제로는 would rather A or B나 would rather A than B 형태에서 or나 than 앞뒤에 똑같이 동사원형이 오는 것을 포인트로 잡는 문제가 나옵니다.

연습문제

다음 문장에서 밑줄 친 부분이 맞으면 O, 틀리면 X로 표시하시오.   (정답 확인 p.36)

1. You'd better not to drive because you're drunk. (   )

2. I used to live with my parents, but now I'm used to living alone. (   )

3. I'd rather take a long walk than going jogging. (   )

정답

Class 2. 조동사

Grammar Point 6. 가능과 허락: can vs. may
1. O
2. asking
3. will be able to
4. He'll be able to

Grammar Point 7. 의무의 조동사
1. worry
2. should make
3. ought not to miss
4. O

Grammar Point 8. will vs. would
1. O
2. shall we call
3. won't rain

Grammar Point 9. 추측의 조동사
1. must not have visited
2. should have called
3. must be

Grammar Point 10. 의미 주의 조동사
1. better not drive
2. O
3. than go

Class 03
문장의 형식

Grammar Point 11-15

〈지루하지 않고, 다양하게 말해봐!〉

결론부터 말하자면, 정작 영어를 모국어로 하는 원어민들은 "5형식"이라는 말을 모릅니다. 실제로 동사의 쓰임에 대한 형식은 다섯 가지가 아니라 수십 가지가 넘습니다. 그러므로 어떤 문장이 몇 형식인가를 따지는 것보다, 이 동사의 쓰임이 구체적으로 어떠한가를 쉬운 예문을 통해서 정리해 두는 것이 실제 회화나 시험대비에도 훨씬 더 유용할 겁니다. 물론 영어학습의 체계성을 위해서 형식을 나누는 것 자체가 나쁜 것은 아니죠. 다만 문법 용어 자체가 학습자들을 혼란스럽게 하거나, 실제 영어사용능력 대신 문법 용어 암기능력만을 키우는 본말이 전도된 경우가 되지 않도록 주의하시면 됩니다.

주어 + 동사 (1형식)

우리 둘만 있어도 외롭지 않아

여러분, 세상에서 가장 흔한 형태의 말이 뭘까요? 비가 와, 바람이 불어, 아기가 잠을 자, 나 운동 해…와 같이, "무엇이 어떤 동작을 한다"는 것이죠. 이때 "무엇"을 주어, "동작"을 동사라 부르고, 주어와 동사만 있어도 뜻이 통하는 문장을, 가장 기초가 된다 해서 1형식이라 합니다. 물론 비가 "심하게" 온다(It's raining "hard"), 운동 "열심히" 한다(I'm exercising "hard")고, hard를 사용해 그 모습을 더 구체적으로 보여줄 수도 있지만 기본 뜻에는 변함이 없죠.

Key Point 주어 + 동사   문법 중요도 ★★

시간이 **날아가네**. (시간이 빨라.)
Time **flies**.

그건 **중요하지** 않아.
It doesn't **matter**.

난 **수영할** 줄 알아.
I can **swim**.

A 수식어가 붙는 경우   문법 중요도 ★★★

탐은 얼마간 직장이 없었지만, 지금은 열심히 일해.
Tom was jobless for a while but he works hard.

○ 부사 hard가 뒤따르지만 주어(he)와 동사(works)만 있어도 말이 됩니다.

복사기가 얼마간 고장 났었지만, 지금은 잘 작동해.
The copier was down for a while but now it works well.

○ 주어(it)와 동사(works)만 있어도 뜻이 통하죠. 이때 복사기가 "잘" 작동하는 것이니까 well을 써야 하고, it works "good"이라고 하면 틀립니다.

여기 네가 탈 버스가 오네.
Here comes your bus.

○ 약간 특이하지만 Here [동사] [주어], There [동사] [주어]의 형태 역시 주어와 동사의 위치가 바뀐 것뿐, 주어와 동사로 이루어진 구조입니다.

B 주의할 형태

> 조운이 새 책으로 돌아왔고, 그 책은 잘 팔려[잘 읽혀].
> Joan's back with a new book and it sells[reads] well.

⊙ it(=a new book)은 사실은 목적어이고(즉 책이 파는 것이 아니라 팔리는 것) sell의 실제 주어는 일반적인 사람입니다. read나 sell과 같은 동사에 한정되어 이런 식으로 쓰이는데, 이런 표현은 몇 개밖에 없으니 그때그때 정리해 두면 되겠죠!

영어회화 실력의 향상은 1형식인지 3형식인지 문법 용어를 암기하는 것보다, 기본 문장을 충분히 연습하고 그것을 조금씩 늘려가는 데 있습니다. 우리말과 비교해 보세요. 그는 일한다(He works) → 그는 열심히 일한다(He works "hard") → 그는 매일 열심히 일한다(He works hard "every day") → 그는 가족을 위해서 매일 열심히 일한다(He works hard every day "for his family") 이런 과정을 편안하게 느끼면 입이 자연스레 열릴 수밖에 없습니다.^^

시험에는 주로 동사 다음에 필요한 부사가 무엇인지를 묻는 문제가 대부분입니다. 예를 들어 It works well (작동이 잘된다) 대신 It works ✗ good과 같은 문장을 제시하고 틀린 부분을 골라내라는 문제가 주종을 이루죠. 또한 고난도 문제로는, 주어 다음에 수식어구를 많이 두는 속임수를 써서 주어와 동사의 일치를 확인하는 문제나, exist(존재하다) 같은 자동사를 수동태(was existed 존재해지다??)로 만들어 틀린 보기를 골라내게 하는 문제가 많이 등장합니다.

연습문제

다음 문장에서 밑줄 친 부분이 맞으면 O, 틀리면 X로 표시하시오. (정답 확인 p.48)

1. I didn't go out because it <u>was raining heavy</u>. (   )
2. Time <u>is passed</u> so quickly. (   )
3. Here <u>a few helpful tips are</u>. (   )
4. I'm not worried about it, because it <u>works good</u>. (   )

주어 + 동사 + 보어 (2형식)

답답해~ 내가 누구인지 설명해 줄 말이 필요해

주어와 동사만으로 말하기엔 우리 생활이 참 복잡하죠. 예를 들어 He becomes(그는 되었다)까지만 말하면 그 남자한테 어떤 일이 있었는지 전혀 드러나지 않아요. 이렇게 become과 같은 동사는 그 자체만으로는 의미가 통하지 않고, He becomes rich(부자가 되었다)처럼 뒤에 상황이나 상태를 보여주는 다른 단어(형용사 rich)가 와야 하고, 이것을 2형식이라 부릅니다. 동사를 보충해서 주어(He)가 어떤지를 더 설명해 주는 말, 즉 보어가 필요한 경우죠.

Key Point 주어 + 동사 + 보어 구조 　　　　　　　　　　문법 중요도 ★★★

그는 의사가 **되었지**.
He **became** a doctor. (명사)

그는 유명**해졌지**.
He **became** famous. (형용사)

빨간색이 정말 **어울리네**.
Red **becomes** you. (대명사)

○ 세 문장 모두 become 다음에 다른 말이 오지 않으면 문장의 뜻이 완성되지 않습니다. "보충해 주는 말"이 있어야 전체 뜻이 완성되고, 이를 "보어"라 부릅니다.

A 보어가 필요한 동사　　　　　　　　　　　　　　　　　　문법 중요도 ★★★★

레니는 매일 조깅을 하는데 그래서 즐거워 보여.
Lenny jogs every day and he seems[looks / appears / is] happy.

○ he의 상태를 happy가 보충해서 알려줍니다.

그 소식을 들었을 때 그는 무척 화가 났죠.
When he heard the news, he got really angry[✕ angrily / ✕ anger].

○ he의 상태를 보충해 주는 말이 바로 angry입니다. 그런데 잠깐! 그가 "화가 나서"(angrily) 되었다, 혹은 그가 "화"(anger) 되었다는 말은 없죠. 그래서 "화난"(angry) 상태가 되었다(got)는 말만 맞고, angrily나 anger 모두 틀리니까 조심하세요.

채널 고정하시고, 계속해서 시청해 주세요!
Don't touch your remote (control) and stay tuned!

○ stay(유지하다) 다음에 상태를 보여주는 tuned(주파수를 맞춘)가 온 경우입니다.

적어도 하루는 안정을 취해야 합니다.
You should stay in bed(=calm) for at least a day.

○ 보충하는 말로 전치사구(in bed)가 올 수도 있습니다.

He seems happy라고 해야지, He seems ×happily라고 하면 틀립니다. 왜냐하면 그는(he) '행복한'(happy) 것이지 '행복하게(happily)이다'는 아니기 때문이죠. [A]의 두 번째 문장 속 get처럼 상황의 변화를 보여주는 동사에는 get, turn, become, grow가 있고 전부 '~이 되다'로 이해하면 됩니다. stay, remain, keep 이 세 동사는 전부 '어떤 상태를 유지한다'는 뜻이 있고, Stay happy!(행복해)처럼 쓰시면 됩니다. 물론 여기도 happily라고 쓰시면 틀려요.

시험에서 가장 많이 등장하는 형태가 바로 become(되다), sound(들리다), taste(맛이 나다), feel(느껴지다), smell(냄새 나다)과 같은 유형의 동사 다음에 틀린 형태를 제시하는 것입니다. 즉 It sounds nice처럼 형용사(nice)가 와야 할 자리에 부사(nicely)를 써놓고 틀린 것을 골라내라는 식이죠. 더불어 주로 be동사가 들어갈 자리에 빈칸을 만들어 놓고 being, as, when처럼 말도 안 되는 보기들로 현혹시키기도 하는데, 문장 속에 제대로 된 동사가 있는가(이를 정동사라 하죠)를 확인하고, 없으면 완전한 형태의 be동사를 고르는 것이 방법입니다.

연습문제

다음 문장에서 밑줄 친 부분이 맞으면 O, 틀리면 X로 표시하시오.   (정답 확인 p.48)

1. Our children are really happily about your gifts. (   )

2. It may seem strangely to you that I didn't call her. (   )

3. It looks simple, nice, beautiful, and expensively. (   )

4. I like this one because it being cheaper than the others. (   )

Grammar Point 13

주어 + 동사 + 목적어 (3형식)
내 이름은 동사! 내 사랑을 누가 받아 주지?

유명 연예인이 인터뷰에서 I love...까지 말하고 멈춘다면 사랑의 대상이 누굴지 정말 궁금하지 않겠어요? 자, 이번에도 주어와 동사만으로는 부족한 경우입니다. 그런데 앞서 살펴본 He becomes rich가 주로 상태를 표현하는 말(rich)로 동사를 보충해 준다면, 이번에는 동작의 "대상"을 밝히는 경우입니다. love와 같은 동사는 동작의 주체(주어 I)와 함께 love의 동작을 받는 대상(목적어 you)도 있어야 온전한 문장이 되는데, 이것을 우리는 3형식이라 부릅니다.

Key Point 목적어가 필요한 동사   문법 중요도 ★★★

피트는 <u>졸리를 사랑해</u>.
Pitt **loves Jolie**.

피트는 <u>졸리와 결혼할</u> 거야.
Pitt's going to **marry Jolie**.

피트는 <u>책 읽는 걸 엄청 좋아해</u>.
Pitt **loves reading**.

◯ love와 marry 모두 대상이 없으면 전체 문장의 뜻이 완성되지 않죠? 그래서 그 대상을 동작의 목적이 된다고 해서 목적어라고 부릅니다. 심지어 다른 동작(reading)까지도 올 수 있고요. 참, marry(결혼하다)는 뒤에 with 없이 쓴다는 것에 주의하세요.

A 전치사가 필요없는 경우   문법 중요도 ★★★★★

그 <u>문제는</u> 내일 아침에 <u>논의합시다</u>.
Let's <u>discuss the matter</u> tomorrow morning.

◯ discuss ✕ about the matter라고 하면 틀립니다.

<u>나를 보고 내 질문에 답을 해 봐요</u>.
Look at me and <u>answer my questions</u>.

◯ answer ✕ to my questions라고 하면 틀립니다.

너는 아빠 닮았어 아님 엄마 닮았어?
Do you resemble your dad or your mom?

○ resemble ✕with라고 하면 틀립니다.

B 전치사를 꼭 써야 하는 경우   문법 중요도 ★★★★★

전적으로 네 말에 동의해.
I totally agree with you.

여자친구를 기다리는 중이야.
I'm waiting for my girlfriend.

○ 우리말 의미만으로는 with가 아닌 to같은 전치사가 필요하거나, 혹은 전치사가 필요 없는(누구를 기다리다) 것처럼 보이지만, 위의 두 표현은 전치사가 꼭 필요합니다.

answer는 한국말에서는 '~에 대답하다'와 같이 번역되므로 동사 뒤에 to가 필요할 것 같지만 사실은 전치사가 필요 없습니다. 이런 동사에는 approach(접근하다: ✕to 쓰면 틀림), discuss(토의하다: ✕about 쓰면 틀림), marry(결혼하다: ✕with 쓰면 틀림), resemble(닮다: ✕with 쓰면 틀림), contact(연락하다: ✕with 없이 쓰임), survive(살아남다: ✕in 없이 쓰임), enter(들어가다: ✕into 없이 쓰임) 등이 있으니까 회화에서 주의해서 말하세요. 이 표현들은 시험에도 잘 출제됩니다.

각종 시험에서 전치사가 필요 없는 동사들에 전치사를 첨가해서 틀린 부분을 골라내게 하는 문제가 가장 자주 출제됩니다. 더불어 더 흔한 형태는 생소한 단어들로 만들어진 문장 속에 동사를 없애고 정답이 되는 동사, 예를 들어 loves 대신 and loves, loving, for loving, to love와 같은 보기들로 혼동시키는 유형의 문제입니다. 한번 보아두면 정말 쉽지만, 그 문제형식을 꿰뚫지 못하면 실제 시험에서 당황할 수밖에 없으니까 대비 잘 하세요.

연습문제

다음 문장에서 밑줄 친 부분이 맞으면 O, 틀리면 X로 표시하시오.   (정답 확인 p.48)

1. Enter into the building and take the elevator. (   )

2. Stop looking at me and answer to my question! (   )

3. Do you think I resemble with Brad Pitt? (   )

4. Does he agree me or not? (   )

5. Unfold the paper and turning it over so the white side is up. (   )

목적어가 두 개 (4형식)
나? 인간의 소유욕 때문에 생겨났지!

주다(give)라는 동사에 필요한 건? 주는 사람과 받는 사람, 그리고 하나가 더 있죠? 바로 주고받는 물건입니다. 즉, He gave me...는 주어(He), 동사(gave), 목적어(me)까지 있는데 뭔가 허전하죠. 무엇을 줬는지, 주고받는 대상을 모르니까요. 이렇게 무언가 갖고 싶어하는 인간의 소유욕과 소유권 때문에 쓰이는 문장이 4형식입니다. He gave me his money(give+사람+물건), 혹은 He gave his money to me(give+물건+to사람)처럼 두 가지로 쓰면 됩니다.

Key Point　목적어가 두 개 필요한 경우　　　　　　　　　문법 중요도 ★★★

나한테 차 열쇠를 줘요.
Give **me** the car keys, please.

나한테 한 번 더 기회를 줘요.
Give **me** another chance, please.

나한테 감기 옮기지마.
Don't **give** your cold **to** me.

◯ 우리말로는 세 문장 모두 번역이 같지만, 세 번째 문장처럼 사람 목적어가 뒤로 갈 때는 전치사 to가 필요합니다.

 목적어의 여러 형태　　　　　　　　　　　　　　　문법 중요도 ★★★

내게 비밀번호를 말해 줘.
Tell me your password.

비밀번호 잊었다고 말하지 말고.
Don't tell me that you forgot your password.

비밀번호 왜 바꾸지 않았는지 말해 봐.
Tell me why you didn't change your password.

◯ tell은 '누구에게 무엇을 말하다'처럼 써도 되지만, '~라는 사실(that ~)을 말하다' 혹은 '왜 ~인지(why ~)를 말하다'처럼 that 절이나 why와 같은 의문사 절이 오는 형태도 많이 쓰입니다.

B 전치사를 가려 써야 할 표현들   문법 중요도 ★★★

내가 아버님께 상황을 설명드릴게.
I'll explain the situation to your father.

○ explain은 항상 to 뒤에 사람이 등장합니다. 순서를 바꿔 explain your father the situation과 같이 쓰지 않는데, give와는 달리 explain은 소유권을 바꿔놓지는 않기 때문이죠.

이 사진은 노르웨이에서의 멋진 날들을 떠올리게 하지.
This picture reminds me of beautiful days in Norway.

○ remind는 of를 동반합니다.

실제 회화에서 동사별로 함께 잘 쓰이는 전치사들을 알아두어야 편하게 회화가 되겠죠. 예로 explain과 introduce는 반드시 to가 있어야 하며, This will cure you of your headache(치료하다), Jeff blamed her for the accident(비난하다)처럼 cure는 of, blame은 for와 함께 쓰인다는 것도 알아두어야 합니다.

- for가 나오는 동사: buy, make, find, build, choose, blame
- to가 나오는 동사: bring, lend, leave, mail, offer, pass, pay, sell, send, show, teach, write
- of가 나오는 동사: ask, demand, clear, cure

시험에 가장 많이 출제되는 문제유형은 바로 동사와 함께 따라 다니는 전치사를 제대로 알고 있는가를 시험하는 문제입니다. explain 다음에 to가 오는 것, remind 다음에 of가 오는 것 등등, 위에 정리된 동사들의 용법을 정확히 알고 있어야 합니다. 예를 들어 She bought me a book 대신 bought ×to me a book 혹은 bought ×for me a book처럼 틀린 표현을 골라내는 문제가 등장합니다.

연습문제

다음 문장에서 밑줄 친 부분이 맞으면 O, 틀리면 X로 표시하시오.   (정답 확인 p.48)

1. Rachel has made some useful baby bags <u>me</u>. (   )
2. Wanna sign up? Please give <u>your name of me</u> first. (   )
3. Thank you for reminding <u>me the meeting</u>. (   )
4. He <u>explained me</u> the course goals and objectives. (   )

Grammar Point 15

동사 + 목적어 + 목적보어 (5형식)
인간의 시간, 공간에 대한 욕망 때문에 생겨났지

퀴즈 나갑니다! 영화, 시트콤에서 사춘기 자녀들이 부모에게 하는 단골 대사가 있는데, 뭘까요? "나 좀 혼자 내버려 둬!" 영어로는? Leave me만으로는 '나를 떠나라'는 뜻이니 Leave me alone!이 맞죠. 4형식이 주로 소유권의 영역이 바뀌는 데서 비롯되었다면, 5형식은 무엇을 시간/공간적으로 유지하거나 바꾸려는 욕망에서 나왔다고 봐도 됩니다. '나를(me) 혼자인(alone) 상태로 내버려두다(leave)'처럼 말이에요. alone 같은 형용사 말고도, 이 자리에 분사(-ing, -ed), 부정사(to+동사) 등이 올 수 있는데 함께 살펴볼까요?

Key Point   목적어 뒤에 목적보어   문법 중요도 ★★★

문은 계속 열어둬요.
Keep the door open, please. (형용사)

나한테 진척상황 계속 알려 줘요.
Keep me updated, please. (과거분사)

기다리게 해서 미안해.
I'm sorry to keep you waiting. (현재분사)

- keep은 '보관하다'라는 뜻도 있지만 뒤에 나오는 대상(the door)을 '어떤 상태로 유지시키다'라는 뜻으로도 많이 쓰여요. 목적보어 자리에는 open(열린: 형용사), updated(최신정보로 가득 찬: 과거분사), 혹은 waiting(기다리는: 현재분사) 같은 형태가 자주 쓰이죠.

A 5형식 속의 분사, 부정사   문법 중요도 ★★★

내 컴퓨터 당장 고쳐 놓으란 말야.
I want my computer repaired right away.

- computer가 '수리되는' 것이므로 당한다는 뜻의 과거분사 repaired를 씁니다.

나는 그에게 컴퓨터를 고치도록 하고 싶었다[허락했다 / 시켰다].
I wanted[allowed / got] him to repair my computer.

- want, allow, get 전부 목적어 뒤에 to부정사가 나옵니다.

B 사역동사와 지각동사

문법 중요도 ★★★★

제인은 아들이 자기 방을 청소하도록 만들었다[했다 / 도왔다 / 내버려 두었다].
Jane made[had / helped / let / ✕got] her son clean up his room.

◉ 모두 동사원형(clean)이 나오고, get만 뒤에 부정사(to clean)를 써야 합니다.

지금 밖에 택시를 대기시켜 놓았으니까, 서둘러!
I've got[I have / ✕make / ✕help / ✕let] a taxi waiting outside, so hurry!

◉ 늘 하는 반복적인 동작이나 진행성의 느낌을 보여줄 때 -ing를 사용하는데, 이때는 have와 get만이 가능하고 다른 것(make, help, let)은 안 됩니다.

저 남자가 네 차를 훔치는 것을 전부 봤어[순간을 봤어].
I saw that man steal[stealing] your car.

◉ steal을 쓰면 훔치는 전체 동작을, stealing을 쓰면 동작의 일부분을 보았다는 뜻이 돼요.

재키는 차를 훔칠 수 밖에 없었다[✕훔치는 것을 보였다].
Jackie was made[was ✕seen] to steal a car.

◉ 억지로 했을 때는 made를 쓰고, 다른 사람 눈에 띄었다라고 하려면 was seen "stealing" a car처럼 쓰면 됩니다. was seen "to steal"처럼 쓰면 이상하니까 주의하세요.

사실 회화에서 정말 유용한데 활용을 잘 못하는 것이 바로 5형식이죠. 예를 들어 keep 하나 가지고도 수십 가지 문장이 가능합니다. Keep it safe(안전하게 보관해), Keep it hot(따끈하게 온도 유지하고), Keep it going(계속 진행해), Keep it hidden(숨겨둬). 여기에다 it 대신에 사람을 써도 되고요. 문법 용어 암기보다 직접 예문을 만들어 보세요. 문법이 회화에 바로 연결될 테니까요.

사역동사와 지각동사 뒤에 오는 동사의 적절한 형태를 묻거나 leave, keep, want, allow와 같은 동사가 나오는 문장에 알맞은 목적보어의 형태(repaired)를 고르는 문제가 가장 빈도 높습니다. 명사(computer)가 동작을 당하는지(repaired), 아니면 가하는지(repairing)를 판단해 보면 정답이 보일 겁니다.

연습문제

다음 문장에서 밑줄 친 부분이 맞으면 O, 틀리면 X로 표시하시오. (정답 확인 p.48)

1. I had all my money stealing while traveling in Rome. (   )

2. My parents wouldn't let me to hang out with Peter. (   )

3. I watched a couple crossed the street on a red light. (   )

정답

Class 3. 문장의 형식

Grammar Point 11. 주어 + 동사 (1형식)
1. was raining heavily
2. passes
3. are a few helpful tips
4. works well

Grammar Point 12. 주어 + 동사 + 보어 (2형식)
1. happy
2. strange
3. expensive
4. is cheaper

Grammar Point 13. 주어 + 동사 + 목적어 (3형식)
1. Enter
2. answer
3. resemble
4. agree with me
5. turn it over

Grammar Point 14. 목적어가 두 개 (4형식)
1. for me
2. your name to me
3. me of the meeting
4. explained
  ※ me는 이대로 생략하거나 문장 끝에 to me의 형태로 붙여줄 수 있다

Grammar Point 15. 동사 + 목적어 + 목적보어 (5형식)
1. stolen
2. hang out
3. cross (또는 crossing)

Class 04
동사구문

Grammar Point 16-20

〈세상을 움직이는 힘, 동사들!〉

여러분, 한번 생각해 보세요. 매일 일어나서 잠자리에 들 때까지 우리가 얼마나 많은 행동을 하는지 말이죠. 씻고, 밥 먹고, 출근하고, 일하고, 대화하고, 걷고, 운동하고, 차를 타고, 퇴근하고, TV 보고, 인터넷 검색하다 다시 자고... 사실, 우리가 무엇이든 행동을 하지 않으면 아무 일도 일어나지 않을 거예요. 그래서 세상을 움직이는 힘이 바로 "동사"이고, 그 동사 중에 정말 어느 언어에나 존재하는 가장 핵심이 되는 동사들을 여기서 함께 정리할 겁니다. 인간의 존재와 관계 있는 be부터, 동작의 대표격 do, 소유욕의 산물 have, 그리고 남에게 동작을 하게 하는 make, 마지막으로 내 인체의 신비로운 감각들을 경험하는 see, hear, feel 같은 동사들 까지요. 무조건 외우려 하지 마시고, 왜 그런지 생각해 보는 것이 제일 중요하니까 기본 개념을 꼭 기억하세요. 그럼, 출발~

Grammar Point 16

be는 '상태' do는 '행동'
나는 행동한다, 고로 존재한다!

여러분, 세계의 어떤 언어에나 존재하는 공통된 단어는 무엇일까요? 먼저 '있다', '없다'가 아닐까요? 인간이 존재하는 한 이 개념을 표현해야 할 테니까요. 영어에서는 be동사가 바로 그것이고요. 그럼 그 다음은 무엇일까요? 바로 '한다' '안 한다'에 해당하는, 모든 동사의 대표격인 do일 겁니다. 존재 동사 be 다음에 어떤 것들이 올 수 있는지, 또 do는 '하다' 말고 다른 어떤 쓰임새가 있는지 지금부터 함께 알아봅니다.

Key Point | be와 do의 기본 쓰임   문법 중요도 ★★★

난 배가 고프긴 하지만, 도둑은 아니야.
I'm hungry but **I'm not** a thief.

이제 무엇을 해야 할지 모르겠어.
I **don't know** what to **do** now.

○ 상태를 보여 주는 be 다음에는 형용사(hungry)나 명사(thief) 모두 올 수 있고, 행동을 보여 주는 do는 '하다'라는 뜻 말고도, not과 함께(don't + 동사) '~하지 않는다'는 뜻을 나타내 주는 역할도 합니다.

A   be동사의 여러 모습   문법 중요도 ★★★

빌리는 켈리와 사랑에 빠졌고, 그들은 같이 살고 있어.
Billy's in love with Kelly and they're living together.

○ 남녀 3인칭 단수의 동사는 is, 3인칭 복수는 are로, 뒤에 in love같은 표현(전치사구)이 와서 장소, 시간, 상태를 보여 줍니다. is/are -ing는 '~하는 중이다'라는 의미의 진행형.

이제 1분 남았어. vs. 이제 10분 남았어.
There's one minute left now. vs. There are 10 minutes left now.

○ 뒤에 오는 의미상 주어가 단수이면 There is~ 복수이면 There are~를 쓰는 것이 원칙이지만 구어체에서는 거의 There's~로 쓰입니다.

나는 방과 후에 남으라는 말을 들었어.
I was told to stay behind after school.

○ be동사는 be -ing (진행형: ~하는 중이다), be + -ed (수동태: ~을 당하다) 등에서 볼 수 있듯, 시제나 태를 나타낼 때 필요한 요소입니다.

B do동사의 여러 모습

차례를 기다리면서 뭐 했어?
What did you do while waiting for your turn?

◉ 질문을 할 때에는 do를 이용하고, 여기서는 지난 일이라 과거시제 did가 쓰였습니다.

A: 나 이 영화 진짜 맘에 든다.   B: 나도 그래.
A: I do love this film.   B: So do I.

◉ A의 do는 '정말로' 라는 뜻의 강조를 위한 것이고, B의 do는 앞서 말한 동사(love)를 대신하는 표현입니다. 물론 반복해서 말하는 것을 피하기 위한 거죠.

A: 이 좀 닦아라!   B: 고함치지 마세요, 엄마!
A: Do your teeth!   B: Don't yell at me, Mom!

◉ do + [명사]로 '~하다'라는 의미를 나타내고, Do + not을 쓰면 '~하지 말라'는 뜻입니다.

그거 아세요? 가장 쉬운 단어가 가장 많이 쓰인다는 것? 실제 회화에서 do는 do the laundry(세탁하다), do my hair(머리하다), do yoga(요가하다), do the cooking(요리하다), do the cleaning(청소하다), do the shopping(쇼핑하다) 등과 같이 거의 다 쓰이니까 동사가 생각이 잘 안 나면 do를 쓰세요.

시험에서는 주어의 단/복수 혹은 시제에 따른 be동사의 변화를 물어보는 문제를 많이 볼 수 있습니다. 그리고 고난도 문제로는 So do I / So am I 의 do와 be를 구별하는 문제도 출제됩니다.

연습문제

다음 문장에서 밑줄 친 부분이 맞으면 O, 틀리면 X로 표시하시오.   (정답 확인 p.60)

1. When I arrived at his house, <u>there is</u> a notice on the door. (   )

2. He's in love with Kelly. Their wedding <u>is on</u> May 19th. (   )

3. What do you usually <u>doing</u> in your leisure time? (   )

4. A: I'm really tired. B: <u>So do I</u>! (   )

Grammar Point 17 — have의 여러 모습
가지고 싶은 게 인간의 본성

구슬치기나 딱지놀이, 아시죠? 어린 시절 하나라도 더 따려고 노력했던 기억이 나는데요, 무엇을 가지고 싶은 인간의 소유 본능에서 나온 동사가 바로 have입니다. 당연히 기본 뜻은 '갖다'이고요. '먹다/마시다', '가지다'처럼 소유한다는 개념부터, 특정한 상황을 갖는다는 개념에 이르기까지, '갖는다'는 기본 의미는 변함 없습니다. I had my hair colored(머리를 염색했다) vs. I had her color my hair(그녀한테 시켰다) 두 문장의 had는 결국 had 뒤의 상황을 '갖는다'는 뜻이 되죠. (※ Grammar Point 18 참고)

Key Point — have는 '갖는다'는 뜻 (문법 중요도 ★★★)

난 내일 다른 계획이 **있어**.
I **have** other plans for tomorrow.

머리 **염색할** 거야.
I'll **have** my hair **colored**.

> have는 원래 '갖는다'는 기본 의미를 가지는데, 두 번째 문장은 모발(hair)이 염색 당하는(colored) 상태를 갖는다고 보시면 이해가 됩니다.

A have 동사의 다양한 쓰임 (문법 중요도 ★★★)

오늘 밤 이곳에 모시게 되어 정말 기쁩니다.
I'm so glad to <u>have</u> you here tonight.

채식주의자를 위한 메뉴가 있나요?
Do you <u>have</u> any dishes for vegetarians?

> '갖는다'는 개념이 확대된 예.

난 이를 뽑았는데 아직도 아파.
I <u>had</u> my tooth <u>pulled out</u> and it still hurts.

> 치아가 '뽑히는' 거라 pull이나 pulling이 아니라 '당한다'는 뜻의 pulled가 쓰입니다.

로빈은 5분 내로 청중을 웃게 만들었다.
Robin <u>had</u> the audience <u>laughing</u> within 5 minutes.

- have [사람] -ing의 형태로 자주 발생하는 동작을 보여 줄 때 쓰고, '사람(audience)을 -ing(laughing)하게 만든다'는 뜻이 됩니다.

장담컨대 저는 이 일과 아무 상관이 없습니다.
I swear I have nothing to do with this matter.
- 관용표현 have nothing to do with ~(~와 아무 관련이 없다)는 nothing 대신 something을 쓰면 '관련 있다'는 뜻이 됩니다.

B 조동사 have 문법 중요도 ★★

뉴욕에 가 본 적 있으세요?
Have you ever been to New York?

내가 어릴 때부터 그녀를 알고 지냈어.
I've known her since I was a kid.
- '과거부터 지금까지'라는 뜻의 시제 표현을 위한 조동사 have.

앞서 보았던 I had my hair colored를 응용해 보면 회화가 쉬워집니다. colored 대신에 permed(파마했다), done(머리했다)처럼 뒤를 바꾸거나, 아니면 hair 대신 car를 써서 I had my car painted(칠했다) / fixed(고쳤다) / towed(견인시켰다)처럼 활용해 보세요. 참, 쉽죠!

시험에는 역시 have + [목적어](hair) 뒤에 동사원형(color) / 과거분사(colored) / 진행형(coloring) 중 의미에 맞는 형태를 고르는 문제, 혹은 틀리게 써놓고 고르게 하는 문제가 압도적입니다. 또한 have의 인칭(단수: has)과 시제(과거: had)에 맞는 정확한 형태를 알고 있는가를 확인하는 문제도 빠지지 않죠.

연습문제

다음 문장에서 밑줄 친 부분이 맞으면 O, 틀리면 X로 표시하시오. (정답 확인 p.60)

1. Jane doesn't like having her photograph take. (   )
2. Chloe always has her boyfriend waited. (   )
3. Jon had me written his final paper. (   )
4. I have had the same car for more than ten years. (   )

Grammar Point 18

make vs. have vs. let
남 시키는 재미가 쏠쏠하다고?

살다 보면 혼자서 할 수 있는 일도 있지만, 남에게 도움을 받는 경우도 당연히 있겠죠. 물론 이 도움이 자발적인 경우도 있고, 내가 시킬 수도 있을 텐데요. 이런 상황을 표현해 주는 동사들이 바로 make, have, let, get, help이고 이런 동사들 중 '시키다'라는 의미가 강한 것들을 그냥 사역동사라고 부르는 것뿐입니다. 역시 문법 용어보다는 이런 단어가 왜 필요한지 또 어떤 느낌인지가 더 중요하니까 쉬운 예문을 통해 함께 정리해 보도록 하죠.

Key Point　make / have / let + 사람 + 동사원형　　　　　　　　　문법 중요도 ★★★★

테드가 이거 고치도록 시킬게.
I'll **make** Ted fix this.

테드가 이거 고치도록 할게.
I'll **have** Ted fix this.

테드가 이거 고치도록 허락할 거야.
I'll **let** Ted fix this.

○ make는 싫든 좋든 시킬 거라는 강력한 의미, have는 늘 그렇듯 이번에도 시킬 거라는 의미, let은 고치도록 허락할 거라는 뜻이죠.

A　make / have / let + 무생물 + 과거분사　　　　　　　　　문법 중요도 ★★

너 때문에 화나. 근사한 저녁식사 만들어 준다 약속했잖아.
You made me angry. You promised to make me a nice dinner.

○ 나를(me) 화나게(angry) 만들다(make), 나에게(me) 저녁을(dinner) 만들어 주다(make)로 이해하면 됩니다. 문맥에 맞게 make의 뜻을 풀어낸다고 생각하면 쉽습니다.

나 휴대폰 수리 시킬 거야.
I'll have[get] my phone fixed.

나 휴대폰 수리하도록 허락할 거야.
I'll let my phone (be) fixed.

○ 휴대폰이 수리 '당하는' 거라 fixed만 어울립니다. have 대신 get도 좋습니다. 하지만 make는 '일부러 그런 상황을 만든다'는 느낌 때문에 이런 구문에서는 쓰이지 않죠.

B get / help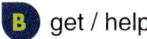

테드가 이거 고치도록 시킬게.
I'll get Ted to fix this.

○ '누구를 ~하게 만든다'는 뜻일 때는 get 다음에 fix가 아니라 to fix처럼 부정사를 써야 하죠. '~하라고 말했다'는 어감을 살리려면 "tell" Ted to fix this, 충고하는 어감이면 "advise" Ted to fix this처럼 쓰면 되고요.

나 내일 머리 파마할 거야.
I'll get my hair permed tomorrow.

○ '무엇을(hair) ~하도록(permed) 시킨다(get)'는 표현인데, 모발이 스스로 파마하는 것이 아니니까 perm, perming이 아니라 permed처럼 당한다는 느낌의 과거분사를 써야 합니다.

저녁 하는 거 도와줄 수 있어?
Can you help me cook dinner?

○ help는 '누가 ~하는 것을 도와주다'라는 뜻인데, 이때 cook처럼 원형을 쓰면 미국식, to cook처럼 부정사를 쓰면 영국식이죠.

사실 회화에서 make, have, let, get, help만 잘 활용해도 수많은 표현이 가능합니다. What makes you say that?(무엇 때문에 그런 말을 하는 거야?) Don't make me hurt you!(너를 다치게 만들지 마)처럼 무엇이든 가능하니까 편안하게 생각하고 또 만들어 보세요.

시험에는 make / have / let + [목적어](Ted) 뒤에 [동사원형](fix)이 온다는 사실을 아는지 체크하는 문제가 압도적입니다. 반면 get의 경우에는 '남에게 하게 한다'는 뜻이기는 하지만 to부정사(to fix)가 오기 때문에 속이기 쉬운 문제로 많이 등장하니까 주의하세요.

연습문제

다음 문장에서 밑줄 친 부분이 맞으면 O, 틀리면 X로 표시하시오. (정답 확인 p.60)

1. That news made me to lose my appetite. (   )

2. Would you help me organize the retirement party for Terry? (   )

3. I'll get this coffee machine to fix. (   )

Grammar Point 19

지각동사 + 목적어 + 동사
너의 감각을 깨워봐

혹시 우리 신체의 많이 쓰는 감각을 중심으로 만든 감각지도(sensory maps)를 보신 적 있나요? 머리와 손이 기형적으로 크게 되어있는데, 이유는 그 부분을 가장 많이 쓰기 때문이죠. 그 개념을 똑같이 영어 동사에 적용하면 바로 보다(see), 듣다(hear), 느끼다(feel)와 같은 동사들이 일상생활에 왜 많이 쓰일 수밖에 없는지 쉽게 추측하실 수 있을 겁니다. 이와 관련된 구문들이 말로 나열하면 복잡하고 어려워지니까, 쉬운 예문을 통해 정리해 보죠.

Key Point 지각동사 + 목적어 + 동사 문법 중요도 ★★★★

제이미가 너한테 키스하는 걸 봤어.
I **saw** Jamie **kiss[kissing]** you.

제이미가 노래하는 걸 들었어.
I **heard** Jamie **sing[singing]**.

그녀의 심장이 빠르게 뛰는 걸 느꼈어.
I **felt** her heart **beat[beating]** fast.

- '누가 ~하는 동작'을 보다(see), 듣다(hear), 느끼다(feel)라고 말할 때에, 그 동작은 두 가지가 가능하죠. 동작의 전체를 의미하는 원형(kiss), 동작의 일부분을 의미하는 진행형(kissing)처럼 말입니다.

A 다양한 지각동사들 문법 중요도 ★★★

캠핑 갔던 어느 날 밤, 내 동생이 코고는 소리를 밤새 들었어.
One night while camping, I <u>heard</u> my brother <u>snore</u> all night long.

뭔가 타는 냄새가 나. 넌 아무 냄새도 안 나?
I <u>smell</u> something <u>burning</u>. Don't you smell anything?

뭔가 내 등을 기어가는 느낌이 들었어. 너무 소름 끼치더라.
I <u>felt</u> something <u>crawl[crawling]</u> on my back. It was so creepy.

B 현재분사 vs. 과거분사 문법 중요도 ★★★

어린애가 큰 개를 뒤쫓는 걸 봤어.
I saw a little boy chasing a big dog.

어린애가 큰 개에게 쫓기는 걸 봤어.
I saw a little boy (being) chased by a big dog.

○ 현재분사(chasing)는 목적어(boy)가 그 행동을 하는 것, 과거분사(chased)는 당하는 것을 의미합니다. 전치사 by를 보고 쫓기는구나, 눈치채셔도 됩니다.^^

그 여자가 강의실에서 일찍 나가는 것을 알아차렸어.
I noticed her leaving the lecture early.

○ notice와 앞서 본 smell은 감각과 관계된 동사지만 뒤에 동사의 원형 대신 -ing 형태만 오니 주의!

여러분, see, hear, feel은 뒤에 sing과 singing 둘 다 가능한데, smell과 notice는 왜 -ing만 와야 할까요? 이유는 간단합니다. 냄새(smell)는 보통 '무슨 냄새가 나는데'처럼 이미 시작된 동작의 중간을 경험하게 되고, 알아차리다 역시 중간의 한 장면을 보는 것이기 때문에 전체 동작을 의미하는 원형(burn, leave)은 안 되고 -ing(burning, leaving)만 가능한 것이죠.

시험에는 지각동사 뒤에 원형(kiss) 대신 to kiss를 제시하고 속이는 문제가 가장 빈도가 높습니다. 그리고 지각동사는 보다(see, notice, watch, observe), 듣다(hear, overhear, listen to), 느끼다(feel)가 전부이니까 이것만 잘 정리해 두면 됩니다!

연습문제

다음 문장에서 밑줄 친 부분이 맞으면 O, 틀리면 X로 표시하시오. (정답 확인 p.60)

1. She felt someone touch her on the shoulder from behind. (   )
2. I noticed him stare at me from across the street. (   )
3. I saw your car tow away a few hours ago. (   )
4. Can't you smell something roasting in the oven? (   )

자동사 vs. 타동사
이랬다가 저랬다가 다 가능해

run은 '달리다'죠? 그럼 '마라톤을 하다'는 무엇일까요? run a marathon처럼, run 다음에 마라톤을 붙여 말하면 됩니다. '달리다'처럼 단독으로 쓰여도 뜻이 통하는 동사를 자동사(run), '마라톤 하다'처럼 뒤에 대상이 필요한 동사를 타동사(run a marathon)라고 하죠. 그런데 신기하게도 영어의 대부분의 동사들은 자동사와 타동사의 용법 양쪽 모두로 쓰입니다. 더구나 각 쓰임에서 의미가 달라지기도 하니, 나올 때마다 호기심 가득한 마음으로 익혀 두세요.

Key Point 자동사 vs. 타동사   문법 중요도 ★★★

그녀는 매일 달리기를 해.
She runs every day.

그녀는 다섯 개의 식당을 운영하고 있어.
She runs 5 restaurants.

> run이 '달리다'라는 뜻일 때는 따로 목적어가 필요 없지만 식당(restaurant), 회사(company), 나라(country) 등이 뒤 따르면 당연히 의미가 '운영하다'라는 뜻이 됩니다.

이 하나가 쑤시네.
One of my teeth hurts.

그게 그의 기분을 상하게 할걸.
It will hurt his feelings.

> hurt는 목적어 없이 '아프다'라는 뜻으로도 쓰이고 목적어와 함께 '아프게 하다, 다치게 하다'라는 의미로도 쓰입니다.

 자동사와 타동사를 넘나드는 동사들   문법 중요도 ★★★

동전이 옆으로 설 수 있나?
Can a coin stand on its side?

그녀를 더 이상 못 참겠어!
I can't stand her anymore!

> 사람(I)이나 사물이(coin) 어느 장소에 '서다'라는 의미로 stand를 쓸 때는 뒤에 따로 목적어가 필요하지 않지만, '참다'라는 뜻으로 쓸 때에는 뒤에 사람(her), 소음(noise), 더위(heat) 등과 같은 목적어가 필요하게 되죠.

그게 불티나게 팔려.
It sells like hot cakes.

그녀는 핫케익을 팔아.
She sells hot cakes.

B 전치사를 주의할 동사들   문법 중요도 ★★★

그 문제에 대해서는 나중에 논의하고 싶네요.
I'd like to discuss [✗ about] the problem later.

◐ 우리말로는 '~에 대해' 의논하는 것이지만 discuss 뒤에는 바로 목적어가 옵니다. 이에 대해서는 Grammar point 13의 회화 포인트를 참조하세요.

나는 20년 전에 이 학교를 졸업했어.
I graduated from this school 20 years ago.

◐ 영어에서 '학교를 졸업하다'라고 할 때에는 반드시 from이 있어야 하죠.

여러분, 회화에서는 일단 내가 쓰는 동사가 맞을까 틀릴까 고민하지 마세요! 맞으면 신나는 거고, 틀리면 확실히 기억에 남게 되니까요. 대부분 동사가 자/타동사로 다 쓰이니까 한번 시험해 보세요. I returned(나는 돌아왔다), I returned the car(차량을 반납했다)처럼 말이죠.

시험에서는 discuss ✗about the matter 와 같이, 동사 뒤에 불필요한 about을 집어넣고 틀린 것으로 골라내거나, 반대로 agree with him, talk to him 과 같이 전치사가 반드시 필요한 동사에 전치사를 제거한 형태를 집어내게 하는 문제들이 출제됩니다.

연습문제
다음 문장에서 밑줄 친 부분이 맞으면 O, 틀리면 X로 표시하시오. (정답 확인 p.60)

1. I absolutely agree with you on this matter. (   )

2. He wanted to marry with Jane, but he couldn't get married to her. (   )

3. Don't answer the phone. It must be Ricky again. (   )

4. My cousin Ed graduated MIT 10 years ago. (   )

정답

Class 4. 동사구문

Grammar Point 16. be는 '상태' do는 '행동'
1. there was
2. O
3. do
4. So am I!

Grammar Point 17. have의 여러 모습
1. taken
2. waiting
3. write
4. O

Grammar Point 18. make vs. have vs. let
1. lose
2. O
3. fixed

Grammar Point 19. 지각동사 + 목적어 + 동사
1. O
2. staring
3. (being) towed
4. O

Grammar Point 20. 자동사 vs. 타동사
1. O
2. marry
3. O
4. graduated from

Class 05

부정사

Grammar Point 21-25

〈동사의 변신 1〉

"나는 음악 듣는 것을 좋아한다"라는 문장에서 '음악 듣는다'와 '좋아한다' 사이에 왜 '것을'이라는 표현을 집어넣을까요? 당연히 "음악 듣는다. 좋아한다"라는 이상한 문장이 아니라 두 동작을 하나의 생각으로 자연스레 연결하기 위한 방법이지요? 영어도 마찬가지입니다. I want music과 I listen to music을 합하면 중간에 to가 필요하게 됩니다. I want "to" listen to music과 같이 말이죠. 물론 이 때의 to도 우리말의 '~하기' 혹은 '~하는 것'의 느낌을 줍니다. 그리고 이 to listen 같은 형태를 그냥 부정사(시제가 특별히 정해져 있지 않다는 뜻)라 부르는 것뿐이죠. 따라서 "부정사에는 무슨무슨 용법이 있다"라고 그냥 외우는 것이 제일 위험합니다. 이런 표현들이 왜 필요하고 어떤 역할을 하며 실제 회화에서 어떻게 쉽게 쓰면 되는지 익히면 그것으로 충분하고, 각종 시험에서도 그런 부분을 물어보니까 걱정 안 하셔도 됩니다. 그럼 출발할까요~

동사 + to부정사 (명사적 용법)

'~하는 것, ~하기'라고만 알아두면 정리 끝나는 부정사!

to부정사라는 말만 들어도 머리에 쥐가 난다는 분들이 많지요? 하지만 왜 이런 표현법을 쓰게 되었는지 이해한다면 더 이상 짜증스럽지만은 않을 겁니다. 예를 들어 '원하다'와 '먹다'는 둘 다 동사인데, 내가 '먹다'라는 동작을 원한다면 "먹기를" 원한다고 표현하죠. 즉 '~(하)다'로 끝나는 우리말 동사의 끝을 '~(하)기'로 바꾼 것처럼 영어에서는 to + [동사] 로 쓰고 이것을 to부정사로 부르는 것뿐입니다. 즉 I want "to eat"처럼 표현하면 됩니다.

Key Point 동사 + to부정사   문법 중요도 ★★★★★

난 정말 일자리를 구하고 싶어.
I really want to get a job.

난 정말 네가 일자리를 구했으면 좋겠어.
I really want you to get a job.

- 일자리를 구하는 것(to get)을 원한다(want)는 이야기인데, 여기서도 '~하는 것'만 정리하면 되겠죠. 이때 일자리 구하는 것(to get)을 남에게 시키고 싶으면 to get 앞에 다른 사람을 써주면 됩니다. 그래서 want "you" to get 처럼 되는 것이죠.

그는 화가 난 것 같아.
He seems to be upset.

- 화가 난 것(to be upset)으로 보인다(seem). 여기서도 '~한 것'으로 해석하면 부정사가 정리됩니다. 이렇게 seem, appear 등의 보어(보충해 주는 말) 자리에도 to부정사가 쓰입니다.

A 동사의 목적어   문법 중요도 ★★★★

나는 완벽하게 보이려고 늘 애쓰고 있어.
I'm always trying to look perfect.

- want / hope / expect / decide / plan to [동사] (~하기를 원하다 / 바라다 / 기대하다 / 결정하다 / 계획하다) 등의 동사들은 뒤에 목적어로 to부정사만 나오는 것에 주의하세요.

그녀는 남편이 집안일을 도와줄 것으로 기대한다.
She expects her husband to help her with household chores.

- expect / ask / persuade / cause / lead A to [동사] (A가 ~하기를 기대하다 / 청하다 / 설득하다 / 원인이 되다 / 결과로 이끌다) 구조. 돕는다(help)는 동작의 주체는 남편이죠.

B 동사의 보어

그는 이 대학의 교수인 것 같아 보여.
He seems to be a professor at this university.

◎ 교수인 것(to be)처럼 보인다(seem)의 형태로서, 역시 '~인 것'이라는 해석만 있으면 의미 파악이 가능하죠? He seems nice처럼 형용사(nice)가 올 때 to be는 생략되기도 합니다.

에단은 줄리를 6개월 후에 여기서 만나는 것으로 했어.
Ethan is to meet Julie here in 6 months.

◎ be동사 뒤에 to부정사가 나왔는데, '만나는 것(to meet)으로 했다(is)'처럼, 역시 to meet을 '~하는 것'으로 정리하면 끝납니다. 이때 to meet(부정사)이 be동사 다음에 나와서 보충해 주는 역할을 한다고 해서 be동사의 보어자리에 쓰인 부정사라 부르는 것뿐이죠.

마지막 문장의 is to meet을 흔히 be to 용법이라고 해서 '예정, 의도, 운명, 가능, 목적'의 뜻이 있다고 하지만, 이런 문법 용어 암기는 무의미합니다. 핵심은 문맥에 맞게 어떤 해석이 가장 어울리는지 생각해 보는 것이니까, 본말이 전도되면 안됩니다.^^

want처럼 뒤에 to를 동반하는 동사(advise, allow, ask, expect, forbid, force, invite, order, permit, warn) 뒤에 부정사(to help) 대신 -ing형(helping)을 써놓고 틀린 것으로 고르는 문제가 많이 나오는데, 그래서 자주 등장하는 동사를 알아두는 것이 중요합니다. 더불어 [A]의 둘째 문장처럼 부정사(to help)가 expect(주동사)에서 멀리 있는 경우 help처럼 원형을 써놓고 속이는 문제가 많으니 눈치채고 골라내야 합니다.

연습문제

다음 문장에서 밑줄 친 부분이 맞으면 O, 틀리면 X로 표시하시오. (정답 확인 p.72)

1. I don't want talking about it anymore. (   )
2. I asked her to come to the party. (   )
3. He seems is a really nice guy. (   )
4. She needs run her business night and day. (   )

명사/의문사 + to부정사 (형용사적 용법)

'~하기'로 부족하면 '~할', '~하는지'를 추가요!

I want to tell(말하기를 원해)에서 to tell은 어떤 뜻일까요? 네, '말하는 것' 혹은 '말하기'인데요. 여기서 질문! to tell 앞에 want처럼 동사가 오지 않고 "something" to tell처럼 명사가 오면 어떻게 해야 할까요? '말하기 무엇'? 이상하죠. 이럴 때는 to tell(말할)과 something(무엇)이 어울리도록 to를 '~할'이라고 바꿔주면 되고, 이때 to tell(부정사)이 something(명사)을 꾸며 주니까 형용사 역할을 한다고 해서 부정사의 형용사적 용법이라 부릅니다.

Key Point 명사/의문사 + to 부정사   문법 중요도 ★★★★

너한테 해 줄 말이 있어.
I've got something to tell you.

◯ 말해 줄(to tell) 무엇인가(something)를 가지고 있다(I've got)처럼 정리하면 됩니다.

그녀는 맛있는 김치를 어떻게 만드는지 안다.
She knows how to make good kimchi.

◯ 김치 만드는 것(to make)을 안다(know)로 해석하면 되는데, 그 사이에 how가 있죠? 이럴 때는 how와 연결되도록 '어떻게 ~하는지'라는 해석 방법만 기억하면 됩니다.

A 명사/의문사의 부연 설명   문법 중요도 ★★★★

내가 너하고는 같이 할 말이 없어.
I've got nothing to talk about with you.

◯ '무엇에 대해서 이야기 하다'가 talk about이죠. 그래서 "nothing에 대해 이야기하다"라는 문장을 "이야기할 nothing"으로 구성했다는 맥락에서 about이 to talk 다음에 쓰인 것입니다. 문장의 뜻을 파악해야 about 같은 전치사가 필요한지 어떤지 알 수 있게 됩니다.

그녀는 이 새 스마트폰을 어떻게 쓰는지 몰라.
She doesn't know how to use this new smart phone.

◯ '어떻게(how) 쓰는(use)지(to)를 모른다(doesn't know)'처럼 정리하면 됩니다.

B 주어, 목적어와 관련 있는 to부정사

문법 중요도 ★★★

온라인상에서 토크리시 게임을 하는 것은 재미있어.
To play *Talklish* on the Internet is fun.

- '~하는 것'(To play)을 문장의 맨 앞에 가져와도 뜻은 변하지 않습니다. 즉, to부정사를 주어로 쓰는 경우인데, 이것도 좋지만 실제로는 Playing~이나 It is fun to play~처럼 쓰이는 경우가 더 많으니까 알아두세요.

SNS로 새로운 사람들을 만나는 것이 재미있어.
I found it interesting **to meet** new people on social media.

- 만나는 것(to meet)의 자리가 문장 맨 앞 주어 자리도 아니고 found(알았다)라는 동사 다음의 목적어 자리도 아닌데, 이것은 원래 found 뒤에 와야 할 to meet 뒤가 길어서 그 대신 it을 found 다음에 쓴 것뿐이에요. find(알다), think(생각하다), believe(믿다)와 같은 동사가 주로 이런 형태로 많이 쓰이죠.

회화 포인트

Key Point의 첫 번째 문장 I've got something to tell you에서 to부정사(to tell)가 꾸며 주는 대상이 명사(something)이기 때문에 이름을 형용사적 역할이라고 한 것뿐이지, 형용사 용법이니 하는 문법 용어를 외울 필요는 전혀 없습니다. 단지 정확한 해석을 하는 데 도움만 받으면 되겠죠. 문법 용어만 나열해서 설명하려는 경우가 있으면 잘 살펴보세요. 회화는 잘 안 되는 사람일 가능성이 높습니다.

출제 포인트

시험에서는 [의문사] + [to부정사] 구조의 문장에서 문맥에 맞는 의문사(where, how, when, what)가 무엇인지 골라내는 문제가 자주 등장합니다. 더불어 ability(능력), chance(기회)와 같은 단어 뒤에 to부정사 대신 -ing를 써놓고 틀린 것으로 고르는 문제도 등장합니다. I need **this chance to change** my life(내 인생을 변화시킬 이런 기회가 필요해)처럼 써야 맞겠죠.

연습문제

다음 문장에서 밑줄 친 부분이 맞으면 O, 틀리면 X로 표시하시오. (정답 확인 p.72)

1. I have nothing <u>say</u> about that right now. (   )
2. He really knows <u>what to make</u> me angry. (   )
3. I found it interesting <u>go</u> to the haunted house. (   )

Grammar Point 23 : 문장 + to부정사 (부사적 용법)

문장과 연결될 때는 '하려고, 한다면, 하기에는'

앞으로 그 어디서든 to [동사]만 보면 '~하는 것' 아니면 '~할'로 해석하면 되겠죠? 그리고 여기 하나 더 빈도 높은 경우가 있어요. Jeff came here(제프가 여기 왔다)라는 문장 다음에 to talk이 쓰인다면 어떤 해석이 어울릴까요? 문맥을 보세요. "제프가 왔다" + "말하다"니까, 말하려고 왔다는 거겠죠. 그래서 이렇게 문장과 만나는 부정사(to talk)의 경우는 몇 가지 해석이 가능한데 중요한 것은 "문맥"이에요. 절대 부정사의 부사적 용법이라고 외우지 마시고요!

Key Point : 문장 + to부정사   문법 중요도 ★★★

제프가 너랑 **이야기하려고** 여기 왔어.
Jeff came here to talk with you. [목적]

◯ '너랑(with you) 이야기하려고(to talk) 왔다(came)'처럼 정리하면 되겠죠.

제프가 너랑 **이야기하면** 좋아할 거야.
Jeff will be happy to talk with you. [조건]

◯ '너랑(with you) 이야기하면(to talk) 기뻐할 것이다' 즉 조건의 뜻이 어울립니다.

제프는 마라톤 **뛰기에는** 너무 약해.
Jeff is too weak to run a marathon. [이유]

◯ '마라톤 뛰기에는(to run) 너무(too) 약하다(weak)'니, 이유나 판단의 근거가 되겠죠.

A 표현에 따른 뉘앙스 차이   문법 중요도 ★★★★

그의 프랑스 억양은 알아듣기에 너무 강해.
His French accent is <u>too strong to understand</u>.

그의 프랑스 억양은 너무 심해서 알아들을 수 없어.
His French accent is <u>so strong that</u> I <u>can't</u> understand it.

◯ 첫 번째 문장은 '억양이 강하다'는 상태를 강조하고, 두 번째 문장은 '그래서 알아들을 수 없다'는 결과를 강조하는데요. 둘 다 강한 표현이니까 주의해서 쓰세요.

내 프랑스 친구는 천장에 닿을 정도로 키가 커.
My French friend is tall enough to touch the ceiling.

내 프랑스 친구는 키가 너무 커서 천장에 닿을 정도야.
My French friend is so tall that he can touch the ceiling.

◐ 첫 번째 문장은 키가 큰 것을, 두 번째 문장은 천장에 닿는 것을 강조합니다.

솔직히 말하면 나는 네 새 여자친구가 마음에 안 들어.
To be honest with you, I don't like your new girlfriend.

◐ to가 포함되어 자주 쓰이는 관용표현들이 있는데요. 어떤 상황에서도 독립적으로 쓰인다 해서 독립적 관용표현이라 불러요. To begin with(우선), Strange to say(이상한 말이지만), To make a long story short(줄여서 말하자면), To make matters worse(설상가상으로)와 같은 표현이 가장 많이 쓰이니까 입에 붙게 연습하세요.

"이것은 부정사의 부사적 용법이다"라는 식의 분류보다는 문맥에 따라 부정사의 해석이 어떻게 달라지는지를 아는 것이 더 중요하죠. [A]에서 제시한 문장들은 단순히 too ~ to 문장을 바꾸면 so ~ that can't이 된다는 것이 아니라, 문장 간에 전달하는 느낌이 다르고 강조하는 대상이 다르다는 점을 눈여겨보면 느낌이 팍 올 겁니다. "too ~ to 구문" 또는 "so ~ that can't 구문" 하면서 공식처럼 외우는 것은 참 현명하지 못한 일이니까 주의하세요.

시험에서는 so ~ that can't 문장의 끝에 it과 같은 목적어가 필요하다는 것, 혹은 so ~ that 대신 too ~ that처럼 엉뚱한 표현으로 혼동시키는 문제가 많이 출제됩니다. 더불어 부정사가 필요한 자리에 동명사(-ing)를 써 놓고 틀린 부분을 고치는 문제도 자주 등장하니까 문맥 파악이 필요하고요. 경우에 따라 enough의 위치를 묻는 문제("enough tall" to touch [✗] vs. "tall enough" to touch [○])도 출제되니까 주의하세요.

연습문제

다음 문장에서 밑줄 친 부분이 맞으면 O, 틀리면 X로 표시하시오.   (정답 확인 p.72)

1. Winston came here discussing the matter. (   )

2. Bob is enough strong to move my car. (   )

3. That math problem is too difficult that I can't solve it. (   )

Grammar Point 24

부정사의 가주어 vs. 의미상 주어
'~하는 것'의 동작을 누가 한다는 거야?

지금까지 정리한 부정사의 기본 용법, 생각보다 쉽죠. '~하는 것, ~할, (어떻게) ~하는지, ~하려고, ~한다면'밖에 없잖아요. 문법 용어 대신 예문을 통해 문맥 속 뜻을 확인하고, 비슷한 예를 영화, 회화 혹은 인터넷에서 보게 되면 겁먹지 않고 편하게, 정확하게 해석하면 돼요. 그러라고 문법이 있는 거고요. 믿기 힘든가요? Is it hard to believe it? 어라! 여기서도 to believe 부정사가 쓰였네요? 그런데 이때 믿는다(to believe)는 동작은 누가 하죠? 지금부터 알아봅니다.^^

Key Point 부정사의 가주어 vs. 부정사의 의미상의 주어   문법 중요도 ★★★

(내가) 그것을 믿기는 힘들어.
It's hard (for me) to believe it.

○ to believe 앞에 따로 주어가 표시되지 않았다면 그냥 일반인이라는 것이고, believe 하는 것이 나예요! 표시하고 싶을 때는 for me와 같이 for [사람]을 쓰면 되죠.

당신이 그렇게 말씀해 주시니 고마워요.
It's nice of you to say so.

○ 그렇게 말하는(to say) 당신이 좋다(nice)는 뜻이죠. 사람의 성격(nice)과 관련 있을 때는 for가 아니라 of(성격의 일부분이라는 뜻)를 써야 하고요.

A 부정사의 의미상의 주어   문법 중요도 ★★★

그녀가 그걸 내일까지 끝내기는 힘들어.
It is difficult for her to finish it by tomorrow.

○ 끝내는 동작(to finish)의 주체는 어떻게 표현한다? 그렇죠~ for [사람]! 그래서 "for her" to finish it이 된 거예요. 참, She is difficult to finish it [✕]은 틀린 문장이고요. 왜냐고요? '그녀는 어렵다, 그것을 끝내다'처럼 들리니까요.

그녀는 같이 어울리기에 까다로워.
She is difficult to get along with.

○ 어울리기(to get along with) 까다로운(difficult) 대상은 그녀. 그래서 she가 맨 앞에 가능하죠.

공항에 저를 태우러 나오시다니 정말 친절하세요.
It was very kind of you to pick me up at the airport.

○ kind처럼 성격을 나타내주는 표현은 사람의 일부분처럼 느껴지기 때문에 for you 대신 of you처럼 of를 쓴다는 것, 중요하니까 꼭 기억하세요.

B 표현에 따른 의미 차이 문법 중요도 ★

그는 피아노 연주자로 보이는데.	It seems that he is a pianist.
그는 피아노 연주자인 것처럼 보여.	He seems to be a pianist.
그는 피아노 연주자였던 것처럼 보여.	He seems to have been a pianist.

○ 많은 사람들의 의견을 제시하는 경우는 that절이 쓰이고, 다소 주관적인 관찰에 근거한 의견을 보여줄 때에는 부정사 구문(seems to)이 사용되죠. 더불어 세 번째 문장은 예전에 연주자였던 것(to have been)처럼 지금 보인다(seems)는 뜻으로 이해하면 됩니다.

to [동사](부정사)의 주체를 표현할 때 hard for her to finish처럼 형용사(hard)가 나오면 for와 같은 전치사가 필요하죠. 하지만 Grammar Point 21에서 확인했듯 want 같은 동사는 I want "you" to clean up your room first처럼, for 없이도 동작의 주어를 표시할 수 있다는 것 다시 확인하세요. 이거 생각보다 회화에서 많이 유용할 테니까요.^^

시험에서는 for 대신 of가 필요한 형용사(kind, careless, rude, stupid, polite, selfish, mean)를 써 놓고 정답으로 for 대신 of를 고르는 문제가 가장 기본이죠. seem to be와 같은 구조에서 to를 빼놓고 틀린 것으로 고르는 기본 형태 문제와, 더불어 She wanted "to have seen" Mraz(므라즈를 보았으면 했다, 그런데 못 보았다)처럼 이루지 못한 일에 대한 부정사 표현을 묻는 고난도 문제가 가끔 출제됩니다.

연습문제

다음 문장에서 밑줄 친 부분이 맞으면 O, 틀리면 X로 표시하시오.   (정답 확인 p.72)

1. It's rude that her to talk to me like that. (   )
2. Jane is difficult to work. (   )
3. It is difficult for her play the flute with just one hand. (   )
4. She seems be a really nice girl. (   )

부정사 동반 동사
to 없으면 절대 못 사는 동사는?

이제 부정사의 마지막 부분인데요. 사실 지금까지 한 내용으로도 충분합니다. 그럼 무엇이 더 남았냐고요? 회화에서 가장 많이 쓰이는 표현 중 하나가 want to인데(줄여서 wanna[워나]라고 쓰죠), want -ing는 어떨까요? 결론은 No! 이유는 -ing는 "진행되는 일," to [동사]는 "앞으로 할 일"이란 뜻을 내포하고 있습니다. 그러니까 이미 진행되는 일(-ing)을 바랄(want) 필요는 없겠죠. 그래서 want 다음에는 to만 나오는데요, 지금부터 이런 동사를 의미별로 정리해 드립니다.~

Key Point 부정사 동반 동사   문법 중요도 ★★★★

나는 아르바이트를 <mark>할 계획이야</mark>.
I'm **planning to work** part-time.
- (앞으로) 일을 한다(to work)는 것과 계획한다(plan)는 뜻이 서로 잘 들어맞죠. 그래서 plan 다음에는 to가 나옵니다.

이 앱이 재택<mark>근무가 가능하도록 해 줘</mark>.
This app **enables** you **to work** at home.
- 가능하게 하다(enable)는 "누가 무엇 하도록"이라는 뜻이 숨어 있는 거죠. 그래서 누가 = you, 무엇 하도록 = to work 처럼 채워 넣으면 됩니다. enable을 알아두는 것이 제일 중요하겠죠.

A 기대, 계획, 약속, 모습과 관련된 동사들   문법 중요도 ★★★★

소피는 한국을 방문하고 싶어한다[바란다 / 기대한다 / 희망한다].
Sophie wants[wishes / expects / hopes] to visit Korea. [기대/희망]

주드는 한국을 방문하기로 결정했다[계획했다 / 해냈다].
Jude decided[planned / managed] to visit Korea. [계획/결심]

앤은 한국을 방문하기로 동의했다[제안했다 / 약속했다 / 거절했다].
Anne agreed[offered / promised / refused] to visit Korea. [약속/거절]

쌜리는 해리를 사랑하는 체했다[것처럼 보였다 / 인 듯했다].
Sally pretended[appeared / seemed] to love Harry. [모습/외양]

- 여기 동사들이 회화나 시험에서 가장 빈도가 높은 단어들이니까, 연습해 두는 것이 중요합니다. 일부러 비슷한 의미끼리 묶어드렸으니까 도움이 되실 거예요.

B 관용 표현들

이 휴대폰으로 온라인 쇼핑이 가능해.
This phone enables you to shop online.

그는 여기 돌아올 마땅한 이유가 있어.
He has every reason to come back here.

난 그것을 받아들일 수밖에 없어.
I have no choice but to accept it.

그를 믿지 말았어야지.
You should know better than to believe him.

◎ 이 네 가지 표현의 공통점은 모두 뒤에 to + [동사]의 형태가 쓰인다는 거예요. 기본 형태가 제일 중요하니까 연습해 두면 회화와 시험, 모두 다 도움이 됩니다.

그의 충고를 따를 수밖에 없어.
I can't but follow his advice.

나는 일요일에는 그저 독서만 해.
I do nothing but read on Sundays.

◎ 이 두 표현 모두 to 없이 쓰이는 경우인데요, 여기서 but이 '무엇을 제외하고'(except)의 뜻이라는 것을 알면 기억하기가 더 수월해질 겁니다. 기본 형태 꼭 점검하세요.

[A]의 동사들은 시험에도 많이 등장하지만, 회화에서도 월등히 빈도가 높습니다. 영화, TV시리즈는 물론 회화에까지 자주 등장하니까, 단어 자체를 익히고 뒤에 to를 붙여 연습하세요. 더불어 can't afford to(~할 여유가 없다), fail to(실패하다), long to(바라다)와 같은 동사들도 시험에 잘 등장합니다.

어떤 시험이든 가장 빈번한 출제 유형은 바로 부정사를 동반하는 동사를 초점으로 하는 문제예요. want, plan, agree, seem과 같은 동사를 보고 정답을 to [동사]로 골라야 하니까 중요 동사들을 반드시 정리해 두어야 합니다. 기타 관용표현들은 그 기본 형태를 알고 있어야 하고요. 특히 and와 같은 접속사로 연결될 때에도 반드시 표현에 따라 to [동사] 혹은 to 없이 원형이 유지되는 것, 고난도 문제로 꼭 기억하세요.

연습문제

다음 문장에서 밑줄 친 부분이 맞으면 O, 틀리면 X로 표시하시오. (정답 확인 p.72)

1. Anne promised taking me out to dinner. (   )
2. She has every reason claim the money. (   )
3. I have no choice but say "yes." (   )

정답

Class 5. 부정사

Grammar Point 21. 동사 + to부정사 (명사적 용법)
1. to talk
2. O
3. seems to be
4. needs to run

Grammar Point 22. 명사/의문사 + to부정사 (형용사적 용법)
1. to say
2. how to make
3. to go

Grammar Point 23. 문장 + to부정사 (부사적 용법)
1. to discuss
2. strong enough
3. so difficult that

Grammar Point 24. 부정사의 가주어 vs. 의미상 주어
1. of her to talk
2. work with
3. for her to play
4. seems to be

Grammar Point 25. 부정사 동반 동사
1. to take
2. to claim
3. but to say

Class
06

동명사

Grammar Point 26-30

〈동사의 변신 2〉

예를 들어 "적게 〈먹는 것〉이 건강의 비결이다"라는 한국어 표현에서 우리는 '먹는다'는 동작을 '먹는 것'이라는 명사 형태로 담아내고 있죠. 영어에서도 마찬가지로, 동사(eat)의 의미를 지니고 있지만 동시에 명사 역할(-ing)을 하는 것이 있는데 이것이 바로 동명사(eating)입니다. 우리말 '~인 것'의 느낌을 살리기 위해 영어에서는 동사에 -ing를 붙여서 쓰는 것입니다. 앞서 살펴본 부정사도 비슷한 역할을 하지만 부정사가 "미래의 잠재성"이라는 느낌을 갖는 반면, 동명사는 "진행되는 동작의 진행성이나 반복성"의 느낌을 줍니다. 보다 자세한 차이점은 구체적인 문장을 통해서 알아보기로 할까요?

명사 자리에 동명사
명사 따라쟁이 동사

우리말 '책을 읽는다'와 '도움이 된다' 두 문장을 합할 때 "책을 〈읽는다〉 도움이 된다"라고 하는 분은 없겠죠. "책을 〈읽는 것이〉 도움이 된다"처럼 '읽다'를 '읽는 것'으로 바꾸는데, 영어도 동일합니다. Read books + It's good을 합할 때 우리말 '~인 것'의 느낌을 주는 -ing를 사용해서 "Reading" books is good처럼 쓰면 됩니다. 그리고 이것을 그냥 동명사라고 부르면 되는 거죠. 참 쉽죠?^^ 사실 쉽다고 생각하면 쓸데없는 것은 사라지고 정말 가장 중요한 것만 기억하게 되니까 꼭 되뇌세요!

Key Point 명사 역할을 하는 동명사   문법 중요도 ★★★★★

소설을 <u>읽는 것은</u> 도움이 된다.
Reading novels is good for you. [주어 역할]
- 읽는 것(Reading)이 도움이 된다(is)는 말의 주어이죠.

이 버튼을 <u>누름으로써</u> 삭제해.
Delete it **by pushing** this button. [목적어 역할]
- '~함 으로써'(by)의 대상이 누르는 것(pushing)이죠. 이것을 by의 목적어라 부릅니다.

A 동명사의 동작의 주체   문법 중요도 ★★

네가 거기 혼자 <u>가는 것이</u> 안 내켜.
I don't like <u>you[your] going</u> there alone.
- 가는(going)의 주체는 너(you)인데요, you는 구어체, your는 문어체 느낌이 나죠.

그가[×그를] 거기 혼자 가는 것이 걱정돼.
<u>His[×Him] going</u> there alone makes me worried.
- 가는 것(going)이 맨 앞 주어 자리에 나올 때는 '그의 가는 것(His going)'만 가능하고 '그를 가는 것(Him going)'은 가능하지 않습니다.

네가 걱정하는 것은 별 의미가 없어.
There's no point <u>in your worrying</u>.
- 걱정하는(worrying)의 주체는 '너'인데, 이 때 전치사(in) 다음에는 you 대신 your를 써야 '동작을 하는 데(in) 의미(point)가 없다(no)'처럼 자연스레 연결이 됩니다.

너와 세라가 거기 같이 가는 게 탐탁하지 않아.

I don't approve of you and Sera going there together.

○ 같이 가는(going)는 주체가 you and Sera처럼 길어지면 your(소유격) 대신 you(목적격)를 써 주는 것이 더 일반적입니다.

동물을 잔인하게 죽이는 것이 우리 모두를 충격에 빠트렸지.

The brutal killing of animals shocked all of us.

○ 죽이는 동작(killing)을 더 설명하고 싶을 때는 앞에 형용사(brutal)를 써 주면 됩니다.

회화에서는 "동명사의 주어 역할"이라는 용어를 외우는 것보다, 기본 표현(Reading is good)을 다른 단어로 연습하는 것이 훨씬 도움이 됩니다. "Jogging" is good, "Swimming" is good처럼 말이죠. 그리고 이것을 Reading "every day" is good → Reading every day is good "for you" → Reading "novels" every day is good for your "creativity"처럼 조금씩 늘려가다 보면 '매일 소설을 읽는 것은 여러분의 창의성에 도움이 됩니다'와 같은 어려워 보이는 문장까지도 쉽게 말할 수 있게 됩니다.

시험에는 두 가지가 가장 빈도가 높습니다. 첫째, 문장의 맨 앞에 '~하는 것'이라는 뜻의 –ing를 제대로 쓸 수 있는가. 더불어 이때 동사는 is가 맞는가를 묻는 시험이 가장 잘 나오죠. 둘째는 by나 to, in과 같은 전치사 다음에 –ing가 쓰이는 것을 알고 있는가를 묻는 문제입니다. 다음의 문제에서 한번 연습해 보세요.

연습문제

다음 문장에서 밑줄 친 표현들 중 어울리는 것을 고르시오.   (정답 확인 p.84)

1. (a. Learning / b. Learn) foreign languages is very fun. (   )

2. You can lose weight by (a. eat / b. eating) less than usual. (   )

3. I'm looking forward to (a. hearing / b. hear) from you soon. (   )

4. I appreciate (a. your keeping / b. yours keeping) me informed! (   )

5. Traveling to many countries (a. are / b. is) wonderful! (   )

동명사 동반 동사

동명사는 "진행 중"이라는 느낌

남녀가 서로 알아가는 중이라는 느낌으로 "지금 ing야"라는 표현이 유행한 적 있었는데요, 여러분도 -ing를 보면 "진행 중"이라는 느낌이 드나요? Class 5에서 보았듯 '~하는 것'이라는 표현은 -ing말고도 to [동사]가 있는데, 비슷한 역할을 하지만 숨은 의미는 다릅니다. 예를 들어 I like "swimming" 하면 수영을 해 본 적이 있고(이미 진행 중) 그게 좋다는 뜻이지만, I like "to swim" 하면 수영이라는 것을 해 보고 싶다는 의미, 즉 "미래의 의미"를 띠게 되죠. 그럼 어떤 동사와 -ing가 어울릴까요? 지금부터 출발합니다.

Key Point — 동명사를 동반하는 동사들 (문법 중요도 ★★★★)

팀은 SNS로 채팅하는 걸 정말 즐겨.
Tim really enjoys chatting on SNS.

○ 앞으로 일어날 일을 지금 즐길 수는 없죠? 그래서 enjoy 다음에는 -ing만 옵니다.

댄이 나에게 계속 전화랑 문자를 하네.
Dan keeps calling and texting me.

○ '계속해서 ~하다'(keep) 다음에는 반복, 진행의 의미인 -ing만 어울리겠죠.

A 동명사의 시제 및 기타 표현 (문법 중요도 ★★★)

그는 내 차를 썼다는 것을 부인했다.
He denied using my car.

○ 썼다는 것(using)은 문맥상 지나간 일이죠. 과거라는 사실을 더 확실히 나타내고 싶으면 using 대신 having used와 같이 쓰면 됩니다.

그 아이들은 혼나지 않으려고 거짓말을 했어.
The kids lied to avoid being punished.

○ 아이들이 혼내는 것(punishing)이 아니라 혼이 나는 것(being punished)을 말하고 있죠. 이렇듯 수동태일 때에도 -ing가 사용 가능합니다.

네 차는 세차할 필요가 있어.
Your car needs washing.

◯ '~할 필요가 있다'(need)는 정해진 표현인데요, It needs painting[fixing](칠할[고칠] 필요가 있다)처럼 활용하면 되고, 사투리에서 need 대신 want를 쓰기도 합니다.

enjoy나 finish 다음에는 왜 동명사만 쓰이고 부정사는 올 수 없는 것일까요? 계속 이야기하지만, 이유는 간단합니다. 부정사에는 "미래"의 뜻이, 동명사에는 "진행"의 뜻이 담겨 있어 의미적으로 제약을 주기 때문이죠. '하던 일'(writing)을 끝낼 수는 있어도, '앞으로 할 일'(to write)을 끝낼 수는 없습니다. 그래서 finish는 뒤에 동명사만을 목적어로 취하게 되는 것이죠. 정리하기 쉽도록 묶어 드리니까 쭉 살펴보세요.

a. '싫다/좋다'의 감정과 관련된 동사:
   enjoy(즐기다), mind(꺼리다), appreciate(감사하다), imagine(상상하다), fancy(좋아하다), resist(저항하다)

b. '연기하다/행하다'와 관련된 동사:
   keep(계속해서 ~하다), practice(연습하다), delay/postpone/put off(연기하다), risk(위험을 감수하다)

c. '끝내다/그만두다'와 관계된 동사:
   finish/get through(끝마치다), quit/give up(포기하다), escape/avoid(피하다), miss(놓치다)

d. 생각, 제안 등 '사고'와 관계있는 동사:
   consider/think about(생각하다), understand(이해하다), suggest(제안하다), recommend(추천하다), mention(언급하다), discuss/talk about(토의하다)

e. '인정하다/부인하다'와 관련된 동사:
   admit(인정하다), deny(부인하다), excuse(핑계로 삼다), justify(정당화하다)

어느 시험에나 절대로 빠지지 않고 나오는 것은, 바로 동명사만을 취하는 동사를 초점으로 하는 문제일 겁니다. 빈칸 앞에 이런 동사를 써 놓고 정답으로 동명사(-ing)를 고르게 하거나, 반대로 이런 동사 다음에 부정사(to 동사)를 써 놓고 틀린 것으로 고르게 하는 방식이죠. 더불어 이런 동사들이 and, or 같은 것으로 연결될 때 뒤쪽의 형태까지 병렬구조인지 확인하는 고난도 문제도 대비해야 합니다.

연습문제

다음 문장에서 밑줄 친 부분이 맞으면 O, 틀리면 X로 표시하시오.   (정답 확인 p.84)

1. If you have tried to quit <u>smoking</u>, you know how hard it can be. (   )

2. Both companies admitted <u>to give</u> bribes to radio stations. (   )

3. I'll keep learning, practicing, and <u>to use</u> more languages. (   )

4. Why should you avoid <u>to look</u> at the sun with your naked eye? (   )

Grammar Point 28

과거의미 동명사 vs. 미래의미 to부정사
우리 쌍둥이 아니거든!

여러분, '즐기다'라는 뜻의 enjoy는 I enjoy "swimming"(수영하는 것을 즐겨)만 가능하고, I enjoy "to swim"은 안 됩니다. 왜냐하면 진행되는 일(swimming)이 즐거운 것이지, 일어나지도 않은 일(to swim)을 즐길 수는 없으니까요. 그럼 이런 -ing vs. to부정사의 의미 차이가 forget, stop과 같은 단어를 만나면 어떻게 될까요? 힌트 드릴게요! -ing(동명사)는 "과거," to부정사는 "미래"와 관련된 어감이 있다는 것 이미 알고 계시죠? 그것을 활용하면 됩니다.^^

Key Point 과거의미 동명사 vs. 미래의미 to부정사   문법 중요도 ★★★★★

선물 고맙다고 하는 걸 깜박했네.
I forgot to thank you for the gift.
◐ 고맙다고 해야 할 동작을(to thank) 깜박하고 못했다(forgot)는 뜻이죠.

나 비타민 먹는 거 그만두었어.
I stopped taking vitamins.
◐ 먹던 동작을(taking) 그만두었다(stopped)는 뜻이고요.

 동명사와 부정사의 의미상 차이   문법 중요도 ★★★★

나는 재즈 곡을 연주하는 것을 좋아해[사랑해 / 선호해 / 싫어해].
I like[love / prefer / hate] playing jazz tunes.

재즈 곡을 정말 연주하고 싶네요.
I'd really like to play jazz tunes.

◐ like와 같은 동사 다음의 동명사(-ing)는 그 동작이 "이미 진행 중" 그래서 "일반적인 일"이라는 느낌을, 부정사(to동사)는 "할 것이다"라는 미래의 느낌을 줍니다.

무슨 일인지 보려고 조깅하던 것을 멈췄어. [지난 일]
I stopped jogging to see what's happening.

풀밭에서 맨발로 걸어보려고 멈췄어. [앞으로의 일]
I stopped to take a walk barefoot on the grass.

의사는 담배를 끊는 것이 좋다고 충고했어.
The doctor advised quitting smoking.

의사는 내가 담배를 끊어야 한다고 충고했어.
The doctor advised me to quit smoking.

○ advise(충고하다) 뒤에 me처럼 그 대상(목적어)이 있으면 부정사(to quit)가 나오지만, 일반적인 내용(금연)을 말할 때에는 동명사(quitting)가 나오는 게 자연스럽죠.

나를 보자마자 그녀는 울기 시작했어.
As soon as she saw me, she began to cry[crying].

○ begin, start와 같은 동사는 부정사(to cry), 동명사(crying)의 의미 차이가 없습니다.

remember(기억하다), forget(잊다), stop(멈추다), regret(후회하다), recall(회상하다)과 같은 동사는 앞서 본 것처럼 부정사(to + 동사)가 올 때는 미래, 동명사(-ing)가 올 때는 과거의 동작이나 뜻을 갖습니다. 하지만 공식처럼 그냥 외우기만 하면 회화에서 어떻게 연결되는지 감이 전혀 오지 않을 수도 있습니다. 그래서 사실 중요한 것은 이런 동작이 쓰이는 구체적인 상황입니다. 예를 들어 원어민이 I forgot to call him이라 말했다면, 그 다음 동작은 바로 전화를 실제로 하는(call him) 것이 되겠죠.

시험에는 to부정사나 -ing의 의미 차이를 이용한 문제들이 가장 빈도 높죠. 문맥상 I forgot to tell him이라 해야 하는데, forgot telling(말한 걸 깜박했네, 즉 말했었지)처럼 써놓고 고치는 문제가 나옵니다. 아니면 부정사에서 보았듯, advise(충고), allow(허락), ask(문의), encourage(응원), expect(기대), force(강요), forbid(금지), invite(초청), persuade(설득)와 같은 단어 다음에 to부정사가 오는지 알고 있는가를 묻는 문제가 출제됩니다.

연습문제

다음 문장에서 밑줄 친 부분이 맞으면 O, 틀리면 X로 표시하시오.   (정답 확인 p.84)

1. He never forgot to meet Hemingway in Cuba in the sixties. (   )

2. Remember bringing your smart PC on our next trip. (   )

3. I hope you will allow me to explain how this happened. (   )

4. We cannot learn anything until we stop to shout at one another. (   )

전치사 다음에 동명사
-ing와 이별할 수 없는 전치사들

우리말에서 '무엇에 관심 있다' + '무엇을 배우다' 이 두 문장을 합하면 어떻게 될까요? "배우다에 관심 있어!"라고 하지는 않겠죠. "배우는 〈것에〉 관심 있다"같이 '~하는 것'을 사용하는데, 영어도 동일합니다. I'm interested in it + I learn을 합하면 I'm interested "in learning"처럼 배우는 것(learning)이 됩니다. 이 때 in을 전치사, learning을 동명사라고 부르는 것뿐이죠. 자, 그럼 이렇게 잘 쓰이는 "전치사 + 동명사" 표현들이 더 있는지 함께 알아볼까요?

Key Point 전치사 다음에 나오는 동명사 문법 중요도 ★★★★

나는 항상 배우는 것에 관심이 있어.
I'm always **interested in learning**.

○ 배우는 것(learning)이라는 동작에(in) 관심이 있다는 얘기죠. be interested in -ing는 '~에 관심 있다'는 뜻.

다시 만나 뵙기를 기대할게요.
I'll **look forward to meeting** you again.

○ 만나는 것(meeting) 쪽으로(to) 바라보겠다(look forward)는 맥락에서 look forward to -ing는 '~을 학수고대하다'라는 뜻.

A 전치사가 들어간 동명사 관용표현들   문법 중요도 ★★★★

건강 때문에 그 콘서트에 가지 못했어.
My health **prevented** me **from going** to the concert.

○ prevent [사람] from -ing은 '[사람]이 ~하는 것을 주어가 방해하다'라는 뜻인데요, prevent 대신 stop이나 keep이 구어체에서는 빈도가 더 높습니다.

이걸 들으면 항상 네 생각이 났어.
I've **never** listened to this **without thinking** of you.

○ never ~ without -ing는 '-ing 하지 않고는 ~하지 않다,' 즉 '항상 -ing 하다'의 뜻.

내가 문을 열자마자 모두들 "놀랬지!"하고 소리치기 시작했어.
On my opening the door, everybody began to shout "Surprise!"

○ On -ing라고 하면 '~하자마자'라는 의미입니다. opening처럼 -ing에 주의하세요.

회화 포인트

자주 쓰이는 표현들을 한꺼번에 묶어 드릴 건데요, 부담 갖지 말고 유용하다 싶은 표현들만 먼저 익혀두면 됩니다.

a. **전치사 to가 있는 표현:**
be used to -ing/be accustomed to -ing(~하는 데 익숙해 있다), object to -ing/be opposed to -ing(~하는 데 반대하다), What do you say to -ing?(~하는 게 어때?), devote to -ing(~하는 데 헌신하다), when it comes to -ing(~하는 데 있어서는), be addicted to -ing(~하는 데 중독되다)

b. **전치사 from이 있는 표현:**
dissuade [사람] from -ing(누구를 ~하지 못하도록 단념시키다), be far from -ing(~와는 거리가 멀다), of one's own -ing(스스로 직접 ~한), instead of -ing(~하는 대신에), in spite of -ing(~함에도 불구하고), be on the point of -ing(~할 찰나에 있다), for the purpose of -ing(~하려는 목적으로), be proud of -ing(~하는 것이 자랑스럽다), thank [사람] for -ing(~에 대해 [사람]에게 감사하다)

c. **그 밖의 전치사가 있는 표현:**
be good at -ing(~하는 데 뛰어나다), take pride in -ing(~하는 데 자부심을 갖다), insist on -ing(~하는 것을 고집하다), keep on -ing(계속해서 ~하다), be above -ing(~하는 것을 초월하다), feel like -ing(~하고 싶은 기분이다)

출제 포인트

기업체 시험에 가장 많이 등장했던 구문은 바로 prevent from -ing인데요, prevent나 stop, keep과 같은 동사 자체를 고르게 하거나, 전치사 from을 정답으로 하거나, 아니면 -ing형을 다른 형태와 섞어놓고 정답을 고르게 하는 등 질문의 형태가 정해져 있죠. 듣기 부분에서도 이런 구문들의 사용빈도가 상당히 높으니까 꼭 익혀두세요.

연습문제

다음 문장에서 밑줄 친 부분이 맞으면 O, 틀리면 X로 표시하시오.   (정답 확인 p.84)

1. After drinking two bottles of soju, I feel like <u>throw up</u>. (   )
2. The distance won't keep me <u>from write</u> to you. (   )
3. Children have never been very good at <u>to listen</u> to their elders. (   )

전치사 없는 동명사
이제 ing만 있어도 된다고!

여러분, 우리말에서 "주차하는 데에 힘들었어?"라고 할 수도 있지만, 짧게 줄여서 "주차 힘들었어?"처럼 쓸 수도 있죠? 영어도 마찬가지입니다. Did you have trouble in parking?이 원래 표현이지만, Did you have trouble parking?처럼 in을 생략한 채로 많이 쓰이죠. 이렇게 전치사 없이 쓰이는 표현들을 모아드렸는데요. 회화와 시험 모두 빈도가 높으니까 자꾸 눈과 귀와 입에 익혀서 자연스럽게 감이 오도록 하는 것이 가장 좋겠죠?

Key Point 전치사 없는 동명사   문법 중요도 ★★★★

여기 **오는 데 힘들었어?**
Did you have trouble getting here?

○ have trouble -ing는 '~하는 데 어려움을 겪다'라는 뜻이죠.

프로젝트 **끝내느라 바빴어**.
I was busy finishing my project.

○ be busy -ing는 '~하느라 바쁘다'라는 의미입니다.

A 전치사 없는 동명사 관용표현들   문법 중요도 ★★★★

이 책은 여러 번 읽을 만한 가치가 있어.
This book is worth reading many times.

○ be worth -ing는 '~할 만한 가치가 있다'는 의미입니다.

날씨가 끝내준다. 수영하러 가는 게 어때?
The weather is gorgeous. Why don't we go swimming?

○ go -ing는 '~하러 가다'라는 뜻.

"난 그대와 사랑에 빠질 수밖에 없어요." (Elvis Presley의 노래 제목)
I can't help falling in love with you.

○ can't help -ing는 '~할 수밖에 없다'라는 의미를 나타냅니다.

나는 주말을 인터넷 서핑하면서 보내.
I spend my weekends surfing the Internet.

○ spend [시간] -ing는 '~하면서 시간을 쓰다'라는 의미이고, 만일 '낭비한다'는 느낌을 강조하고 싶으면 spend 자리에 waste만 넣으면 됩니다.

컴퓨터 게임 하면서 즐거운 시간을 보냈어.
We had fun playing computer games.

○ have fun -ing는 '~하면서 즐기다'라는 의미입니다.

매트는 제니가 자신의 일기를 읽고 있는 현장을 보게 됐어.
Matt happened to catch Jenny reading his diary.

○ catch [사람] -ing는 '~하는 것을 알아차리다'라는 의미인데요, Jenny "was caught" reading his diary처럼, '들켰다'는 뜻을 강조해서 바꿔 써도 됩니다.

'뭐 이리 외울 게 많아!'라고 생각하실 수도 있지만, 사실 가만히 들여다보면 모두 정말 유용한 표현입니다. 이걸 영어로 어떻게 설명하지 싶은 상황을 한번에 해결할 수 있는 표현들이니까 -ing 부분을 다른 동사로 바꿔서 입에 붙여보는 게 회화에도 그리고 시험에도 도움이 될 겁니다.

시험에서는 관용적인 표현들의 정확한 형태나, 이런 표현 뒤에 동명사(-ing)가 오는 것을 알고 있는가를 묻는 문제가 자주 등장합니다. have trouble -ing와 be busy -ing, spend -ing 등이 가장 빈번히 출제되는 표현이죠. 이 밖에도 for the asking(요구하기만 하면), besides -ing(게다가)와 같은 것들도 잘 사용되는 동명사 관련 표현이니 틈날 때마다 정리해 두세요.

연습문제

다음 문장에서 밑줄 친 부분이 맞으면 O, 틀리면 X로 표시하시오.   (정답 확인 p.84)

1. I'm a little busy to prepare for an exam right now. (   )
2. We all had fun having dinner, chatting, and to drink wine. (   )
3. I've had no trouble to communicate with my colleagues. (   )
4. I couldn't help laugh the first time I saw her. (   )

정답

Class 6. 동명사

Grammar Point 26. 명사 자리에 동명사
1. a. Learning
2. b. eating
3. a. hearing
4. a. your keeping
5. b. is

Grammar Point 27. 동명사 동반 동사
1. O
2. giving
3. using
4. looking

Grammar Point 28. 과거의미 동명사 vs. 미래의미 to부정사
1. meeting
2. to bring
3. O
4. shouting

Grammar Point 29. 전치사 다음에 동명사
1. throwing up
2. from writing
3. listening

Grammar Point 30. 전치사 없는 동명사
1. preparing
2. drinking
3. communicating
4. laughing

Class 07 분사

Grammar Point 31-35

〈동사의 변신 3〉

여러분, 우리말에서 '소녀'에 다른 단어를 붙여 볼까요? "예쁜" 소녀, "귀여운" 소녀 등이 가능하겠죠. 그럼 '소녀'에 '달리다'를 붙여보세요. "소녀는 달린다" 같은 문장도 가능하지만 "달리는 소녀"처럼 쓸 수도 있죠? 이때 "달리다 소녀"라 하지 않고, "달리다"라는 동사 부분을 "달리는"과 같이 조금 변화시켜 주는데, 영어에도 똑같은 방법이 있습니다. a girl + run이라고 하면 A girl "runs"처럼 문장으로 쓰거나, run을 변형시켜 a "running" girl처럼 씁니다. run에 -ing를 붙여서 girl이 하는 동작을 말해 준 거죠. 영어의 모든 동사를 이와 같이 쓸 수 있습니다. 동사(run)에서 나와서 분리되어 다른 역할을 한다고 해서 이것을 "분사"(분리되어 나온 품사)라고 부르는데요. 문법 용어는 중요하지 않으니까 지금부터 어떻게 유용하게 쓸 수 있는지 함께 살펴볼까요!

명사 + 분사 or 분사 + 명사
충격을 주었어? 아니면 충격을 받았어?

우리말에서 "충격적인 소식"이라면 소식이 충격을 주는 거죠? 이처럼 다른 것에 영향을 미치는 것을 "능동"이라 하는데, 영어도 '충격을 주다'(shock)에 -ing를 붙여 '충격적인'(shocking)처럼 쓸 수 있습니다. 또한, 우리말에서 '받은 혹은 입은'을 써서 '충격을 받은'이라고 하면 당했다는 "수동"의 뜻이 되는데, 영어에서도 '받은'의 느낌을 주는 -ed를 쓰면 '충격 받은'(shocked) 것을 나타낼 수 있죠. 단, 이때 충격을 "주는" 뉴스(shocking news)는 가능하지만, 충격을 "받은" 뉴스(shocked news)는 가능하지 않습니다. 충격 "받은" 여자(shocked girl)처럼 사람을 쓰면 가능하고요. 그러니 외우지 말고 꼭 의미를 따져 보세요!

Key Point 명사 + 현재분사 + 명사 　　　　　　　　　　문법 중요도 ★★★★★

너한테 충격적인 소식이 있어.
I've got shocking[✕shocked] news for you.
> 소식(news)은 무생물이니 충격적(shocking)이지 충격을 받을(shocked) 수는 없죠.

무대에서 노래하는 여자애가 제니야.
The girl singing[✕sung] on the stage is Jenny.
> 여자애(girl)가 노래를 부르는(singing) 것이지, 여자애가 노래처럼 불려질(sung) 수는 없죠.

 A 능동, 진행을 나타내는 현재분사 　　　　　　　　　문법 중요도 ★★★★

피아노를 연주하고 있는 사람이 우리 아빠야.
The man playing[✕played] the piano is my Dad.
> 남자(man)가 연주하는(playing: 능동) 것이지, 연주 당할(played: 수동) 수는 없죠.

10분 후 LA로 떠나는 기차가 한 대 있어요.
There's a train leaving for LA in 10 minutes.
> 기차(train)가 떠나는(leave: 진행) 것이지 남겨진(left: 완료) 것은 아니죠.

B 수동, 완료를 나타내는 과거분사   문법 중요도 ★★★★

여기서 부상을 당한 여자는 유명한 가수야.
The woman injured here is a famous singer.
◯ 여자(woman)가 부상을 당한(injured: 수동) 것이지 남에게 부상을 입힌(injuring: 능동) 것이 아닙니다.

그 도시는 베트남에서 최근에 도착한 이민자들로 붐비고 있어.
The city is full of recently arrived immigrants from Vietnam.
◯ 이민자들이 도착(arrive)을 '당한' 것이 아니라 이미 '도착한,' 완료의 상태를 나타내죠.

동사에 -ing를 붙이면 "어떤 동작이 진행 중 혹은 동작 중"이라는 느낌을 주는데, 현재 진행되고 있는 것과 같은 느낌을 준다고 해서 "현재분사"라고 부릅니다. 같은 맥락에서 동사에 -ed를 붙인 "과거분사"는 어떤 동작이 "이미 완료되었다"는 느낌을 갖고 있어 붙여진 이름이죠. 이런 문법 용어는 그 의미만 이해하고 굳이 외울 필요는 없습니다. 그냥 실제로 앞서 나온 예를 만들 줄 알면 되는데요. 응용을 하면 blue-eyed woman(파란 눈을 가진 여자), hot-tempered man(성미가 급한 남자)과 같이 단어 뒤에 -ed를 붙여 사용하면 아주 유용하죠.

시험에서는 문맥에 맞게 현재분사와 과거분사를 구분하여 쓸 줄 아는가를 묻는 문제가 가장 많이 출제됩니다. 예를 들어 현재분사(-ing) 대신 과거분사(-ed)를 써 놓고 틀린 부분을 골라내거나, 빈칸에 들어갈 분사의 적절한 형태를 고르게 하지요. 문제를 푸는 관건은, 어떤 대상이 그 동작을 행할 수 있으면 -ing, 그 동작의 대상이 되거나 당하는 경우에는 -ed라고 생각하면 됩니다.

연습문제

다음 문장에서 밑줄 친 부분이 맞으면 O, 틀리면 X로 표시하시오.   (정답 확인 p.96)

1. The red car parking on the corner is mine. (   )
2. Only 16% of stealing money in robberies is recovered. (   )
3. A growing number of people are moving to cities. (   )
4. Do you recognize the girl talked to Mr. White? (   )

Grammar Point 32 동사 + 분사
네가 지루해졌어 아니면 그게 지루한 거야?

앞서 살펴본 -ing와 -ed는 shocking news처럼 명사(news)와 친한 형태였죠? 그런데 이 -ing와 -ed는, 나 신나(I'm excited), 나 우울한 기분이야(I feel depressed) 등과 같이 동사(am, feel) 뒤에서도 쓰일 수 있습니다. 그런데 be + [과거분사](excited: 신난)는 수동태 아니냐고요? 맞습니다! 수동태(-ed), 과거분사(-ed), 현재진행형(-ing), 현재분사(-ing)는 그냥 용어에 불과하니까 그 의미와 형태(-ed or -ing)만 알아두시면 돼요. 그럼 구체적으로 더 살펴볼까요.~

Key Point 동사 + 분사 (현재분사 -ing/과거분사 -ed)   문법 중요도 ★★★★

내 생각에 넌 지루해진 것 같은데/넌 지루한 사람이야.
I think you're bored/boring.

○ 지루하게 만들다(bore)에 -ed를 붙이면 '지루해진'(bored), -ing를 붙이면 '지루한'(boring)이 되는데, '~이다'(are)와 같은 동사 뒤에도 -ed, -ing 모두 사용 가능해요.

경기가 흥미진진해서 나도 아주 흥분되었다.
The game is exciting and I'm so excited.

○ 경기(game)가 살아서 '흥분될'(excited) 수는 없으니 '흥미진진한'(exciting)이 됩니다.

A 의미에 주의할 분사 형용사   문법 중요도 ★★★★

충격을 받아서 그 남자, 더 이상 서 있지도 못하더라고.
He got shocked[✗shocking], so he couldn't stand up anymore.

○ 충격을 준(shocking) 것이 아니라 받은(shocked) 거죠. 이때 got을 쓰면 충격의 "동작"이 강조되고, was shocked처럼 쓰면 충격 받은 "상태"를 더 강조하게 됩니다.

팀 버튼의 새 영화가 아주 재미있어 보여.
The new Tim Burton movie seems very interesting.

○ 영화가 살아서 재미를 느낄 수는 없으므로 interested는 어색합니다.

B the + 분사

부자들이 가난한 사람들을 도와주는 것은 중요하다.
It's important for the rich to help the poor.

◯ '부자들'의 표현은 늘 rich people일까요? 고맙게도 the + [형용사](rich)의 방법도 있습니다. the happy(행복한 사람들), the young(젊은이들)처럼 직접 만들어 보세요.

분사는 명사와 함께 쓰이건 동사와 함께 쓰이건 현재분사(-ing)냐 과거분사(-ed)냐를 구분하는 것이 관건입니다. 특히 감정을 나타내는 아래 표현들은 그냥 하나의 단어라고 생각하고 잘 익혀두면 회화에서 많은 도움을 받으실 겁니다.

boring (지루하게 만드는)	exciting (흥분하게 만드는)	interesting (관심 가게 만드는)
bored (지루해진)	excited (흥분된)	interested (관심 있는)
confusing (혼란스럽게 만드는)	embarrassing (무안하게 하는)	surprising (놀라게 만드는)
confused (혼란스러워진)	embarrassed (무안해진)	surprised (놀란)
frightening (겁나게 만드는)	annoying (짜증나게 만드는)	depressing (우울하게 만드는)
frightened (겁먹은)	annoyed (짜증스러워진)	depressed (우울해진)
frustrating (좌절시키는)	exhausting (지치게 만드는)	amusing (즐겁게 만드는)
frustrated (좌절한)	exhausted (지친)	amused (즐거워진)

상황과 문맥에 어울리는 것이 현재분사냐(-ing) 과거분사냐(-ed)를 가려내는 문제가 단골로 출제됩니다. 특히 confusing(혼란스럽게 만드는) vs. confused(혼란스러워진)과 같이 의미 구분을 잘 해 내는 것이 관건인데요, 회화 포인트에 정리해 드린 표현들이 시험에도 많이 나온다고 보시면 됩니다. 또한, '계속 우울한 채로 있다'(remain depressed) 대신 remain ✕depression처럼 'remain(남아있다)/ become(되다)/ keep(계속 ~하다)' 같은 단어 뒤에 엉뚱한 단어(depression, to depress)를 넣고 골라내게 하는 문제도 종종 출제됩니다.

연습문제

다음 문장에서 밑줄 친 부분이 맞으면 O, 틀리면 X로 표시하시오.   (정답 확인 p.96)

1. What do you mean by that? I'm so <u>confusing</u>. (   )

2. What's wrong with Colin? He looks <u>depressed</u> and lonely these days. (   )

3. These children became <u>excitement</u> about the books we gave them. (   )

4. Other people's lives always seem more <u>interested</u>. (   )

Grammar Point 33

동사 + 목적어 + 분사

휴대폰을 수리하라는 거야 뭐야?

분사 -ing(~하는)와 -ed(~당한)는 shocking news(충격적인 소식) 같이 명사(news)와, It's shocking(그거 충격적이야)같이 동사(is)와도 친하게 잘 쓰이죠. 이것을 연장하면 "이 소설이 충격적이라는 걸 알게 되었어"와 같은 복잡한 표현에도 유용합니다. This novel is shocking(소설이 충격적이다)에 '내가 그렇다는 것을 알게 되었다'는 정보를 더해 주려면 I found this novel shocking처럼 쓰면 되는데요, 이때 shocking의 -ing 뜻과 형태에는 변함이 없죠. 결국 -ing와 -ed의 기본 뜻만 정리하면 그 어떤 문장에서도 의미가 통하는 겁니다.

Key Point 동사 + 목적어 + 분사   문법 중요도 ★★★

내일까지 휴대폰 고쳤으면 해요!
I want my phone fixed by tomorrow!
- 휴대폰(phone)이 살아나 스스로 고치는(fixing) 게 아니라 수리 당하는(fixed) 거죠.

이 소설 정말 흥미롭던데.
I found this novel very interesting.
- 소설(novel)이 사람을 흥미롭게 만드는(interesting) 거지, 스스로 흥미를 갖는(interested) 건 아니죠. 이때 알았다(found)라는 동사의 대상(novel)을 그냥 목적어라 부르는 것뿐입니다.

A 분사가 목적어의 상태나 동작을 의미   문법 중요도 ★★★

나는 그녀가 탐 크루즈와 얘기하고 있는 걸 봤어.
I saw her talking to Tom Cruise.
- 그녀(her)가 이야기를 하고 있는(talking) 것이지 그녀가 대화 소재로 이야기되고 있는(talked) 건 아니죠. 이때 see가 감각과 관계 있어 그냥 지각동사 구문이라 부르는 것이고요.

수리 작업이 내일까지 끝났으면 해요.
I want the repairs done by tomorrow.
- 수리(repairs)가 되는(done) 것이지, 수리가 생명체처럼 살아나서 다른 것을 수리할(doing) 수는 없죠. 앞의 see뿐만 아니라 want도 이런 문장에 쓰이니 연습해 두세요.

어제 김연아랑 사진 찍었다.
I had a photo taken with Yuna Kim yesterday.

○ 사진(photo)이 찍히는(taken) 것이지, 사진이 살아서 다른 것을 찍을(taking) 수는 없겠죠. 이때 사진이 찍히도록 만들었다는 뜻의 have를 그냥 사역동사라 부르는 것뿐이고요.

앞서 본 지각동사(see), 그리고 사역동사(have)와 관련된 구문은 이전에 본 적이 있는데요, 다시 한번 정리해 볼까요? 목적어, 분사라는 말은 용어에 불과하니까 신경 쓰지 말고, 예문을 만들어 보세요!
(※ Class 4 동사구문 참고)

see/watch	+ [목적어] + [분사] (~가 ~하는[되는] 것을 보다)
hear	+ [목적어] + [분사] (~가 ~하는[되는] 것을 듣다)
have	+ [목적어] + [분사] (남을 시켜 ~을 ~한 상태로 하다)
get	+ [목적어] + [분사] (남을 설득하여 ~을 ~한 상태로 만들다)
make	+ [목적어] + [분사] (~을 ~한 상태로 만들다)
want	+ [목적어] + [분사] (~가 ~한 상태가 되기를 원하다)

예문을 사용한 쓰임은 p.133 보너스 페이지에서 확인하세요.

시험에서는 예를 들어 I want my phone fixed와 같이 목적어(phone) 뒤에 fixed(수리되는)가 필요한 문장에서 fixed(과거분사) 대신 fixing(현재분사)을 써놓고 고르는 문제가 가장 흔합니다. 물론 이때 의미를 따져보는 것이 "-ing냐 -ed냐"를 선택하는 데 결정적인 역할을 하고요. fixed 대신 동사원형(fix)이나 to부정사(to fix)를 넣어 오답으로 유도하는 문제도 의외로 많이 나오니까 주의하기 바랍니다.

연습문제

다음 문장에서 밑줄 친 부분이 맞으면 O, 틀리면 X로 표시하시오.　　　　　　　　　　　(정답 확인 p.96)

1. How often should I have my teeth <u>cleaning</u>? (　　)

2. I had my straight hair <u>perm</u> yesterday. (　　)

3. Would I be able to get this phone <u>fixing</u> for free? (　　)

4. I heard her <u>whispered</u> sweet words in my ear. (　　)

Grammar Point 34

분사구문 1
이것도 하면서, 저것도 한다면?

"TV 보면서 운동했지"라는 말에서 TV는 누가 보고, 운동은 누가 했다는 뜻인가요? 문맥상 "나"이죠! 동작에 중점을 두면서 이야기가 흘러가도록 할 때 쓰는 방법입니다. 영어에서도 Watching TV, I did my exercise처럼 동작 (watching)에 중점을 두고, 누가 했는지를(I) 나중에 밝혀 줄 수 있는데, 이것을 분사구문이라고 부르는 것뿐입니다. TV를 "시청하는" 거니까 진행의 느낌을 살려 -ing를 붙인 Watching을 쓰는 것이고요. 자, 그럼 -ed가 쓰이는 경우도 있는지 함께 보기로 할까요.~

Key Point   분사구문: 현재분사 vs. 과거분사   문법 중요도 ★★★

TV <u>보면서</u>, <u>티나는</u> 요가를 했다.
(While) Watching TV, Tina did her yoga.

◯ TV 본다(watching)는 동작, 요가(yoga)를 한다(did)는 동작, 둘 다 Tina가 하죠.

너무 <u>충격받아서</u>, <u>티나는</u> 말이 안 나왔다.
Totally shocked, Tina couldn't speak.

◯ 충격을 받은(shocked) 사람, 또 말을 못한(couldn't speak) 사람은 누구? 바로 티나죠. 이때 티나가 충격을 주는 (shocking) 것이 아니고 "받는" 것이라 shocked가 되는 거고요.

 다양한 분사구문의 뜻   문법 중요도 ★★★

저녁을 (<u>준비하면서 / 준비 후에</u>) 팀은 재즈를 들었다.
(While / After) Cooking dinner, Tim listened to jazz.

◯ 동시동작을 강조하고 싶으면 while을, 순서를 강조하고 싶으면 after를 써 줍니다.

피곤했기 <u>때문에</u>, 그는 일찍 잠을 잤다.
Feeling tired, he went to sleep early.

◯ 문맥상 피곤했기 "때문에"가 제일 어울리죠? 분사구문은 그래서 문맥이 중요합니다!

B 분사구문의 시제와 적절한 분사형태

문법 중요도 ★★

설거지를 <u>하고 난 후</u>, 미나는 TV를 보기 시작했다.
<u>Having done</u> the dishes, Mina started watching TV.

◉ 설거지를 한 것(Having done)이 TV를 본 것(watching) 보다 먼저라는 것을 반드시 밝히고 싶다면 Doing 대신 Having done(Having + 과거분사)를 쓰면 됩니다.

자동차 사고로 <u>목숨을 잃은 팀은</u> 아내와 두 아이를 남겨두었지.
<u>Killed</u>[×Killing] in a car accident, <u>Tim</u> left a wife and two kids.

◉ Tim이 죽은 것(Killed)이지 남을 죽인 것(Killing)은 아니죠. 이렇듯 문맥을 파악해서 그에 맞는 분사의 형태(-ing 혹은 -ed)를 쓰는 것이 제일 중요합니다.

Key Point의 문장들에서 보듯, 분사구문의 해석은 절대적인 것이 아니라 문맥에 가장 어울리는 뜻(~동안, ~때문에, ~후에…)으로 파악하면 된다는 것을 보여 주는데요, 즉 분사구문이 주어, 접속사를 생략하고 동사 형태만 남겨놓는 이유가 바로 "동작에 중점을 두면서 빨리 진행되는 내용을 보여 주기 위한 장치"이기 때문 이죠. 이 점을 기억하면 실제로 말로 할 때 도움이 되실 겁니다.

시험에서 상당히 선호되는 문제유형이 바로 분사구문입니다. (   ). Tina couldn't speak처럼, 문장 속에 빈칸이 있고 그 앞에 주어가 없으면 일단은 분사구문에 관계된 문제라고 생각하세요. 이때 부정사(To shock)나 혹은 다른 형태(Shock)를 보기에 넣고 정답을 분사(Shocked)로 하는 문제가 TOEFL, TOEIC에서 상당히 자주 출제됩니다. 물론 -ed와 -ing 중에서 의미에 맞게 올바른 형태를 고르는 문제도 자주 출몰하죠.

연습문제

다음 문장에서 밑줄 친 부분이 맞으면 O, 틀리면 X로 표시하시오.　　　　　　　　　　(정답 확인 p.96)

1. <u>Make sure</u> I had my pills and food, Roberto took care of me. (　　)

2. <u>To find</u> the door open, she decided to knock on the door. (　　)

3. <u>Having finished</u> her paper, she went backpacking. (　　)

4. <u>Viewing</u> from a distance, it looked like a big horse. (　　)

Grammar Point 35

분사구문 2
not은 어디다 붙여야 하지?

분사구문은 말하는 내용을 동사를 중심으로 빠르게 보여 주기 위한 것이라, 주어나 접속사 등의 과감한 생략이 돋보이는 문장 형태이지만, 간혹 너무 생략했나 싶은 때가 생기기도 하죠. 그래서 의미가 좀 불분명해진다 싶으면 주어를 남겨놓는다거나("Weather" permitting ~ 날씨가 허락한다면) 접속사를 남겨놓는("After" hearing the news ~ 그 소식을 듣고 나서) 것과 같은 보완책을 사용하는데, 어떤 형태로 쓰이는지 함께 알아볼까요?

Key Point — 분사구문 위주의 생략과 표시 (문법 중요도 ★★★★)

관심 있음, 알려 줘.
If interested, let me know.

- '네가 관심이 있으면'(If you're interested)을 줄여서 '관심 있음'(If interested)처럼 써도 되죠? 영어도 똑같이 you're를 생략하고 If interested만 써도 됩니다.

바깥 날씨가 좋아서, 우리 모두 피크닉을 갔어.
It being fine outside, **we** all picnicked.

- 좋은(being fine) 것은 날씨고(It), 소풍 간(picnicked) 것은 우리(we)죠? 이렇게 한 개의 주어로 통일할 수 없을 때에는 being 앞에 따로 표시해(It) 주면 됩니다.

A 분사구문의 부정과 동작의 주체 (문법 중요도 ★★★)

무엇을 해야 할지 몰라서, 나는 도움을 요청했다.
Not knowing what to do, I asked for help.

- 무엇을 할지 아는 것(Knowing)보다 모른다(Not)가 정보 가치가 높죠? 즉, -ing 앞에 not을 써 주어야 오해가 생기지 않고 처음부터 정확히 알아듣게 되는 것입니다.

비행 편이 없어서 샌디는 거기 운전해서 갔어.
There being no flights, **Sandy** drove there.

- 무엇이 '있다'는 건 There is[are]~죠? 이 There를 being 앞에 쓰면 같은 느낌입니다.

여름이 곧 다가오니까, 살을 빼야겠어.
With summer coming soon, I need to slim down.

○ With [대상] -ing/-ed는 주로 상황이나 이유를 명시할 때 즐겨 사용되는데요, 속도감 있는 뉴스 보도에서도 많이 들을 수 있습니다.

B 분사 관련 관용표현들   문법 중요도 ★★

솔직하게 말하면, 난 정치인이 싫어.
Frankly speaking, I don't like politicians.

○ 주어 일치를 신경 쓰지 않아도 되는, 정해진 표현(Frankly speaking)도 있습니다.

정말 피곤하기 때문에, 그는 일찍 잘 거야.
Tired as he is, he's going to bed early.

○ Tired만 써도 되는데, as he is를 덧붙이면 더 강조해 주는 효과가 생깁니다.

사실 말할 때 가장 중요한 것 중에 하나가 바로 효율성입니다. 그래서 If you are interested를 If interested처럼 줄이는 거죠. 그런데 이때 중요한 것은 의미상 오해가 없어야 줄일 수 있다는 겁니다. 즉, 생략된 부분이 you are인지, he is인지를 알 수 있는 단서가 이후에 등장해야 한다는 거니까, 이 점 생각하시면 실제 회화에서 생략해서 말할 때 도움이 되실 겁니다.

대학원, 기업체 시험에 부정어 not의 위치를 묻거나 with [대상] [분사] 구문의 정확한 형태를 찾는 문제가 종종 등장합니다. if exposed처럼 주어, 동사가 생략된 표현에서 보기에 exposed, to expose, exposing을 제시하고 정확한 형태를 고르는 문제가 빈도가 높습니다. 이때 -ing나 -ed 중 어떤 것을 선택해야 할지는 전적으로 의미에 달려 있습니다. 예를 들어, 어떤 물질이 다른 것을 노출시키는(exposing) 것이 아니라 노출되는(exposed) 것이기 때문에 exposed가 맞는 것이죠.

연습문제

다음 문장에서 밑줄 친 부분이 맞으면 O, 틀리면 X로 표시하시오.   (정답 확인 p.96)

1. Knowing not her number, I can't call her. (   )

2. Strictly speaking, you're not a student anymore. (   )

3. With his eyes fixing on hers, he walked toward her. (   )

4. If to expose to an open flame, it would be explosive. (   )

정답

Class 7. 분사

Grammar Point 31. 명사 + 분사 or 분사 + 명사
1. parked
2. stolen
3. O
4. talking

Grammar Point 32. 동사 + 분사
1. confused
2. O
3. excited
4. interesting

Grammar Point 33. 동사 + 목적어 + 분사
1. cleaned
2. permed
3. fixed
4. whispering

Grammar Point 34. 분사구문 1
1. Making sure
2. Finding
3. O
4. Viewed

Grammar Point 35. 분사구문 2
1. Not knowing
2. O
3. fixed
4. If exposed

Class 08
수동태

Grammar Point 36-40

〈입장 바꿔 생각해 봐!〉

수동태 만드는 공식, 생각나시죠? 능동형의 목적어가 수동형의 주어가 된다는 식으로 화살표를 교차시키고 by를 붙이고… 그런데 왜 이러는 걸까요? 그냥 "시험문제용"인가요? 우리말로 한번 생각해 볼까요? "창문은 준수가 깼어요"와 "준수는 창문을 깼어요"는 뉘앙스가 같은가요? 말하고자 하는 관심의 대상 즉, 초점이 다르죠! 첫 번째 문장은 바로 "범인이 준수"라는 것이고 두 번째 문장은 "깨뜨린 대상이 창문"이라는 것이잖아요. 이렇듯 영어에서도 전달하고자 하는 정보나 초점을 달리해서 표현하고 싶은 경우가 있고, 그래서 수동형이 필요한 것입니다. 이러한 느낌의 차이에 대한 이해 없이 공식만 외우는 문법은 기억하기도 힘들뿐더러 재미도 없죠. 실제로 외국인들은 어떤 느낌으로 이 문장을 쓸까?라고 생각하는 것이 문법을 회화에 또 시험에 바로 연결시키는, 작지만 효과적인 지혜가 될 테니까 함께 시작해 볼까요?

Grammar Point 36 수동태가 필요할 때
했다는 거야? 당했다는 거야?

우리말에서 "수지가 초대를 했어"와 "수지가 초대를 받았어"는 엄청난 차이가 있죠. 첫 번째는 주최자가 되고, 두 번째는 손님이 되니까요. 영어도 똑같습니다. Suzy "invited" her friends하면 Suzy가 주최자이지만, Suzy "was invited" 하면 손님이라는 것을 알 수 있죠. 이렇듯 정보 가치를 다르게 만들어 주는 놀라운 장치를 수동태라고 부른다고 생각하면 됩니다. 했다는 뜻은 능동태, 당했다는 뜻은 수동태로 기억하고, 구체적인 예를 통해 정리해 보도록 하죠.

Key Point 수동태가 필요한 때 · 문법 중요도 ★★★

이 건물은 200년 전에 세워졌어.
This building was built 200 years ago.
- 누가 지었는지보다 건물(building) 자체에 더 초점이 가죠.

가장 높은 건물이 내년에 세워질 거야.
The tallest building will be built next year.
- 건물이 지금이 아니라 내년에(next year) 세워질(be built) 예정(will)인 거죠.

A 수동태의 시제 표현 · 문법 중요도 ★★★

다빈치의 그림, 모나리자는 현재 도난 당한 상태다. [현재]
The Mona Lisa by da Vinci **is stolen** now.

다빈치의 그림, 모나리자는 지난 주에 도난 당했다. [과거]
The Mona Lisa by da Vinci **was stolen** last week.

다빈치의 그림 모나리자는 또 다시 도난 당할 것이다. [미래]
The Mona Lisa by da Vinci **will be stolen** again.

다빈치의 그림 모나리자는 지금까지 여러 차례 도난 당했었다. [완료]
The Mona Lisa by da Vinci **has been stolen** several times.

B 수동태와 조동사

문법 중요도 ★★★

주문품은 전화를 주신 24시간 이내에 발송 가능합니다.
Your orders <u>can be shipped</u> within 24 hours of your call.

○ '주문품이(orders) 발송될(be shipped) 수 있다(can)'와 같이 이해하면 되는데요, can, may, will과 같은 조동사의 어감을 be보다 먼저 표시해 주면 됩니다.

결정이 신속히 내려져야만 해요.
The decision <u>must be made</u> immediately.

○ make a decision(결정을 내리다)과 같이 한 덩어리로 붙어 다니는 표현들은 수동형으로 나타낼 때에도 짝을 이루어 말합니다.

학교에서 능동형 문장과 수동형 문장을 비교해서 보여 주는 것은 문장의 구조를 이해시키기 위한 수단일 뿐입니다. 수동형 문장을 대할 때마다 능동형을 연관 짓는 것보다는 이 문장의 주어가 실제 동작을 하는(짓다: build) 게 아니라 당하는(지어지다: be built) 거구나라고 생각하면 됩니다.

수동형의 주어, 동사 일치에 관계된 문제가 가장 출제빈도가 높습니다. 즉, Dave starring in this movie 3 years ago(3년 전에 이 영화의 주인공을 했던 데이브)와 같이, 주어(데이브) 다음에 다른 수식어구(starring~ ago)를 속임수로 써 놓고 그 뒤에 올 동사를 단수 was나 is로 골라낼 수 있는가를 묻는 문제가 잘 등장합니다. TOEFL, TOEIC에서는 형태를 물어보는 시험이 대부분입니다. 즉, was killed에서 was가 없다거나 must be made에서 be를 빼고 틀린 부분을 골라내라는 문제가 자주 출제됩니다.

연습문제

다음 문장에서 밑줄 친 부분이 맞으면 O, 틀리면 X로 표시하시오. (정답 확인 p.108)

1. English and French are <u>speaking</u> in Canada. (   )
2. My purse covered with crystals <u>were found</u> on a bench. (   )
3. Thirteen people <u>injured</u> in the traffic accident. (   )
4. My brothers <u>will punished</u> at school tomorrow. (   )

주어가 두 개인 수동태 어감 차이

누가 당했다는 거야? 사람이야 물건이야?

말하는 방법이 워낙 다양하다 보니, 수동태를 사용하여 말할 때에도 아주 다양한 변수가 생기죠. 예를 들어 초점을 두고 싶은 주어가 너무 긴 경우가 있을 테고요. 또 give와 같은 동사는 [누구]에게 줬는지, [무엇]을 줬는지 나타내느라 목적어가 두 개이니 수동태 문장도 초점에 따라 두 가지로 표현될 수 있지요. 하지만 혹 이런 설명이 부담되면 그냥 어떤 모습들이 있는지 예문을 보며 그와 비슷한 문장을 만들 줄 알기만 하면 됩니다. ^^

Key Point 주어가 두 개인 수동태 어감 차이   문법 중요도 ★★

루이스가 최우수 주연상을 받았어.
Lewis was given the best actor award.
◉ 루이스가 누군가에게 주어졌다는 게 아니라, 루이스에게 상(award)이 주어진(was given) 것이죠.

최우수 주연상이 루이스에게 주어졌지.
The best actor award was given to Lewis.
◉ 상(award)이 맨 앞에 나왔으니, 루이스한테(to) 주어졌다(was given)처럼 to가 필요한데요, 초점을 맞추고 싶은 대상에 따라 그에 맞게 수동태를 만들면 됩니다.

A 지각동사의 수동태   문법 중요도 ★★

스텔라의 친구들은 그녀가 무대 위에서 춤추는 것을 보았지.
Stella's friends <u>saw her dance</u> on stage.
◉ 그녀(her)가 춤추는(dance) 것을 친구들(friends)이 보았다(saw: 지각동사)는 문장입니다.

스텔라가 무대 위에서 춤추는 것이 친구들 눈에 띄었지.
Stella <u>was seen dancing</u> on stage by her friends.
◉ see/hear/watch + [목적어] + [동사원형]의 경우에는 수동태로 바꿀 때 [동사원형](dance)이 [현재분사](dancing)로 변하게 됩니다.

B 객관적 사실(that절) vs. 주관적 사실(to부정사)의 수동태   문법 중요도 ★★★

네오가 컴퓨터 해커라고들 믿어. [객관적 표현]
It is believed that Neo is a computer hacker.

○ 믿어지는(is believed) 것(it)이 바로 that 이하의 내용을 가리키는데, that이하가 하나의 정해진 문장이라(Neo is a hacker) 객관성이 더 부각됩니다.

네오는 컴퓨터 해커라고 여겨져. [주관적 표현]
Neo is believed to be a computer hacker.

○ 네오(Neo)가 해커(hacker)라고(to be) 여겨진다(is believed)처럼 이해하시면 되는데, that~이 쓰인 위의 문장보다 다소 객관성이 떨어지는 느낌을 줍니다.

It is believed that ~ / [주어] is believed to ~의 구문에는 다음의 동사들이 많이 등장하는데, 이런 표현들의 뜻과 형태 자체가 회화할 때 많이 도움이 되니까 입에 붙여두시기 바랍니다.
be expected[thought / said / found / reported / estimated] + to [동사]
: ~ 할 거라고 예상되다[생각되다 / 말해지다 / 발견되다 / 보고되다 / 추정되다]

시험에서는 It is believed that ~ 대신 That is believed ~, It believed ~, To believe that ~ 처럼 다른 보기를 써 놓고 정확한 형태를 골라내는 시험이 가장 자주 출제됩니다. 또한, be expected to [동사] 구조에서 to를 빼거나, be를 빼거나, expected를 expecting 혹은 expect로 제시하여, 한번 보면 쉽지만 미리 알아두지 않으면 당황할만한 문제도 많이 등장합니다.

연습문제

다음 문장에서 밑줄 친 부분이 맞으면 O, 틀리면 X로 표시하시오.   (정답 확인 p.108)

1. It said that every cloud has a silver lining. (   )

2. My exam results are going to sent to me soon. (   )

3. Bill Gates is expect to visit Korea next month. (   )

4. Now you given 10 minutes to finish your talk. (   )

Grammar Point 38 수동태의 다양한 전치사
누가 한 일인지도 표현하고 싶다구~

"가장 높은 건물이 지어질 것이다: The tallest building will be built"라는 문장 기억나세요? 이때 그 건물을 누가 건설하는지 궁금할 수도 있겠죠? 궁금하면 by를 문장 끝에 붙여, by a Korean company와 같이 쓰면 됩니다. 물론 이 때 by는 '~에 의해서'의 뜻이 되죠. 그런데 적지 않은 문장들이 by 대신 다른 전치사를 쓰는 경우가 많습니다. 왜 by 대신 특정한 다른 전치사가 쓰이는지, 함께 그 예와 이유를 살펴보도록 하죠.

Key Point   by 이외의 다양한 전치사   문법 중요도 ★★★★

사장님이 결과에 만족해 하셔.
My boss is satisfied with the results.
- 결과(results)에(with) 만족해(satisfied) 한다(is). 만족이나 불만족은 주로 with로 표현합니다.

그녀는 이 추문과 관련이 없어.
She's not involved in this scandal.
- '~에(in) 관련이 되어(involved) 있지(is) 않다(not)'에서는 by대신 in.

A 수동태의 동작의 주체 표현하기   문법 중요도 ★★★★

처칠은 "역사는 승자에 의해 쓰여진다"고 말했죠.
Churchill said, "History is written by the victors."
- 승자들(victors)에 의해서(by) 쓰인다(is written). 수동태 동작의 주체는 보통 by죠.

그들은 악평에 놀랐지.
They were surprised at the bad reviews.
- 놀람, 감정 변화의 이유를 밝혀 주는 표현들에는 by 대신 주로 at이 많이 쓰입니다.

테리는 몸무게에 대한 걱정이 있어.
Terry is worried about her weight.
- 걱정하다(is worried)란 표현에는 by가 아니라 about(여러 가지 걱정)이 어울립니다.

B 그 밖에 주의할 수동태의 전치사 표현들

문법 중요도 ★★

힌트는 이미 너에게 주어졌어.
The hint has already been given to you (by me).

◯ 힌트(hint)가 너한테(to you) 주어지다(is given). to를 빠트리지 않도록 주의하세요.

새 웨딩드레스가 제니를 위해 만들어졌다.
A new wedding dress was made for Jenny (by her mother).

◯ 동사 make는 주로 for가 함께 잘 쓰입니다.

프레젠테이션하는 동안 내게는 질문이 들어오지 않았어.
No questions were asked of me during the presentation.

◯ 목적어가 두 개인 give, send, make 등을 수동태로 이야기할 때, 남은 목적어 앞에 전치사가 붙는데 보통 to나 for가 사용됩니다. 단 ask의 경우에는 of가 붙습니다.

잭은 로즈에게 호된 소리를 들었어. ← 로즈는 잭에게 소리치며 화를 냈어.
Jack was shouted at by Rose. ← Rose shouted at Jack.

◯ shout at(~에게 화를 내다)은 한 덩어리로 된 표현입니다. 그래서 be shouted at과 같이 수동형으로 바뀔 때에도 at이 빠지면 안 되겠죠!

회화 포인트

동작의 주체를 나타낼 때 by 외에 자주 쓰이는 전치사에는 다음이 있으니까 큰소리로 익혀두세요. 회화에서 유용하게 쓰일 테니까요!

be worried about (~에 대해 걱정하다)   be based on (~에 근거하다)
be tired of (~에 싫증이 나다)   be composed of (~으로 구성되다)
be interested in (~에 관심이 있다)   be covered with (~으로 덮여있다)
be derived from (~에서 기원하다)   be accustomed to (~에 익숙해지다)

출제 포인트

시험에서는 수동형 문장에서 동작의 주체를 나타낼 때 전치사 by 대신 다른 전치사가 필요한 표현들을 알고 있는가를 묻는 문제가 자주 출제됩니다. 빈칸을 만들어 맞는 전치사를 고르게 하거나, 틀린 전치사를 올바르게 고치도록 하는 문제는 TOEFL, TOEIC에서 자주 볼 수 있는 문제 유형이죠.

연습문제

다음 문장에서 밑줄 친 부분이 맞으면 O, 틀리면 X로 표시하시오. (정답 확인 p.108)

1. Were your parents <u>disappointed with</u> your exam results? (   )

2. Some people are <u>worried to</u> the privacy of their medical information. (   )

3. A really beautiful Christmas tree was <u>bought to</u> us last year. (   )

4. Don't worry. We're <u>accustomed to</u> dumb questions. (   )

Grammar Point 39
have[get] + 목적어 + 과거분사
스스로 했다는 거야? 아니면 남한테 시켰다는 거야?

휴대폰을 직접 수리하는 분도 있겠지만, 대부분은 수리점에 맡기시죠? 이렇게 내가 직접 하지 않고 남에게 시키는 것은 어떻게 표현할까요? 분사에서 이미 보았던 -ed의 어감으로 쉽게 해결됩니다. fix(고치다)에 -ed를 붙이면 fixed(수리되다)가 되죠? 이것을 '시킨다'는 have와 결합해서 I'll have my phone fixed라고 하면 간단하게 해결되죠. 누가 고치는지는 관심 없지만 전화기가 수리되는 것에 관심이 있을 때 쓰면 됩니다. 자, 그럼 다른 예들을 통해 더 알아보고 연습해 볼까요?

Key Point have[get] + 목적어 + 과거분사   문법 중요도 ★★★★

그녀는 어제 차를 <u>점검 받았다</u>.
She had her car serviced yesterday. [의도]
- 내가 직접 하지 않고 다른 사람을 시켜서(had) 점검받게 했다(serviced)는 의미.

그녀는 어제 코를 <u>부러뜨렸다</u>.
She had her nose broken yesterday. [사고]
- 의도한 것은 아니지만 코(nose)를 부러뜨리게 되었다(broken)는 "사고"도 이런 have something done(과거분사: broken)의 구조를 써서 표현하면 됩니다.

A 다양한 have, get 구문들   문법 중요도 ★★★★

나는 머리를 <u>파마했어</u>.
I <u>had</u> my hair <u>permed</u>.

나는 그녀를 시켜 내 머리를 <u>파마하게 했어</u>.
I <u>had</u> her <u>perm</u> my hair.

나는 그녀를 시켜 내 머리를 <u>파마하게 했어</u>.
I <u>got</u> her <u>to perm</u> my hair.

- have와 get은 '~하도록 시킨다'는 뜻이 있어요. 첫 번째 문장은 모발(hair)이 파마 "되는" 거니까 permed가 쓰였지만, 두 번째 문장은 그녀(her)가 파마(perm)를 "하는" 거니까 perm이 맞죠. 참고로 get은 뒤에 to perm처럼 to가 있다는 것 주의하세요.

미나는 어제 새 컴퓨터를 설치했어.
Mina had a new computer installed yesterday.

- have [명사] [과거분사]는 '남한테 시켜서 [명사]를 ~하다'라는 뜻이어서, 이렇게 이야기하면 미나가 직접 설치한 게 아니라 컴퓨터 기사한테 의뢰했다는 의미입니다.

내일 있을 면접을 위해서 머리를 해야겠어.
I have to get my hair done for an interview tomorrow.

- get [명사] [과거분사]는 '[명사]를 ~하게 하다'라는 의미.

내 차는 수리될 거야. ← 나는 (다른 사람을 시켜) 차를 수리할 거야.
My car will be repaired. ← I'll have my car repaired.

- have/get [목적어] [과거분사] 구조의 문장을 수동태로 바꾸면 have나 get은 남아 있지 않게 됩니다.

직접 하지 않고 '남한테 시켜서 무엇을 하게 한다'는 구문에서는 have가 일반적으로 가장 즐겨 사용됩니다. get을 쓰면 덜 격식 차린 느낌을 주기도 하죠. 이때 주의할 것은 make도 have처럼 사역동사로 쓰이지만, 강제성을 띠지 않는 구문에는 쓰일 수 없으므로 혼동하지 말아야 합니다. 예를 들어 I had[got] my nose broken(코가 부러졌다)에서 have와 get은 가능하지만 make를 쓰면 코를 부러뜨리라고 억지로 시켰다는 이상한 뜻이 됩니다.

문법 문제뿐만 아니라 듣기 시험에서도 그 사용빈도가 아주 높은 구문이 바로 have [명사](hair) [과거분사](permed)입니다. 이때 이 형식의 정확한 형태를 묻는 문제가 대학원, 기업체, 공무원 시험에 상당히 자주 출제 되므로 "반드시" 정확한 형태를 기억하고 있어야 합니다. 참고로 make는 회화 포인트에서 본 것처럼 이런 구문에 쓰일 수 없기 때문에 이것을 속임수로 내는 경우도 많으니까 주의하세요.

연습문제

다음 문장에서 밑줄 친 부분이 맞으면 O, 틀리면 X로 표시하시오. (정답 확인 p.108)

1. My sister broke the mirror in my room. I'll have it replace. ( )

2. You look different today. Did you have your hair colored? ( )

3. John made his arm broken while playing baseball. ( )

4. Last year I got my heart breaking. Now, I'm dating someone new. ( )

의미/형태에 주의할 동사

의미 자체가 수동인 동사도 있다구

남녀가 헤어지면 중요하지는 않지만, "찬 거야 아니면 차인 거야?"와 같은 질문을 하잖아요. 이때 '차다'(능동: dump her)와 '차이다'(수동: get dumped) 둘 다 가능한 이유는 dump의 뜻이 남에게 영향을 미치는 동사(타동사)이기 때문이죠. 그런데 die 같은 동사는 '죽다'는 가능해도 '죽어지다'는 말은 없죠? 이렇게 스스로 동작을 하고 다른 것에 영향을 주지 않는 것을 자동사라 합니다. 결국 자동사는 수동태를 만들 수 없는데요. 다음에서 그 예를 더 살펴보고, 또한 뜻에 주의할 중요한 동사도 함께 정리해 보도록 하시죠.~

Key Point | 의미/형태에 주의할 동사   문법 중요도 ★★★★

기름값이 50퍼센트나 올랐어.
Gas prices have risen by 50 percent.
- 기름값이 "오르는" 것이지 "올라져 지는" 것은 아니죠? 그래서 have been risen처럼 자동사를 수동태로 쓰면 틀립니다.

그녀의 신용카드는 도난 당했어.
Her credit card was stolen[✕robbed].
- steal은 '훔치다,' rob은 '강도짓하다'의 뜻이죠. 카드가 도난 당하지(stolen), 카드가 강도 맞을(robbed) 수는 없죠. 그래서 robbed는 She was robbed처럼 사람에만 쓰입니다.

A 기타 주의할 용법들   문법 중요도 ★★★

내 시계는 10시를 가리키는데 5분 빨리 가.
My watch says 10 o'clock, but it's 5 minutes fast.
- say(말하다, ~라고 나와 있다), read(읽다, 읽히다), sell(팔다, 팔리다)과 같은 동사들은 굳이 수동태로 쓰지 않아도 의미 전달에 문제가 없습니다.

다니는 1년 전에 결혼했고 지금은 사내아이가 하나 있어.
Donnie got[✕was] married a year ago and now he has a baby boy.
- 수동태의 "동작"을 강조하고 싶을 때는 get으로 표현합니다. 1년 전이라는 특정 시점에 미혼에서 기혼으로 넘어가는 변화가 생긴 것을 표현하고 있기 때문에 was married라고는 쓰지 않아요. 다만 He has been married for two years와 같이 특정 기간 동안 결혼해 있는 "상태"를 나타내는 것은 가능합니다.

그녀의 신용카드는 도난 당했어.
Her credit card was stolen[×robbed].

그녀는 (강도를 당해서) 신용카드를 빼앗겼어.
She was robbed[×stolen] of her credit card.

◐ 주어에 따라 뒤에 stolen이 어울릴지 robbed가 어울릴지 결정하면 됩니다.

be + [과거분사]로 나타내는 수동태 문장에서 be동사 대신 동작성을 강조하고 싶으면 get을 쓰면 됩니다. 그래서 Did he get fired?(그가 해고된 거야?)처럼 예전에 발생했던 동작을 언급할 때에는 be동사는 안 되고 get만이 가능하죠. 또한 steal(훔치다)과 rob(빼앗다)은 그 기본 뜻도 다르고 쓰임도 다르니 주의해야 합니다. [A]의 마지막 문장들이나 Key Point의 두 번째 문장에서 보듯, steal의 대상은 [물건], rob의 대상은 [사람]이 와야 하는데, 제일 중요한 것은 입에 붙여서 연습하는 겁니다. 머릿속으로 따져 보지 않아도 술술 나오게끔 된다니까요!

rob과 steal의 뜻을 혼동하지 않고 제대로 알고 있는가를 묻는 문제가 기업체, 언론/방송사 시험에 가장 많이 출제됩니다. 그리고 TOEFL, TOEIC에서는 rise의 경우 일부러 has been risen처럼 틀린 형태를 고치는 문제가 빈도가 높은데, 참고로 arrive(도착하다), die(죽다), lie(눕다, 거짓말하다), sit(앉다), wait(기다리다) 등이 수동태의 속임수로 자주 등장하는 동사들입니다.

연습문제

다음 문장에서 밑줄 친 부분이 맞으면 O, 틀리면 X로 표시하시오.   (정답 확인 p.108)

1. There was a sign on the wall. It said "HELP WANTED." (   )

2. My close friend has robbed of her cell phone in Mexico. (   )

3. A round-trip ticket from here to Los Angles is cost $800. (   )

4. He's a player. Don't get fooled by his sweet words! (   )

정답

Class 8. 수동태

Grammar Point 36. 수동태가 필요할 때
1. spoken
2. was found
3. were injured
4. will be punished

Grammar Point 37. 주어가 두 개인 수동태 어감 차이
1. It is said
2. be sent
3. is expected
4. are given

Grammar Point 38. 수동태의 다양한 전치사
1. O
2. worried about
3. bought for
4. O

Grammar Point 39. have[get] + 목적어 + 과거분사
1. replaced
2. O
3. had (또는 get)
4. broken

Grammar Point 40. 의미/형태에 주의할 동사
1. O
2. has been robbed
3. costs
4. O

Class 09
가정법

Grammar Point 41-45

〈네 상상력을 보여 줘!〉

"말 한마디로 천냥 빚을 갚는다"는 우리 속담이 있듯, 말은 어떻게 하느냐에 따라서 상대방의 기분을 좌지우지할 수 있고, 말하는 사람의 의도도 명확히 드러낼 수 있습니다. 이렇듯 말을 하는 방법을 "서법"이라고 하는데, 직접 드러내서 말하면 직설법, 명령처럼 전달하면 명령법, 현실과는 다른 상상의 세계를 보여 주면 가정법이죠. 이 중에서 가장 우리들의 마음을 어지럽게 하는 것이 가정법인데, 가정법 문장을 만드는 긴 공식을 얼굴 찌푸리며 외웠던 기억이 다들 있을 겁니다. 그런데 가정법의 공식을 나열하고 암기하는 것은 궁극적으로는 영어 실력에 그리 도움이 되지 않습니다. 왜 이런 것이 필요한지, 또 필요하다면 어떻게 쓰면 되는지 이해하고 나서 대표적인 예문을 몇 개 외우는 것이 더 효과적이죠.

가정법 과거
현재의 아쉬움을 상상으로 표현해 봐

우리말에서 "돈이 있다"고 말하면 진짜 돈이 있는 거죠? 그럼 돈이 없는데 "있었으면" 하고 바랄 때는 뭐라 하나요? "돈이 있다면"이라 하잖아요. 영어도 똑같습니다. I "have" money는 돈이 있는 거고요, If I "had" money는 돈이 없는데 있었으면 하고 가정하는 것이죠. 이때 돈이 있다는 현실이 have니까, 현실과는 다른 동사 형태를 써야 가정이나 상상의 느낌이 확 드러나겠죠? 그래서 have와는 다른 had를 쓰고, 앞에 상상의 시작을 알려주는 If를 두는 것입니다.

Key Point 가정법 과거: 만약 ~라면   문법 중요도 ★★★★

그녀 번호를 <u>안다면</u>, <u>전화할 텐데</u>.
If I **knew** her number, I **would call** her.

그녀 번호를 <u>안다면</u>, <u>전화할 수도 있을 텐데</u>.
If I **knew** her number, I **could call** her.

그녀 번호를 <u>안다면</u>, <u>전화할지도 모를 텐데</u>.
If I **knew** her number, I **might call** her.

◑ 세 문장 모두 그녀의 번호를 모르기 때문에 '알고 있다면'(If I knew)이라고 상상하는 것이죠. would는 마음의 의지를, could는 가능성을, might은 희박한 가능성을 나타내 줍니다.

A 가정법 과거 주의할 쓰임   문법 중요도 ★★★

충분한 돈이 <u>있으면</u>, <u>그걸 살 거야</u>.
If I <u>have</u> enough money, I <u>will buy</u> it.

◑ 실제 가능성이 있는 생각이죠. 그래서 동사도 have와 will을 쓴 것이고요.

충분한 돈이 <u>있다면</u>, <u>그걸 살 텐데</u>.
If I <u>had</u> enough money, I <u>would buy</u> it.

◑ 지금 돈이 없어서, '있다면'(If I had) 하고 상상하는 것이라, 뒤에도 '살 것이다'(will)가 아니고 '살 텐데'(would)가 되죠.

충분한 돈이 <u>있는 경우</u>, <u>그걸 살 테지요</u>.
<u>Had</u> I enough money, I <u>would buy</u> it.

◑ If를 생략하고 동사(Had)와 주어(I)를 바꾸어서 표현할 수도 있죠. (격식 차린 느낌)

내가 부자라면, 그걸 살 텐데.
If I were[was] rich, I would buy it.

○ If절에 동사가 be동사면 인칭에 상관없이 were지만, 구어체에서는 I에 어울리는 was를 많이 쓰죠. 물론 were를 쓰면 '말을 정확하게 하려는구나' 하는 느낌을 줍니다.

B 가정법 미래　　　　　　　　　　　　　　　　　　　　　　　　　문법 중요도 ★★★

만일 음악회가 취소되기라도 하면, 대신 영화 보러 갈 거야.
If the concert should be cancelled, I would go to the movies instead.

○ if절에 should를 써서 말하면 "가능성이 적은 가정"을 표현해 주는데요, 특히 should 대신 were to를 쓰는 것은 실현 가능성이 전혀 없을 때 많이 사용됩니다.

[A]에서 첫 번째 문장의 동사는 have와 will로 현실의 시제와 동일합니다. 이 일이 실제로 앞으로 일어날 가능성이 있음을 보여 주는 거지요. 반면 두 번째 문장의 had와 would는 둘 다 어떤 일이 상상 속의 일임을 보여 주므로 현실의 동사(have, will)와는 다른 형태(had, would)가 쓰인 것입니다. 그리고 이 형태가 과거처럼 생겼기 때문에 "가정법 과거"라고 부르는 것뿐이지요. 이때 의지를 강조하고 싶으면 would, 가능성은 could, 희박한 가능성은 might, 일종의 의무감은 should를 써서 나타내 주면 되니까 회화에서 실제로 말로 해보세요.

가정법 과거는 TOEFL이나 TOEIC보다 국내의 고시, 기업체, 대학원 시험에서 출제빈도가 높습니다. 일단 현실이 아닌 가정의 상황인지, 동사를 보고 확인해야 합니다. 특히 if절과 주절 중의 한쪽을 빈칸으로 만들어 거기에 알맞은 동사 형태를 고르게 하는 문제가 잘 등장합니다. 종종 if를 생략하고 주어와 동사가 도치된 문장이 출제되거나, was가 아니라 were가 정확한 동사 형태임을 강조하는 문제가 예전에 많이 나오기도 했습니다.

연습문제

다음 문장에서 밑줄 친 부분이 맞으면 O, 틀리면 X로 표시하시오.　　　　　　　　(정답 확인 p.120)

1. If he knew the facts, he <u>will</u> feel a lot better. (　　)

2. If I <u>be</u> you, I'd believe his explanation for what happened. (　　)

3. If it <u>shall rain</u> today, I would cancel our picnic. (　　)

4. <u>I had</u> enough money, I would travel around the world. (　　)

가정법 과거완료

지난 일의 아쉬움을 상상으로 표현해 봐

사람들의 선택이 항상 최선이라면 후회도 없고, 가정법도 없겠죠. 앞서 현재의 사실과는 다른 상상의 표현을 정리했다면, 이번엔 돌이킬 수 없는 과거의 일에 대한 후회, 상상의 표현 방법을 살펴보겠습니다. 우리말에서 '너를 본다면'과 '너를 보았다면'은 어떻게 다른가요? '너를 본다면'은 지금을 포함해서 앞으로의 이야기, '너를 보았다면'은 지나간 일에 대한 이야기죠? 영어에서도 If I "saw" you(너를 본다면)와 If I "had seen" you(너를 보았다면)는 우리말과 같은 어감의 차이를 보여 줍니다. saw와는 다른 형태를 찾다 보니 had seen이 쓰인 것이고, 이것을 그냥 가정법 과거완료라고 부르는 것뿐이니, 문법 용어는 너무 신경 쓰지 마시고요!

Key Point 가정법 과거 완료: 만약 ~였다면 　　　　　문법 중요도 ★★

널 보았었다면, 인사했었겠지.

If I **had seen** you, I **would've said** hello.

○ 보았(seen)었(had)다면(If)처럼 생각하면 됩니다. If와 함께 had [과거분사]가 쓰이죠.

그걸 보았었다면, 샀었겠지.

If I **had seen** it, I **could've bought** it.

○ '살 수도 있을 텐데'(could buy)와 '샀었을(have bought) 수도 있을 텐데(could)'는 어감이 다르죠. 여기서는 지난 일이니 '샀었을 텐데'가 되었고, 여기에 가능성을 추가하고 싶어 would 대신 could를 쓴 것입니다.

A 가정법 과거 완료 주의할 쓰임들　　　　　　　　　　　　　문법 중요도 ★★

번호를 안다면 전화할 텐데.

If I <u>knew</u> her number, I <u>would call</u> her.

○ 현재의 사실과는 다른 내용을 상상하는 방법이죠.

번호를 알았더라면, 전화했었을 텐데.

If I <u>had known</u> her number, I <u>would've called</u> her.

○ 그 때 번호를 알았더라면(had known) 전화를 했었을(have called) 텐데(would)처럼 지난 일에 대한 상상의 방법이죠.

번호를 알았더라면, 전화했었을 테죠.

Had I <u>known</u> her number, I <u>would've called</u> her.

○ If를 생략하고 조동사(Had)와 주어(I)를 바꾸어서 표현해도 같은 뜻이 되는데, 말에 좀 더 집중시키는 효과를 보여 주는 장치입니다.

B if절의 조동사

문법 중요도 ★

네가 그 시험을 보려고만 한다면, 합격할 텐데.

If you would take that exam, you would pass it.

○ 의지를 강조하고 싶으면 would, 가능성을 강조하고 싶으면 could를, 순수한 미래에 초점을 맞추고 싶으면 were to를 If와 함께 쓰면 됩니다.

네가 그 시험을 보았었다면, 지금 행복할 텐데.

If you had taken that exam, you would be happy now.

○ 예전의 행동(had taken)에 대한 결과가 현재에 영향을 미칠(would be) 때에는 그에 맞게, 앞에는 had taken(과거완료), 뒤에는 would be(과거)로 섞어서 쓰면 되고, 이것을 "혼합가정"이라 부릅니다.

가정법 과거니 과거완료니 하는 명칭에 맞추어 기다란 공식을 외우려 애쓰는 것보다는 쉬운 예문 몇 가지를 말할 수 있도록 소리 내어 연습하는 것이 훨씬 더 좋습니다. would, could 등 조동사의 기본 의미를 충실히 익혀 두었다면 시제가 변해도 그 뉘앙스를 충분히 구별해서 사용할 수 있을 테고요.

가정법 과거에 비해 가정법 과거완료는 출제빈도가 높습니다. 특히 주절의 would have + [과거분사]의 형태를 묻는 문제가 대부분이므로, if절이 지난 일에 대한 가정 (had + 과거분사) 인지를 확인하면 문제는 쉽게 풀리죠. would have said 대신에 would have say, would had say, would have saying처럼 다른 형태를 써놓고 틀린 부분을 골라내거나, 빈칸 처리하는 문제가 대부분입니다.

연습문제

다음 문장에서 밑줄 친 부분이 맞으면 O, 틀리면 X로 표시하시오. (정답 확인 p.120)

1. If I had lived in Paris 100 years ago, I would have becoming a painter. (   )

2. If you had bought it, you could've make a lot of money. (   )

3. Had I been on that plane, I would being with you now. (   )

Grammar Point 43

I wish ~ / as if
~라면 좋으련만 & 마치 ~인 것처럼

가정법 표현에 반드시 if~만 쓰이는 것은 아닙니다. I wish ~ (~라면 좋겠는데), as if ~ (마치 ~인 것처럼) 등과 같은 표현들도 후회나 아쉬움을 나타내는 데 요긴하게 쓰입니다. 이러한 표현들 역시 '실제로는 일어나지 않은 일'에 대해 이야기하는 것이니까 시제를 왜곡시켜서, (사실은 그렇지 않은) 현재의 아쉬움은 "과거" 시제로, (사실은 그렇지 않았던) 과거의 아쉬움은 "과거완료" 시제로 나타내면 됩니다.

Key Point | I wish ~ / without

나도 답을 알았으면 좋겠어.
I wish I knew[✕know] the answer.

○ 답(answer)을 모르니 알았으면(knew) 좋겠다(wish)는 뜻. know라고 쓰면 틀립니다.

네 도움이 없었으면 실패했었을 거야.
Without your help, I would've failed.

○ '실패할 텐데'는 would fail, '실패했었을 텐데'는 would've failed죠. 이 부분과 연결될 때 without의 의미가 '~이 없다면'일지, '~이 없었다면'일지가 결정됩니다.

A as if ~

데미는 쿠처를 모르는 것처럼 행동해.
Demi acts as if she never knew Kutcher.

○ knew로 현실(그를 안다)에 대한 가정(모르는 척)을 보여 줍니다.

데미는 지난 주 파티에서 쿠처를 만난 적이 없었던 것처럼 행동했어.
Demi acted as if she had never met Kutcher at a party last week.

○ had (never) met으로 지난 일에 대한 가정(만난 적이 있는데 없는 척)을 보여 줍니다.

B without ~

네 도움이 없다면, 이 일을 할 수 없을 텐데.

Without your support, I **couldn't do** this.

○ '할 수 없을 텐데'(couldn't do)를 보고 without의 뜻이 '~이 없다면'으로 결정됩니다. 이때 without 대신 but for나 if it were not for를 써도 같은 뜻이 되고요.

네 도움이 없었더라면, 이 일을 할 수가 없었을 텐데.

Without your support, I **couldn't have done** this.

○ '할 수 없었을 텐데'(couldn't have done)를 보고 without의 뜻이 '~이 없었더라면'으로 결정됩니다. 이때 without 대신 but for나 if it had not been for를 써도 되는데, without만큼 많이 쓰이지는 않습니다.

회화에서 I wish~는 How I wish나 If only와 같은 표현으로 그 느낌을 더 강조할 수도 있는데요. 비슷한 표현의 Would that~이나 Oh that~은, 옛날 냄새가 물씬 풍기기 때문에 요즘에는 잘 쓰지 않습니다. 그리고 I wish she "were" here with me(그녀가 나와 함께 있으면 좋으련만)에서는 were 대신 was가 구어체에서 더 많이 쓰이죠. 또한 as if 역시 현대 영어에서는 as if 다음에 과거(never knew) 대신 현재시제 (never knows)를 쓰기도 하는데, 이는 그만큼 가정을 약화시키고, 현실처럼 보이고 싶게 만드는 심리의 표현이라고 보시면 됩니다.

시험에 자주 등장하는 문제 유형이 바로 wish나 as if 다음에 빈칸을 만들어 놓고, 알맞은 동사의 유형을 고르는 것입니다. 문제 속의 상황이 현재인지, 아니면 과거인지를 파악하는 것이 바로 정답을 고르는 관건이고요. 더불어 be동사의 경우 was 대신 were처럼 정식 영어를 아는가를 테스트하는 문제도 출제된 적이 있습니다. 또한 without 구문의 경우 문맥을 보고 '없다면'인지, '없었다면'인지를 결정하고 동의어로 If it "were not" for를 쓸지. If it "had not been" for로 바꿔 쓸지를 묻는 고난도 문제도 출제된 적이 있습니다.

연습문제

다음 문장에서 밑줄 친 부분이 맞으면 O, 틀리면 X로 표시하시오.   (정답 확인 p.120)

1. I wish I <u>am</u> richer and smarter. (   )

2. I know how hard it is for you, but I wish you <u>would quit</u> smoking. (   )

3. Without his help, this project <u>would been</u> almost impossible. (   )

4. I wish she <u>were</u> here with me at the prom. (   )

What if~? / or = otherwise
~라면 어쩌지? & 그렇지 않다면

What if ~?(만약 ~라면 어쩌지?)와 같은 표현들 역시 상상과 가정의 의미를 나타냅니다. What would happen if ~?의 표현을 What if로 줄여 쓰다가 굳어진 것인데요, if 뒤의 문장은 상상의 세계를 보여 주기 위해 현재와는 다른 형태(과거형)을 써야 하지만, 구어체에서는 그냥 현재형으로 나타내기도 합니다. otherwise, suppose, as long as와 같은 표현들 역시 뒤에 나오는 동사형에 주의해야 하지만, 중요한 것은 이런 표현들 자체의 뜻과 형태니까, 익숙해지도록 쉬운 예문을 통해서 함께 살펴볼까요?

Key Point What if~? / or=otherwise   문법 중요도 ★★★

거기 제시간에 맞춰 못 가면 어쩌지?
What if we **can't make it** there in time?
- '~라면 어쩌지?'의 느낌만 What if~?라는 표현과 함께 잡아 가시면 충분합니다.

그 친구 안 와, 아니면 여기 와 있겠지.
He's not coming, **or** he **would be** here.
- or의 앞은 안 온다(not coming)는 "사실," or 뒤는 와 있을 텐데(would be here) 하는 "상상"을 보여 주죠. 이렇게 대비되는 상상에 or 혹은 otherwise를 쓰면 됩니다.

A suppose~, as long as~, I'd rather~   문법 중요도 ★★

네가 산에서 길을 잃었다고 상상해 봐.
Suppose you **were[are]** lost on a mountain.
- were가 쓰인 것은 가정, are가 쓰인 것은 실현 가능성이 더 높음을 의미합니다.

교통체증이 없는 한 서울에서 운전하는 것은 좋아.
Driving in Seoul is nice **as long as** there are no traffic jams.
- 조건(~하는 한)의 뜻인 as long as는 provided 혹은 on the condition that으로 바꾸어 쓸 수 있는데 이때는 좀 더 격식 차린 느낌을 줍니다.

내일 회의에 당신이 참석했으면 하는데요.
I'd rather you **attended** the meeting tomorrow.
- I'd rather [주어] [동사]는 '누가 ~했으면 한다'는 뜻의 상당히 예의 갖춘 표현입니다.

B otherwise
문법 중요도 ★★

케이트가 아픈 게 틀림없어. 그렇지 않다면 지금 여기에 있을 텐데.
Kate must be sick; otherwise she would be here now.

○ otherwise 앞은 '아픈 게 틀림없다'는 추측, 뒤는 '지금 여기 있을 텐데'라는 상상.

케이트는 아팠던 것이 틀림없어. 그렇지 않다면 지난주 여기에 왔었을 텐데.
Kate must have been sick; otherwise[or] she would've been here last week.

○ otherwise 앞은 '아팠음에 틀림없다'는 추측, 뒤는 '지난주 여기 왔었을 텐데'라는 상상인데, 앞 뒤 대비되는 상상의 표현에 otherwise를 쓰면 되고, or는 구어체이죠.

What if~나 Suppose~ 다음에 "가정법 과거나 현재가 올 수 있다"라는 식의 설명을 외우는 것은 정말 의미 없습니다. 중요한 것은 어감! What if~나 Suppose~ 다음에 "과거"가 쓰이면 (현실성 없는) 가정의 느낌이 강해지고, "현재"가 쓰이면 정말로 그런 가능성이 현실로 다가온다는 느낌이 더 들겠죠. I'd rather ~ [과거]의 형태는 '~라면 좋겠는데'라는 "가정의 상황"을 이용한 부탁이기 때문에 말을 듣는 사람이 꼭 해야 한다는 부담감이 적어지고, 그런 맥락에서 공손하게 들리는 것입니다. 더불어 in case ~(~하는 경우에)의 쓰임, 예로 I'll baby-sit your kids "in case" you are out(나가야 하는 경우, 아이들을 돌봐 줄게요)와 같이 그 뜻을 추가로 알아두면 좋습니다.

시험에서는 앞에서 정리한 표현들의 기본 뜻과 형태를 충실히 알고 있는가를 묻는 문제가 종종 출제됩니다. 예를 들어 as long as(~하는 한) 대신 unless(~하지 않는다면)를 써 놓거나, otherwise 대신 if 등을 써 놓고 의미상 틀린 것을 골라내라는 문제가 바로 그것이죠. 공손한 표현인 I'd rather~구문 다음에 "과거" 형태가 온다는 내용이 시험에 고난도 문제로 종종 출제되기도 합니다.

연습문제
다음 문장에서 밑줄 친 부분이 맞으면 O, 틀리면 X로 표시하시오. (정답 확인 p.120)

1. What only all the tickets are sold out? (   )
2. Suppose (that) you won the lottery, what would you do? (   )
3. You can borrow my tablet PC as long if you return it by next week. (   )
4. She doesn't love you anymore, if she would be here now. (   )

가정 의미의 명사, 분사
상상과 조건의 뜻이 숨어있는 가정법

여러분, It's time that~ [과거](~해야 할 시간이다), had better~(~하는 편이 낫다) 같은 표현에 가정의 뜻(~한다면)이 있나요? 없죠! 그런데 왜 대부분의 문법책들이 이런 표현들을 가정법에서 다룰까요? 이것은 영어의 subjunctive라는 단어를 통칭해서 "가정법"으로 잘못 번역했기 때문인데, 원래 의미에 충실하자면 "특별 동사 표시법"이 맞습니다. 즉, 말하는 사람의 심리상태(조건, 가정, 후회)를 보여 주고자 일부러 남기는 특별한 표시법인데 다른 단어를 바꾸면 뜻이 달라질 테니, 동사의 형태를 변화시켜 화자의 심리를 드러내 주는 것이죠. 그럼 예를 통해 직접 살펴보도록 할까요?

Key Point 가정 의미의 명사, 분사 　　　　　　　　　　　　　문법 중요도 ★★

진정한 지도자라면 그렇게는 안 할 텐데.
A true **leader wouldn't do** that.
- 명사(leader)의 가정(~라면)의 뜻은 wouldn't do (안 할 텐데) 때문에 생겨난 것이죠.

이태리에서 태어났다면 디자이너가 됐을 텐데.
Born in Italy, I **would've been** a designer.
- 분사(Born)의 가정(~라면)의 뜻은 would've been(되었을 텐데) 때문에 생겨난 것!

 그 외의 가정 표현들 　　　　　　　　　　　　　　　문법 중요도 ★★★

부모님께 전화할 시간이야.
It's time for you to call your parents.
- 지금이 전화를 할(call) 적절한 시간이라는 뜻의 문장입니다.

부모님께 전화할 시간이 지났어.
It's time that you called your parents.
- It's time that~ 다음에 과거형 동사(다른 말로 가정법 과거)를 쓰면 이미 그런 동작을 할 시기가 지났다는 일종의 후회나 약한 비난의 뜻이 담기게 됩니다.

아프지만 않다면 너와 함께 쇼핑을 갈 텐데. (현실은 몸이 아파)
I would go shopping with you but I am sick.
- but 다음에는 현실이 등장합니다. but 대신 except나 save를 써도 되는데, 이때 save는 '구하다'가 아니고, '~을 제외하고'라는 옛 표현입니다.

그 사람이 말하는 걸 듣는다면, 아마도 오바마라고 생각할 텐데.
To hear him speak, you would probably think he is Obama.

◯ '듣는다면'(to hear: 부정사)이라는 조건의 뜻은 뒤의 would 때문에 생겨난 것이죠.

어디에 주차했는지 잊어버릴까 봐 차 사진을 찍어 두었지.
I took a photo of my car lest I should forget where I parked it.

◯ lest ~ should는 '~하면 안되니까'라는 조건과 부정의 뜻이 동시에 들어있는 옛날 스타일의 표현입니다.

벌써 밖이 어두워졌네, 이제는 가봐야 하겠는걸.
It's already dark outside. I had better get going now.

◯ '~하는 편이 낫다'라는 의미인데, '마음속에서는 이미 갔어야 했는데'라는 느낌 때문에 have가 아니라 had가 쓰이는 것이죠. 구어체에서 줄여서 I'd better~ 형태로 많이 사용되니까 알아두세요. 더불어 I'd better not [동사]처럼 not의 위치도 주의!

사실 "명사, 분사, 부정사가 if의 뜻을 갖는다"는 문법 설명을 외워봐야 실제 회화에서는 전혀 도움이 되지 않습니다. 먼저 왜 그런지 이해를 하는 것이 중요합니다. 즉, 같은 문장에 would와 같은 표현이 있기 때문에 조건이나 상상 같은 해석이 나오는 것이죠. 즉, 문맥이 바로 중요한 관건이 된다는 말이고요. 이해가 된 후에는 비슷한 예문을 세 개만 만들어 보면 그게 바로 회화를 위한 문법이 됩니다.

시험에서는 앞뒤 문맥을 따져 시제를 올바르게 표현하는 문제가 출제됩니다. would ~ but과 같은 구문([A]의 세 번째 문장), It's time that~에서 뒤에 과거동사를 쓸 줄 아는가와 같은 문제가 출제빈도도 높습니다. 그리고 if의 뜻을 갖는 부정사, 분사, 주어 표현의 원래 형태를 알아내는 문제가 많이 나오는데, 예를 들어 '진정한 지도자라면'(A true leader)을 뒤의 wouldn't를 보고 If he were a true leader처럼 바꾸면 됩니다. 다른 표현들도 기본 뜻과 형태 자체를 묻는 문제가 자주 등장하니까 익혀두세요.

연습문제

다음 문장에서 밑줄 친 부분이 맞으면 O, 틀리면 X로 표시하시오.   (정답 확인 p.120)

1. Honey, it's already midnight. It's time that you go to bed. (   )

2. Hear my mom talk, you would think I just started elementary school. (   )

3. A true friend wouldn't get you into this trouble. (   )

4. I don't know what happened, so I have better not talk about it. (   )

정답

Class 9. 가정법

Grammar Point 41. 가정법 과거
1. would
2. were
3. should rain
4. Had I (또는 If I had)

Grammar Point 42. 가정법 과거완료
1. would have become
2. could've made
3. would be

Grammar Point 43. I wish ~ / as if
1. were
2. O
3. would have been (또는 would be)
4. O

Grammar Point 44. What if~? / or=otherwise
1. What if
2. O
3. as long as
4. or (또는 otherwise)

Grammar Point 45. 가정 의미의 명사, 분사
1. went
2. To hear
3. O
4. had better

Class 10

일치/화법

Grammar Point 46-50

〈색깔 맞추기 / 말 전하기〉

말은 참 신기합니다. 그 말을 쓰는 사람들의 사고방식과 문화가 말 안에 고스란히 녹아 있으니까요. 따라서 우리말과 영어, 우리나라 사람들과 영어권 사람들의 언어습관을 비교해 가며 이런 부분이 다르구나, 이런 부분은 같네, 탐험하는 기분으로 영어를 연습하다 보면 어느새 자연스럽게 정확한 어법을 구사할 수 있게 될 것입니다. 여러분, 아시나요? 우리말과 영어의 큰 차이점 중 하나가 바로 "수"에 대한 개념인데요, 영어에서는 하나인지 여럿인지를 꼼꼼히 따지는 것이 습관이 되어 있어, 주어가 하나인지 여럿인지에 따라 동사의 형태를 맞추어 주고, 대명사도 거기에 맞춰 주어야 하죠. 수 개념뿐 아니라 시제에 있어서도 정확성과 일관성을 중요시하는 것을 볼 수 있습니다. 이런 일치 개념은 말을 전할 때에도 드러나게 되는데요, Class 10에서 말하는 방법인 화법도 함께 깔끔하게 정리할 생각이니, 준비되셨으면 출발합니다!

Grammar Point 46. 주어와 동사 수 맞추기

누가 누구랑 친하다고?

찢어진 고문서가 발견되었는데, 문장의 일부만 "……has her own key"라고 나와 있다면 문맥상 열쇠는 누가 갖고 있을까요? "한 명, 여러 명, 남자, 아니면 여자?"와 같은 질문이 가능할 텐데요. has를 보고 한 명이라는 것, her를 보고 여자라는 것을 알아챌 수 있으신가요? 그렇다면 "수 일치의 기본 개념"은 이미 다 아신 겁니다! 그럼 구체적으로 무엇을 보고 어떤 것을 눈치챌 수 있는지, 어떻게 서로 어울리도록 표시를 해 줘야 할지 함께 알아볼까요.~

Key Point 주어의 수에 맞추는 동사, 대명사 　　　　　　　　　　문법 중요도 ★★★★

가게 앞에 있는 저 여자애들은 내 동생들이야.
The girls in front of the store **are** my sisters.

- 동생들'이다'(are)의 주어는 가게(store)가 아니라 여자애들(girls)이죠. 그래서 is(단수)가 아니라 are(복수)가 되어야 합니다. store에 속으면 안 되고요!

친구들과 어울리는 건 항상 재미있지.
Hanging out with friends **is** always fun.

- 친구들이(friends) 재미있는(fun) 게 아니라 어울리는 것(Hanging)이 재미있는 거죠. 그래서 is가 맞고요. 동명사(Hanging)나 to부정사(To hang)가 주어일 때 뒤에는 is(단수)가 온다는 것 꼭 기억하세요.

A 단수/복수 판단을 흐리게 만드는 것들　　　　　　　　　　문법 중요도 ★★★

우리 반의 모든 남학생과 여학생이 수학을 좋아해.
Every boy and every girl in my class **loves** math.

- 뜻은 '전부'이지만 every, each가 들어간 주어(boy and girl)는 단수(loves)로 생각합니다. 심지어 and로 여러 개 연결되어 있다고 해도 말이죠.

다들 자기 소유의 집을 갖고 싶어하지.
Everyone wants to have his/her own house.

- every 때문에 wants고요(3인칭 단수 취급), 다시 그 단어를 언급할 땐 his or her 혹은 him or her로 나타내죠. 그런데 말할 때는 편한 their나 them이 더 많이 쓰여요.

나를 슬프게 만드는 이야기들이 여럿 있지.

There are lots of stories which make me sad.

○ 이야기가 하나가 아니라 여러 개임을 are에도 표시해 주고, which 다음의 make에도 표시해 준다는 것 기억하세요! There/Here is + [단수], There/Here are + [복수]예요.

그 사람의 사망 소식은 내게 무척 충격적이었어.

The news of his death was very shocking to me.

○ news와 같은 단어는 모습은 복수(-s)처럼 보이지만 단수로 여깁니다. physics(물리학), economics(경제학)와 같은 학문이나 학과명 역시 단수로 취급합니다.

부유한 사람들이 항상 행복한 건 아니야.

The rich are not always happy.

○ the + [형용사]는 대개 '~한 사람들'을 의미하므로 복수로 여기면 됩니다. The poor(가난한 사람들), The old(어른들), The young(젊은이들)처럼 만들어보세요.

news는 왜 복수처럼 생겼는데 단수 취급할까요? 여러분, kiss라는 단어도 복수형처럼 -s로 끝났지만 사실 그냥 하나의 단어이지요? news도 똑같습니다. 그냥 news(뉴스)라는 하나의 단어이고, physics도 '물리학'이라는 하나의 단어라고 생각하면 됩니다. 사실 그렇기도 하고요.

시험에는 "서로 어울린다는 표시를 해 주어야 하는 것들"을 멀리 떨어뜨려 놓거나, 그 사이에 함정을 파놓아 헷갈리게 하는 경우가 대부분입니다. 더불어 news(단수)라든가 the rich(복수)와 같이 의미상 반드시 조심해야 하는 단어를 힌트로 주고 이에 맞는 동사의 형태를 묻는 문제도 나오니까 이런 단어를 알아 두는 것이 아주 유용합니다.

연습문제

다음 문장에서 밑줄 친 부분이 맞으면 O, 틀리면 X로 표시하시오. (정답 확인 p.132)

1. The rich is supposed to help the poor. (   )

2. The necklace, along with the earrings, are a perfect match for you. (   )

3. The fact that there is impossible things to do is hardly surprising. (   )

일부분 표현하기

그때그때 달라요!

열 개의 도넛이 있는데, 친구랑 반씩 나눠가진다면 여러분은 몇 개를 갖게 되나요? 당연히 5 doughnuts가 되겠죠? 영어로 해보면 Half of the doughnuts here are mine으로, are가 쓰이는 이유는 도넛을 "셀 수 있기" 때문입니다. 그런데 "네 마음의 반은 내 거야"라고 할 때, 마음은 셀 수 있나요? 당연히 없죠! 그래서 영어에서도 Half of your heart is mine과 같이 are가 아니라 is를 씁니다. 이렇게 그때그때 다른 것들이 무엇인지 함께 살펴보시죠.~

Key Point 일부분 표현하기   문법 중요도 ★★★

여기 있는 **책의 반**은 내 거야.
Half of the books here **are** mine.
○ 책의 숫자는 셀 수 있죠? 책들 중의 반(half)이라서 뒤에도 are가 된 것이죠.

여기 있는 **우유의 반**은 내 거야.
Half of the milk here **is** mine
○ 우유(milk)는 한 우유, 두 우유처럼 셀 수는 없죠. 그래서 are가 아니라 is가 됩니다.

 접속사로 연결된 주어   문법 중요도 ★★★

그 사람과 나는 공통점이 많아서 바로 친해졌어.
He and I have a lot in common. We hit it off right away.
○ 그(He)와 나(I)는 두 명이죠? 이렇게 and로 연결될 때 셀 수 있으면 복수 취급(have)하고요, 반면 or(혹은)는 동사에 가까운 쪽에 있는 단어의 수를 따라가면 됩니다.

그들도 씬디도 아직 리포트를 제출하지 않았어.
Neither they nor Cindy has handed in their reports yet.
○ neither A nor B(A도 B도 아닌), either A or B(A와 B 중 하나) 표현이 보이면, 동사(has)에 가까운 쪽 주어(Cindy)의 수(한 명)에 따라 동사(has)를 맞춰 주면 됩니다.

전자도서뿐만 아니라 앱도 만들어졌어.

The app <u>as well as</u> the e-books <u>was</u> made.

○ A as well as B의 구조는 'B뿐만 아니라 A도'라는 의미로, B(books)가 아니라 A(app)가 관심의 초점이라, A의 수에 따라 동사(was)도 맞추면 됩니다.

수와 관련된 표현들 깔끔하게 정리해 드립니다. 부담 갖지 말고 필요할 때마다 확인하면 됩니다.

most of [무엇] (~의 대부분) half of [무엇] (~의 절반) the rest of [무엇] (나머지) There is/are [무엇] all + [무엇] no + [무엇]	뒤의 명사에 일치	A or B (A나 B) neither A nor B (A도 B도 아닌) either A or B (A와 B 중 하나) not A but B (A가 아니라 B)	동사에 가까운 쪽에 일치
(both) A and B (A와 B)	복수 취급	동명사, to부정사 주어 every, each 포함한 주어	단수 취급
A as well as B (B뿐 아니라 A도)	중점 두는 주어 A에 일치		

시험에는 앞에서 정리한 표현들이 포함된 주어를 이용한 문장을 제시하고 동사의 알맞은 형태를 고르거나 틀린 동사 형태를 찾는 문제가 많이 출제됩니다. 일단 표현을 알고 있어야 문제를 풀 수 있겠죠!!

연습문제

다음 문장에서 밑줄 친 부분이 맞으면 O, 틀리면 X로 표시하시오. (정답 확인 p.132)

1. Over half of the members <u>wants</u> to join the party. (   )

2. Neither drinking nor smoking <u>is</u> good for your health. (   )

3. You and I <u>am</u> not happy about the results. (   )

심리적 동사표시법

왜 그런지 이유를 알면 쉽다니까!

여러분, Sam insisted that he stop drinking 에서 he 다음에 stop"s"같이 끝에 -s가 있어야 하지 않을까요? 게다가 '주장했다'(insisted)로 지난 일(과거)인데도, 왜 stopped가 아니라 stop(현재)을 썼을까요? 지금까지 각종 시험에 유독 많이 나왔던 문법 사항이기도 한데요, 이렇게 쓰는 이유는 그가 금주(stop drinking)를 해야만 한다는 "필요성을 강조하기 위해 일부러 he와 어울리지 않는 stop을 써서 심리적 관심을 얻어내려는 장치"입니다. 자, 이유를 알아두면 더 쉬워지는 문법 사항들, 좀 더 알아볼까요?

Key Point 심리적 동사 표시법   문법 중요도 ★★★★

그 친구 담배를 끊어야만 해.
It's **necessary** that he **stop** smoking. [요청]

그가 담배를 끊어야 한다고 쌤이 주장했어.
Sam **insisted** that he **stop** smoking. [요청]

그가 담배를 (이미) 끊었다고 쌤이 주장했어.
Sam **insisted** that he **stopped** smoking. [사실]

 금연의 필요성을 강조하기 위해 일부러 he와 어울리지 않는 stop을 썼습니다. 마지막의 stopped는 반대로 이미 금연을 했다는 지나간 일(stopped)을 말하는 것이고요.

A 시제를 맞추는 경우   문법 중요도 ★★★

우리 3시에 만나서, 2시간 정도 대화하고, 오후 5시에 나왔어요.
We met at 3 pm, talked about 2 hours, and left at 5 pm.

 만났다(met), 대화했다(talked), 떠났다(left) 모두 똑같은 동사에 시제도 과거인 것은 and로 나열되어 있기 때문이죠. and의 기능, 별 거 아닌 것 같지만 꼭 기억하세요.

그녀가 의사인 것으로 생각하는데.
I think she is a doctor. (지금도 의사)

그녀가 의사였던 것으로 생각하는데.
I think she was a doctor. (예전에 의사)

그녀가 의사였다고 생각했는데 (아니네).
I thought she was a doctor. (의사였던 적 없음)

○ 외우려고 하면 헛갈립니다. 가만히 들여다 보시면 이해됩니다!

B 시제를 맞추지 않는 경우   문법 중요도 ★★

선생님이 '정직이 최선의 방책'이라고 말했어.
The teacher said that honesty is the best policy.

○ 속담, 진리, 역사적 사실, 습관처럼, 늘 발생하는 일이라 여겨지면 다른 동사(said)에 상관없이 그냥 현재(is)로 쓰면 됩니다.

짐이 피아니스트라니 믿을 수 없군.   I'm surprised that Jim should be a pianist.
짐이 피아니스트라니 놀랐어.   I'm surprised that Jim is a pianist.

○ 짐이 피아니스트라고는 생각하지 않아서 믿기 힘들다고 표현하고 싶으면 should be를, 짐이 피아니스트라는 소식을 듣고 그냥 놀란 것이면 is를 쓰면 됩니다.

회화 포인트

Key Point의 내용이 일상생활에서 빈번히 쓰이지는 않지만, 종종 법정드라마나 의학드라마에서 등장하니까 어감을 알아두세요. "주장하는 바를 강력히 보여 주기 위해 일부러 동사의 특별한 형태"를 쓴다는 것을 유념하고요. 이때 suggest/propose(제안하다), move(움직이다), request(요청하다), require(필요로 하다), urge(촉구하다), order/command(명령하다)와 같은 동사들, 또 필요성을 보여 주는 essential(필수의), necessary(필요한), important(중요한), urgent(긴급한), proper(적절한)과 같은 표현이 나오는지 확인하는 게 중요합니다.

출제 포인트

지금까지 각종 고시, 대학원, 공무원 시험에 정말 많이 출제되었던 문제가 바로 Sam insisted that he stop smoking 같은 경우입니다. stop 부분을 괄호로 만들어 알맞은 형태를 정답으로 골라내게 하는 문제인데요, 핵심은 앞에 insist, propose 혹은 necessary와 같이, 주장이나 요청의 표현들이 있는지 확인하는 겁니다. 더불어 and로 연결되는 경우 같은 형태를 써 주어야 한다는 것도 꼭 기억하시고요!!

연습문제

다음 문장에서 밑줄 친 부분이 맞으면 O, 틀리면 X로 표시하시오.   (정답 확인 p.132)

1. It's important that he will come on time. (   )
2. She got up early, took a long shower, and has a nice breakfast. (   )
3. They didn't believe Yuna skates 10 hours every day. (   )

회화에서 가장 중요한 화법
남이 한 말 제대로 전하기

사람이 살다 보면 자기 말만 하고 살 수는 없습니다. 매일 회사에서, 가정에서, 혹은 친구들끼리 하는 대화를 들여다 보면 아마 50% 이상이 남에 관한 이야기가 아닐까요? 우리말에서는 남의 말을 전할 때 "정리하라고 하던데" 같이 '~하라고 하던데'를 씁니다. 그리고 "정리했다고 하던데"는 지나간 일을, "정리할 건지 물어보던데"는 대답을 원할 때 쓰면 됩니다. 자 그럼 영어에서는 이런 느낌들을 어떻게 표현해야 할까요? 지금부터 함께 살펴봅니다.^^

Key Point 남의 말을 전하는 방법 문법 중요도 ★★★★

그가 문을 <u>닫지 말라고</u> 하던데.
He told me not to close the door.

○ He said, "<u>Don't close</u> the door"와 같은 명령문은 명령 부분을 to부정사(to close)로 바꾸어 전달하면 됩니다. '~하라고' 할 때는 not 없이 to close처럼 쓰면 되고요.

그가 내가 <u>화났는지</u> 물어보던데.
He asked me if I was angry at him.

○ He asked me, "<u>Are you</u> angry at me?"와 같이 의문사 없는 의문문은 '~인지 아닌지'라는 뜻의 if나 whether를, 의문사(who, what…)가 있는 경우는 의문사를 그대로 사용하면 됩니다.

A 말 전할 때 주의해야 할 사항들 문법 중요도 ★★★

그는 "나도 거기 있었어"라고 말했다.
He said, "<u>I was</u> there, too."

그는 자신도 거기 있었다고 말했다.
He said <u>he</u> also <u>had been</u> there.

○ 남의 말을 옮길 때 인칭(I → he)은 꼭 주의해야 합니다. 시제(was → had been)도 신경 써야 하지만, 구어체에서는 had been 대신 was를 써도 괜찮습니다.

B 특별한 문장들의 말 전하기 문법 중요도 ★★★

그는 "<u>난 항상 일찍 일어나</u>"라고 말했다.
He said, "I always <u>get</u> up early."

그는 항상 자기는 일찍 일어난다고 말했다.
He said he always gets up early.

◐ 속담, 진리, 역사적 사실, 습관적인 일 등을 이야기할 때는 굳이 시제를 맞추지 않습니다.

그는 "어제 바빴어"라고 말했다.
He said, "I was busy yesterday."

그는 그 전날 바빴다고 말했다.
He said he was busy the previous day.

◐ 때(yesterday)를 나타내는 표현들도 상황에 맞게(the previous day) 정리해 주어야 합니다.

그는 "이 얼마나 예쁜 여자인가!"라고 말했다.
He said, "What a beautiful girl she is!"

그는 그녀가 얼마나 예쁜 여자인지 감탄했다.
He exclaimed what a beautiful girl she was.

◐ 감탄문을 전달할 때는 exclaim(감탄하다), cry out(소리 높여 말하다), regret(후회하다) 등 문맥에 맞는 동사로 say, tell을 대신해 주면 됩니다.

사실 회화에서 화법은 인칭만 주의하면 오해의 소지는 거의 없으니까 시제는 너무 부담스러워하지 마세요. 더불어 He told me to call him처럼 '~하라고 했다'는 표현에 사용하는 to부정사나 He asked me if I could call him 같이 '~하는지 물어보는데'의 if만 기억하셔도 회화용 화법은 충분합니다.

시험에서 화법은 인칭과 시제가 어떻게 바뀌는지 알고 있는가를 묻는 문제가 일반적인데, 가장 빈도 높은 문제는 He told me not to close the door에서 not의 위치나, to close를 빈칸을 만들어 closing, close로 속이는 문제, 그리고 빈칸에 if나 whether를 정답으로 고르게 하는 문제이니 꼭 알아두세요.

연습문제

다음 문장에서 밑줄 친 부분이 맞으면 O, 틀리면 X로 표시하시오. (정답 확인 p.132)

1. Jennifer told me not call her anymore. (   )
2. Monica said she has breakfast every morning. (   )
3. Jason asked me if I'm coming with him. (   )

명령문, and/or ~

알아두면 도움된다니까요!

화법은 글자 그대로 "말하는 방법"이잖아요? Grammar Point 49에서 '~라고 하던데'와 같이 남의 말을 전달하는 방법을 살펴보았다면, 이제 '~해, 그러면,' 혹은 '~해, 안 그러면'처럼 명령과 추측을 한꺼번에 하는 방법, 그리고 '~이잖아, 안 그래?'처럼 동의나 대답을 유도하는 방법, 더불어 '~이든 아니든, ~할 거야'처럼 결연한 의지를 보여주는 "말하는 방법"이 영어에도 있는지 함께 살펴보도록 할까요!

Key Point 명령문, and/or ~   문법 중요도 ★★★★

지금 **출발해**, **그러면** 비행기 탈 걸.
Leave now, **and** you'll catch your flight.

◎ '~하라 그러면(and) ~할 것이다'의 표현 방법입니다.

지금 **출발해**, **안 그러면** 비행기 놓칠 걸.
Leave now, **or** you'll miss your flight.

◎ '~하라, 그렇지 않으면(or) ~할 것이다'의 표현 방법입니다.

 부가의문문   문법 중요도 ★★

그 친구 말한 것만큼 풋볼을 좋아하지는 않지, 그렇지?
He doesn't like football as much as he said, does he?

출발하자고, 어때?
Let's hit the road, shall we?

◎ 부가의문문은 본 문장이 긍정이면 부정, 부정이면 긍정의 표현으로 물어본다는 것이 핵심입니다. Let's ~와 같은 문장은 shall we?, 명령문의 경우에는 will you?를 붙여 주면 됩니다. 영국에서는 명령문 뒤에 won't you?를 많이 사용하고요.

B 가정법 현재

지금 출발하지 않으면, 비행기를 놓칠 거야.
Unless you leave now, you'll miss your flight.

- unless(~하지 않으면)는 If you don't leave now, you'll miss your flight처럼 if ~ not으로 바꾸어 써도 됩니다. 물론 unless를 사용한 문장이 더 강하게 들립니다.

비가 오건 햇볕이 나건, 항상 너와 함께 할 거야.
(Whether) **Rain** or **shine**, I'll always be with you.

- or의 앞/뒤에 뜻이 반대되는 동사를 쓰면 '~이든 아니든'의 느낌을 주게 됩니다. Rain or shine이 '어떤 일이 있든지'의 대표격이니까 이것만 기억해도 되고요.

[A]의 부가의문문은 상대방의 말에 '그래?'하는 반응을 보일 때도 유용하게 쓰입니다. 예를 들어 상대방이 They don't seem to like football(그들은 풋볼을 좋아하지 않는 것 같아)라고 말했을 때 "Do they?"(그래?)라고 반응을 보여 줄 수 있습니다.

시험에는 Key Point의 and나 or를 빈칸으로 만들고 뜻에 맞는 표현을 고르게 하는 문제가 출제됩니다. 더불어 **Raise** your hand, **stand** up, and ×you should **speak**!처럼 and, or의 병렬구조를 이용하는 문제가 많이 출제되니까 한번 눈여겨 보아두지 않으면 당황해서 쉬운데도 정답(you should 제거)을 놓칠 수 있습니다.

연습문제

다음 문장에서 밑줄 친 부분이 맞으면 O, 틀리면 X로 표시하시오. (정답 확인 p.132)

1. Clean your room, or <u>I won't let</u> you watch TV. (   )

2. <u>If</u> you come now, I'm going to leave without you. (   )

3. Click on the link, visit our site, and <u>you should</u> sign up. (   )

정답

Class 10. 일치/화법

Grammar Point 46. 주어와 동사 수 맞추기
1. are
2. is
3. are

Grammar Point 47. 일부분 표현하기
1. want
2. O
3. are

Grammar Point 48. 심리적 동사 표시법
1. come
2. had
3. O

Grammar Point 49. 회화에서 가장 중요한 화법
1. not to call
2. O
3. I was coming

Grammar Point 50. 명령문, and/or ~
1. O
2. Unless
3. should 삭제

Bonus · 실전 Clinic 분사가 사용된 지각동사 / 사역동사 주요 구문   (※ Grammar Point 33 참조)

분사는 지각동사나 사역동사가 쓰인 문장에서 목적어의 상태를 설명하는 역할로 자주 등장합니다.
(문법 용어로는 목적보어 역할을 한다고 하죠.) 대표적인 것들 몇 가지만 알아두어도
시험은 물론, 말을 할 때 요긴하게 쓰이니까 쓰임을 잘 익혀 두세요.

1. see/watch + [목적어] + [분사] : ~가 ~하는[되는] 것을 보다

Did you **see** him **falling** backwards?
(그가 뒤로 넘어지는 거 봤어?)

2. hear + [목적어] + [분사] : ~가 ~하는[되는] 것을 듣다

I **hear** a dog **barking** in the distance.
(멀리서 개 짖는 소리가 들려.)

3. have + [목적어] + [분사] : (남을 시켜) ~을 ~한 상태로 하다

I'll **have** my car **washed** tomorrow.
(내일 세차를 할 거야.)

4. get + [목적어] + [분사] : (남을 설득하여) ~을 ~한 상태로 만들다

Please **get** this report **translated** before the meeting.
(회의 전에 이 보고서 번역을 해 줘.)

5. make + [목적어] + [분사] : ~을 ~한 상태로 만들다

Can you **make** yourself **understood** in English?
(영어로 의사 전달을 할 수 있어요?)

6. want + [목적어] + [분사] : ~가 ~한 상태가 되기를 원하다

I **want** the painting **done** by next Thursday.
(다음 주 목요일까지 페인팅이 끝났으면 해요.)

Class 11-17

세상을 인식하는 힘
〈명사〉 편

Class 11
명사

Grammar Point 51-55

〈저도 이름 있거든요!〉

저도, 여러분도, 그리고 세상의 모든 물건에도 다 이름이 있는데요. 명사란 존재하는 모든 것에 "이름"을 붙여 놓은 것을 말합니다. 책(book)처럼 셀 수 있으면 가산명사, water(물)처럼 셀 수 없으면 불가산명사, 경찰(police)처럼 같은 종류가 한데 모여 전체로 쓰이면 집합명사라고 부르죠. 그러나 이런 문법 용어를 외우는 것은 시험이나 회화 모두에 별 도움이 되지 않습니다!! 구체적인 예를 통해 어떻게 쓰이는지 살펴보고 비슷한 예를 만들 수 있으면 그것으로 시험과 회화 대비, 양쪽 모두 가능하게 됩니다. 더불어 glass(잔) vs. glasses(안경)처럼 형태가 달라지면 뜻도 달라지는 예들은 알아두면 많은 도움이 되니까 놓치지 마시고요. 그럼 함께 출발해 볼까요.~

셀 수 있는 명사

Grammar Point 51

셀 수 있는 것들은 몇 개인지 표시해 준다

동양보다 개인성이 강조되는 서양사회에서는 수의 개념을 상당히 중시해서, 말할 때 어떤 사물이 하나인지 여럿인지를 밝히려는 습관이 있죠. 하나, 둘 셀 수 있으면 반드시 an apple(사과 한 개)처럼 a/an(하나)을 붙이거나 apples(사과 여러 개)처럼 끝에 -s(여러 개)를 붙여 수를 나타냅니다. 그런데 family와 같은 명사는 언뜻 보면 하나인 단수이지만, 생각해 보면 가족 구성원(family members)이 모인 하나의 집단이 되어 my family(내 가족)처럼 쓰이고, 여러 집을 말할 때에는 many families(여러 가정들)처럼 쓰이게 되니까 주의하세요.

Key Point 셀 수 있는 명사   문법 중요도 ★★★★

보통 한 달에 **네 권** 정도 책을 읽어.
I usually read **four books** a month.

○ 책 한 권이면 a book, 두 권 이상이면 books인데요, 이렇게 셀 수 있는 명사에는 관사(a, an, the)나 소유격('s), 수량(four) 등을 알려 주는 표현이 붙습니다.

가족이 몇 명이나 되나요?
How many people are there in your **family**?

○ family는 같은 구성원으로 된 하나의 무리라서, How many families라고 하면 여러 가정을 의미하니까 '몇 집 살림이냐'는 것처럼 이상한 문장이 됩니다. 주의하세요.

A 종류 전체를 대표하는 명사   문법 중요도 ★★★

경찰이 실종된 아이를 찾고 있어.
The police are searching for the missing child.

○ 조직(기관)으로서의 경찰은 the police(the + 단수명사), 경찰관들 전체는 police인데, 둘 다 are가 필요하죠. 그럼 경찰 한 명은? a police officer라고 하면 됩니다.

거미는 다리가 여덟 개이다.
Spiders have eight legs. = The spider has eight legs. = A spider has eight legs.

○ 종족 전체를 나타낼 때는 세가지 방법이 있죠. (1) 복수 명사, (2) the + [단수 명사], (3) a + [단수 명사]. 이 중, 복수 형태 (Spiders)가 종족 대표로 제일 많이 쓰입니다.

B 복수 의미인데 -s를 붙이지 않는 경우

나는 어제 서점에 가서 700페이지짜리 책을 한 권 샀어.
I went to a bookstore and bought a 700-page book yesterday.

○ page가 다른 명사(book)를 꾸며 주는 역할을 할 때는 page에 -s를 붙이지 않습니다. 7살 된 아이(a 7-year-old boy)도 year에 -s가 없죠? 같은 예입니다. 참고로 서점은 당연히 여러 개이면 bookstores라고 -s를 붙여 바꿀 수 있습니다.

사실 말할 때 일반적인 명사에는 반드시 관사(a/an, the) 혹은 복수형의 표시가 있어야 합니다. 그래야 하나의 개체인지 알 수 있으니까요. 하지만 family(가족), committee(위원회), audience(청중), crowd(무리), team(팀), people(사람들), jury(배심원단)는 이미 같은 구성원이 모인 하나의 커다란 무리이기 때문에 -s가 필요 없겠죠. 단, 동사 일치는 미국식(My family "is" fine)과 영국식(My family "are" fine)처럼 두 가지가 있으니까 편하게 써도 됩니다.

시험에서 가장 출제 빈도가 높은 유형은 바로 many(많은), various(다양한), some(얼마의) 등, 복수를 의미하는 단어 뒤에 problem처럼 단수 명사로 함정을 만드는 문제입니다. 주의하지 않으면 놓치기 쉽습니다. 그리고 TOEFL이나 TOEIC에서는 bookstore 혹은 shoe store처럼 [명사] + [명사] 구조일 때 앞의 명사는 단수로 표시해야 하는 문제가 나오는데, "shoes" store [X]와 같은 함정이 등장하니까 주의해야 합니다.

연습문제

다음 문장에서 밑줄 친 부분이 맞으면 O, 틀리면 X로 표시하시오.   (정답 확인 p.146)

1. Twenty-five year ago, we purchased our first home. (   )
2. There are too many way to say what is "the best." (   )
3. My family is going to travel around the country this summer. (   )
4. I have lots of wonderful idea for our new book. (   )
5. I found a 700-years-old gold coin in the garden yesterday. (   )

셀 수 없는 명사

셀 수 없는 것들은 하나의 덩어리처럼 여긴다

water(물), love(사랑)와 같이 특정한 형태가 없어 수를 세기 힘든 명사는 그냥 하나인 것처럼 생각하고 동사의 수를 맞추어 주면 됩니다. 또한 세상에 하나밖에 없는 것 역시 수를 세는 의미가 없으므로 -s를 붙이지 않고요. 주의할 것은 셀 수 있을 것 같은 hair(모발), paper(종이)와 같은 명사들인데, 사실 이러한 명사들은 셀 수 없다기보다는 세는 것이 무의미한 경우로, '머리카락 한 가닥'(a hair), '(종이로 된) 신문 한 부'(a paper)처럼 쓸 때는 a를 붙일 수 있습니다.

Key Point 셀 수 없는 명사

나, 머리도 빠지고 자신감도 상실이야.
I'm losing my hair and confidence.

저기요, 제 수프에 머리카락이 있네요.
Excuse me, I've got a hair in my soup.

○ 자신감(confidence)은 셀 수 없죠. 또 머리카락이 몇 개인지도 보통은 세지 않고요. '모발 전체'를 말할 때는 그냥 hair라고 하면 되고, 문맥상 '한 가닥'이라고 강조하고 싶을 때는 a hair라 하면 됩니다.

A 셀 수 없는 명사의 표시

수원에 있는 가족을 찾아가면 그들이 힘과 사랑을 주지.
I visit my family in Suwon and they give me strength and love.

○ 하나밖에 없는 것, 개수를 셀 수 없는 것에는 -s를 붙이지 않습니다. Suwon(수원)과 같은 고유명사나 strength, love와 같이 만질 수 없는 추상적인 명사가 그 예입니다.

B 셀 수 없는 명사를 셀 때

이거 검토할 시간 있으세요?
Do you have time to go over this?

보고서 검토하느라 고생 좀 했어.
I had a hard time reviewing the report.

○ 첫 번째 문장의 time은 '시간'을 의미하는 추상명사라 관사가 붙지 않고, 두 번째 문장의 a hard time은 '고생'이라는 구체적인 사건을 의미하는 보통명사로 쓰여 a(부정관사)가 붙었습니다.

나는 모네와 그의 그림을 좋아해.
I love Monet and his paintings.

언젠가는 모네의 작품 한 점을 살 거야.
I'm going to buy a Monet some day.

➡ 첫 번째 문장의 Monet는 사람/화가를 나타내는 고유명사이고, 두 번째 문장에서는 작품을 뜻하는 보통명사라 a Monet로 표현할 수 있습니다.

우리 동네에는 미나라는 사람이 셋 있지.
There are three Minas in my neighborhood.

➡ '~라는 사람'이라는 뜻으로 쓰일 때는 셀 수 있는 명사처럼 -s를 붙일 수 있습니다.

앞서 본 것처럼, 셀 수 없는 hair나 time 같은 단어도 셀 때가 있잖아요? 결국 잘 쓰이는 명사의 구체적 쓰임을 예문을 통해 정리해 두면 추상명사, 물질명사와 같은 문법 용어로 고민하지 않아도 됩니다. 어떤 의미인가가 제일 중요하니까 paper(종이) vs. a paper(신문, 논문), glass(유리) vs. glasses(안경), stone(석재) vs. a stone(돌멩이), beauty(미) vs. a beauty(미인) 같은 예들은 반드시 정리해 주세요! 더불어 많다고 할 때 many(수)인지 much(양)인지 혼동되면 그냥 a lot of를 쓰면 됩니다. a lot of는 양쪽 모두 사용 가능하거든요.

시험에서는 information(정보), advice(충고), weather(날씨), news(뉴스), sports(스포츠), damage(피해)와 같은 단어에 -s를 붙이거나 앞에 a를 써놓고 틀린 것으로 골라내는 문제가 등장하죠. 그리고 a hair처럼 관사가 필요한 상황에서 관사 없이 만들어 놓고 틀린 것으로 골라내는 문제도 꽤 나오는데, 구체적인 상황인지 추상적인 상황인지 파악하는 것이 문제해결의 관건입니다. 마지막으로 셀 수 없는 명사를 꾸며 주는 much 대신 many와 같은 것으로 혼동시키는 문제(many water[×])가 잘 나오니까 주의하세요.

연습문제

다음 문장에서 밑줄 친 부분이 맞으면 O, 틀리면 X로 표시하시오.   (정답 확인 p.146)

1. He doesn't have many information. (   )

2. Sorry, I'm late. I had a hard times parking. (   )

3. We need many water to cook for 10 people. (   )

4. Excuse me, there's a hair in my salad. (   )

5. A weather is beautiful today. Let's go hiking! (   )

Grammar Point 53 — 셀 수 없는 명사의 단위
셀 수 없는 것들을 세고 싶을 때

셀 수 없는 명사라 할지라도 분량을 표현해야 할 때는 분명 있습니다. 이런 경우 water, coffee와 같은 물 종류는 셀 수 없지만 일정한 용기에 담으면 셀 수 있게 되잖아요? a glass of water(물 한 잔), three cups of coffee(커피 석 잔)와 같이 말이죠. 명사마다 세는 단위가 각각 다르니 나올 때마다 눈여겨 봐두시고요, 더불어 physics(물리학)와 같이 학문을 뜻하는 단어는 -s로 끝나 복수 형태인 것 같지만 자체를 한 덩어리로 보아 하나로 취급합니다.

Key Point 셀 수 없는 명사의 단위   문법 중요도 ★★★

커피 두 잔하고 포도주 좀 주세요.
We'd like two coffees and some wine, please.
○ two cups of coffee가 맞지만, 오해의 소지가 없을 때는 그냥 coffees라고 쓰면 되죠.

경제학이 내가 제일 좋아하는 과목이야.
Economics is my favorite subject.
○ 학문명은 생긴 것은 복수(economics)이지만 단수(is)로 취급하고, the도 붙지 않습니다.

A 셀 수 없는 명사의 단위와 특수한 쓰임   문법 중요도 ★★★

음반가게에서 오랜 친구와 마주쳤어.
I bumped into an old friend in a music store.
○ 자음(music) 앞에서는 a, 모음(old) 앞에서는 발음상 더 편한 an을 씁니다.

관객은 그 공연에 아주 만족해한다.
The audience is totally happy with the performance.
○ audience와 같은 집합명사는 청중 전체를 한 덩어리로 여길 때는 단수 취급을(is), 청중 한 명 한 명을 강조해서 모두의 느낌을 주고 싶다면 복수 취급을(are) 해 줍니다.

맥주 한 잔에 1달러밖에 안 돼.   It's only $1 for a glass of beer.
맥주 한 잔 더 할래?   Do you want another beer?
○ 보통은 맥주 한 잔(a glass of beer)처럼 써야 하나, 일상생활에서 빈도가 높고 오해의 소지가 없을 때에는 a beer, two beers처럼 물질명사에도 a나 -s를 붙여 셀 수 있습니다.

그건 케익 한 조각이지(식은 죽 먹기지).
It's a piece of cake.

◯ cake을 세고 싶을 때는 piece(조각)를 쓰면 됩니다.

B 복수형인데 단수처럼 여겨지는 경우   문법 중요도 ★★★

수학은 내가 제일 잘 하는 과목이지.   Mathematics is my strongest subject.

◯ 학문(mathematics)은 단수 취급하고, the가 붙지 않습니다.

국제연합(UN)은 1945년에 설립되었다.   The United Nations was established in 1945.

◯ 복수형이 맞지만 의미상 하나의 국제기구(the UN)라 단수(was)로 취급합니다.

어떤 것을 하나의 개체로 만들고 싶으면 그 앞에 a를 붙이면 되고, 모음으로 시작하는 경우에는 an을 쓰면 됩니다. 직접 셀 수 없는 경우에는 그것이 사용되는 기구나 단위를 쓰면 되고요. 예를 들면 a glass of water(물 한 잔), a bar of chocolate(초콜릿 한 개), a bowl of soup(수프 한 그릇), a piece of bread(빵 한 쪽)처럼 말이죠. 하지만 혹시 단위가 혼동되고, 양도 있으면 좋겠다고 말하고 싶을 때는 그냥 some water, some chocolate, some soup처럼 쓰면 되니까 마음 편하게 생각하면 됩니다.^^

정말 쉬워 보이지만 시험에 꼭 나오는 문제가 바로 모음(an old friend) 앞에 an을 쓰는 것입니다. 그리고 복수형처럼 -s가 붙어 있지만 단수로 취급해야 하는 질병(measles: 홍역), 학문명(physics: 물리학), 게임(cards), 고유명사(the United States: 미국) 등도 시험에 자주 등장하는데요. Economics "are" ~ [×] 처럼 틀린 동사형을 제시하여 함정으로 만드니까 주의하세요. 또, 셀 수 있는 개체(book)인데 관사나 복수 표시가 없다면 한 번쯤은 틀리지 않았나 의심해보아야 합니다.

연습문제
다음 문장에서 밑줄 친 부분이 맞으면 O, 틀리면 X로 표시하시오.   (정답 확인 p.146)

1. Let me give you an advice. (   )

2. Physics don't seem so scary for me. (   )

3. We'd like two coffees and a carton of milk, please. (   )

4. The United States are the world's most powerful nation. (   )

5. The news on TV is nearly always negative. (   )

의미상 복수 vs. 의미가 달라지는 복수
우리는 언제나 혼자가 아니야

pants(바지), glasses(안경)와 같은 단어는 다리 양쪽이 붙어 바지 한 벌이고 유리알 두 알이 모여 안경 하나가 되므로 숙명적으로 복수 형태일 수밖에 없습니다. 한쪽만으로는 제 기능을 할 수 없으니까요. 물건뿐 아니라 악수하는 것 역시 손이 두 개 나와야 맞잡고 악수할 수 있으니 shake "hand"가 아니라 shake "hands"라고 하고, 친구도 혼자서 친구 관계를 맺을 수 없으니 make "friends"라고 해야 하겠죠.

Key Point | 의미상 복수 vs. 의미가 달라지는 복수   문법 중요도 ★★★★

안경 마음에 든다! 그거 어디서 샀어?
I like your glasses! Where did you get them?
- 안경은 알이 두 개라서 glasses가 되고요, 지칭할 때도 it이 아니라 them처럼 복수형이죠.

예의는 어디다 두고 오셨나?
Where are your manners?
- -s없는 manner는 '방법'(=way)이라는 뜻이고요, -s가 있는 manners는 '예의'라는 뜻이죠.

A 단수일 때와 복수일 때 의미가 달라지는 경우   문법 중요도 ★★★★

나는 바지를 올리고 변기의 물을 내렸어.
I pulled up my pants and flushed the toilet.
- 바지는 다리 양쪽이 한 벌을 이루기 때문에 pant라고 쓰면 틀립니다.

저녁식사를 번갈아 내면 어때?
Why don't we take turns paying for dinner?
- turn에는 '차례'라는 의미가 있어, '서로 차례로, 서로 번갈아 가면서 ~을 하다'는 의미는 take turns로 나타냅니다. turns가 늘 -s로 쓰이는 데 유의하세요.

우리는 먼저 세관을 통과해야만 해.
We need to go through customs first.
- custom은 '관습'이라는 의미지만, -s를 붙여 customs라고 하면 '세관'을 의미합니다.

B 기타 주의할 복수 표현

오늘 밤에는 공연을 보러 온 많은 청중들이 있어.
We've got a large[✕many] audience for the show tonight.

◎ many audience라고 하거나 복수형 audiences라고 하면 틀립니다. 참고로 a young audience(젊은 관객들), a wide audience(폭 넓은 관객들) 같은 표현도 알아두세요.

그는 행인들을 멈춰 세우고 질문을 했다. He stopped passersby and asked questions.

◎ 옆으로(by) 지나가는 사람(passer)을 뜻하는 passerby(행인)의 복수형은 passersby 입니다. 의미상 by가 아니라 passer가 중요하니까 거기에 -s를 붙이는 것이죠.

회화에서 주의해야 할 것 중 하나가 바로 pants/trousers(바지), pajamas(잠옷), socks(양말), gloves(장갑), panties(속옷), glasses(안경)와 같은 단어들인데, 한쪽만으로는 제대로 구실을 할 수 없기 때문에 늘 복수형으로 표시합니다. 물론 짝이 분리되는 것은 the left glove(왼쪽 장갑)처럼 하나만 써도 됩니다. 또, take turns(번갈아 하다), change seats(자리를 바꾸다), make friends(친구를 사귀다)도 역시 복수라야 의미가 통하고요. 하나 더! custom(관습) / customs(세관)처럼 복수형이 될 때 의미가 달라지는 단어들도 있는데요, air(공기) / airs(태도), cloth(천) / clothes(옷), force(힘) / forces(군대), manner(방법) / manners(예절), arm(팔) / arms(무기), good(이익) / goods(물품)도 회화에 도움되니까 꼭 알아두세요.

시험에는 항상 복수형으로 써야 하는 pants, take turns, customs 부류의 단어들이 나오는데요, 〈회화 포인트〉에 정리해 드린 것만 보아도 회화/시험 대비가 동시에 가능합니다. 그리고 audience(청중)는 '많다/적다'를 나타낼 때 large/small을 쓰고, 이와 비슷한 종류의 단어 equipment(장비), baggage(수하물), furniture(가구) 등은 many가 아니라 much를 써야 하며 끝에 -s를 붙일 수 없다는 것이 각종 시험에 골고루 자주 출제됩니다.

연습문제

다음 문장에서 밑줄 친 부분이 맞으면 O, 틀리면 X로 표시하시오. (정답 확인 p.146)

1. Excuse me, can we change seat? (   )
2. How many equipments is needed for a new lab? (   )
3. The following goods are banned in the UK. (   )
4. I'm too shy to make a friend with girls sitting nearby. (   )

Grammar Point 55 중요한 명사의 소유격
누구의 것인지 표현하는 방법

인간의 소유에 대한 열망은 언어에도 그대로 반영되어, 말을 할 때도 누구의 소유인지 밝혀주는 것이 중요한 일인데요, 이름이 직접 나올 때는 Laura's recipe(로라의 조리법), rabbit's ear(토끼의 귀)와 같이 이름 뒤에 -'s를 붙이면 됩니다. 명사/대명사(Tom, He)를 소유격으로 쓸 때는 his인지 her인지, 혹은 their인지, 대상과 수를 잘 따져 사용하면 되고요. 그 중 its(그것의)는 it is(그것은 ~이다)를 뜻하는 it's와 잘 구별해야 합니다.

Key Point 중요한 명사의 소유격   문법 중요도 ★★★

모든 곡은 <u>나름의</u> 느낌이 있다.
Every song has its own feel.

◐ 곡(song)의 느낌(feel)이니까 its(그것의)가 맞고, it's(그것은 ~이다)라고 쓰면 틀립니다.

저는 <u>당신의</u> 엄청난 팬이에요.
I'm a huge fan of yours!

◐ 당신이 가진 것들(yours) 즉 당신의 팬들 중 하나(a)라는 뜻! 정식 영어는 fan of "you"가 아니라 fan of "yours"가 맞죠.

A 주의할 소유격 표현   문법 중요도 ★★★

한국은 그곳 나름대로의 전통음악이 있어.
Korea has its[✕it's / ✕their] own traditional music.

 its(그것의) 대신 it's(=it is)나 their(그것들의)라고 하면 틀립니다. 더불어 국가는 경제, 정치의 경우 she/her처럼 여성형으로 받고, 국토의 경우는 보통 it/its로 받죠.

토끼의 귀는 정말 귀여워.
The rabbit's ears are really cute.

◐ 사람, 동물, 의인화 등에는 바로 apostrophe(')를 써서 소유격을 표시합니다.

누나의 친구 중 한 명이 7월에 출산을 해.
A friend of my sister's is due in July.

◐ a my sister's friend [✕](하나의 나의 누나의 친구)처럼 쓰면 틀립니다.

B 성의 구분   문법 중요도 ★★

불가사리는 그것의 몸에서 자라나는 다섯 개의 팔이 있지.
The starfish has five arms that grow from its[×their / ×her] body.

◯ 물고기, 동물 등은 보통 중성 its로 표현합니다.

타이타닉은 1912년에 그 배의 처녀항해에서 빙산을 들이받고 침몰했어.
The Titanic hit a huge iceberg and sank on her first trip in 1912.

◯ 교통수단은 대개 여성(she, her)으로 받습니다.

나는 여종업원에게 커피를 더 따라 달라고 했어.
I asked the waitress to bring me more coffee.

◯ waiter(남자), waitress(여자)처럼 남성형 여성형이 따로 있는 명사도 있습니다. 최근에는 성의 구분을 없앤 명사(server)가 쓰이기도 합니다.

'내 친구 한 명'이라고 말할 때 a my friend라고 쓰지 않죠. 이는 한정해 주는 느낌이 두 번 연달아 나와서 그런데요. 우리말에서 "하나의 나의 친구"가 이상하게 들리는 것은 바로 "하나의"라는 단어가 나오면 이 단어가 주는 한정(혹은 지정)의 느낌을 받아줄 만한 단어가 바로 이어져야(a friend) 하는데, 그렇지 않고 또 다른 한정성의 단어인 '나의'(my)가 나오기 때문입니다. 영어도 마찬가지라 a, the, other, two, this, that과 같이 한정성이 강한 단어는 바로 연달아서 소유격을 만들 수 없고 of 뒤로 돌리니까 알아두세요.

시험에서는 소유격의 apostrophe(')를 일부러 빠트린 함정 문제가 가장 출제빈도가 높죠. 예를 들어 TOEIC, TOEFL에서는 its와 it's를 혼동시키는 문제가 가장 흔하고요. 대학원, TEPS에서는 교통수단을 여성으로 받는다는 것이 시험에 나온 적이 있고, TOEFL에서도 물고기나 생물체를 중성으로 받는다는 것이 출제된 바 있습니다. 물론 언제나 먼저 주의할 것은 단수(its)인지 복수(their)인지를 확인하는 것입니다.

연습문제

다음 문장에서 밑줄 친 부분이 맞으면 O, 틀리면 X로 표시하시오.   (정답 확인 p.146)

1. People say every dog has it's day. (   )

2. I ran into my high school friends and talked with him. (   )

3. I made it from a my mother's old dress. (   )

4. Take your car to any nearby gas station and fill her up right away. (   )

정답

Class 11. 명사

Grammar Point 51. 셀 수 있는 명사
1. years
2. ways
3. O
4. ideas
5. 700-year-old

Grammar Point 52. 셀 수 없는 명사
1. much
2. a hard time
3. a lot of water (또는 much water)
4. O
5. The weather

Grammar Point 53. 셀 수 없는 명사의 단위
1. a piece of (또는 some)
2. Physics doesn't
3. O
4. is
5. O

Grammar Point 54. 의미상 복수 vs. 의미가 달라지는 복수
1. seats
2. much equipment
3. O
4. friends

Grammar Point 55. 중요한 명사의 소유격
1. its day
2. them
3. an old dress of my mother's
4. O

Class 12
대명사

Grammar Point 56-60

〈두말하면 잔소리!〉

"아무리 좋은 말도 두 번 세 번 반복하면 잔소리"이듯, 이미 알고 있는 정보를 반복하는 것은 비효율적인 일이죠. 이런 비효율을 해소하기 위해 생겨난 것이 대명사입니다. 명사(noun)를 대신(pro)한다는 뜻 자체가 대명사(pronoun)라는 단어에 담겨 있는데, 일상생활에서 보면 사람(인칭대명사), 사물(지시대명사) 등이 금방 생각해낼 수 있는 지칭 대상이 됩니다. 그리고 누구인지 특별하게 밝히고 싶지 않거나 그 정확한 대상을 모를 때, 통틀어서 지칭할 수 있기도 하고요(부정대명사). 그리고 본인이 알고 싶은 장소, 시간, 이유, 방법 등 구체적인 정보도 매일 매일의 생활 속에서 빼놓을 수 없는 지시대상(의문대명사)이기도 합니다.

인칭대명사 & 의문대명사

누군지 무엇인지 서로 아는 내용은 긴말할 필요 없지

"우리 옆집에 새로 이사 온 사람이…", "그래서 우리 옆집에 새로 이사 온 사람한테 내가…" 이렇게 같은 말을 반복한다면 대화가 얼마나 지루해지고 비효율적이 될까요! 그래서 영어를 쓰건 한국어를 쓰건, 맨 처음 한 번 얘기했으면 그 다음부터는 '그 사람이~'와 같은 말(대명사)로 대신하게 되는 것입니다. 그런데 우리말은 그 사람"이", 그 사람"을"과 같이 조사를 붙여 다양한 상황을 표현하는 한편, 영어에서는 he, him, his와 같이 단어 자체를 조금 변형시키죠.

Key Point — 인칭대명사 & 의문대명사   문법 중요도 ★★★

빌은 피아니스트이지. 그하고 나하고 오늘 밤 합동 연주해.
Bill is a pianist. **He and I** are jamming tonight.

○ Bill을 대신 받아 가리키는 표현이 바로 He죠. 사람을 대신 받으니 '인칭'대명사고요.

그가 어디서 운동하는지 알아?
Do you know **where he works out**?

○ ~ where "does" he work out?(직접의문문)처럼 쓰면 틀립니다. where는 궁금한 정보를 물어보니 의문대명사이고요.

A 인칭대명사/재귀대명사 주의할 점   문법 중요도 ★★★

소설가인 켄은 시간 여행에 관한 책을 썼어.
Ken, a novelist, (✕he) wrote a book about time travel.

○ 이미 주어가 있는 상태에서 또 he나 him을 쓰면 안 됩니다. a novelist는 동격이죠.

그녀 이름이 제니퍼인데, 스스로는 제니라고 부르지.
Her name is Jennifer, but she calls **herself** Jenny.

○ '스스로'라는 뜻을 강조할 때는 -self를 붙이면 되고, 이를 재귀대명사라 부릅니다.

B 인칭대명사, 지시대명사, 의문대명사의 기타용법   문법 중요도 ★★★

이건 나한테 너무 크니까, 저걸 고를게.
This is too big for me, so I'll take **that**.

◯ 심적, 물리적으로 가까운 것은 this, 먼 것은 that으로 표현하는데 상황에 따라 this/that이 앞 문장 전체를 지칭하기도 합니다.

이태리의 크기는 한국의 그것보다 세 배 정도로 크다.
The size of Italy is three times bigger than that of Korea.

◯ 한 문장 내에서 앞에 나온 명사(size)를 다시 쓸 때, 특히 수식을 받을 때(of Korea)는 that만 가능하고, it이나 one, this 같은 것은 쓸 수 없습니다.

내 계획에 대해서 어떻게 생각해?
What[✗How] do you think of my plan?

◯ 언제(Where), 어디서(Where), 누가(Who), 무엇을(What), 어떻게(How), 왜(Why)를 의문대명사라 하는데요. '어떻게 생각해?'일 때만 How 대신 What을 쓰니까 주의하세요.

'그가 어디서 운동해?'(Where does he work out?)는 궁금한 것을 직접 묻는 것이라 직접의문이라 하고요. '그가 어디서 운동하는지 알아?'(Do you know where he works out?)는 앞의 Do you know를 이용해서 묻기 때문에 간접의문문입니다. 이때 우리말에서 '어디서 운동해 알아?'라고 하지 않고 '~하는지 알아?'처럼 쓰죠? 영어에서도 Where does he work out?이 Do you know where he works out? 처럼 변합니다. 문법 용어보다는 비슷한 문장을 만들어 보는 것이 회화에서는 훨씬 더 도움이 됩니다.

TOEFL, TOEIC에서는 주어를 반복해서 써 놓거나, 혹은 his가 필요한 곳에 himself, him, he 아니면 인칭도 맞지 않는 their와 같은 보기를 제시하여 혼란스럽게 하는 문제들이 가장 많이 출제됩니다. 또한 간접의문에서의 어순(where he works out)을 바로 알고 있는지 혼동을 유발하는 문제. 더불어 같은 문장 내에서 앞서 나온 명사를 that으로 받는 경우가 고난도 문제로 자주 나옵니다.

연습문제

다음 문장에서 밑줄 친 부분이 맞으면 O, 틀리면 X로 표시하시오.   (정답 확인 p.158)

1. My wife and me like this city a lot. (   )

2. He wants your telephone number. Why don't you give it to himself? (   )

3. Do you know where is the elevator? (   )

4. You need to respect yourself first to be respected. (   )

Grammar Point 57

it의 주요 쓰임

애매한 주어는 it을 활용해봐

"(너) 어제 뭐 했어?", "(나) 배고파" 등에서와 같이, 우리말은 특별한 경우를 빼놓고는 주어를 챙겨 쓰는 일이 드뭅니다. 그런데 영어에서는 반대로, 특별한 경우를 빼놓고는 주어 자리를 비우는 일이 드물어요. 그렇다 보니 날씨 이야기를 할 때나 거리에 대해 이야기할 때 등, 주어가 애매한 상황이 생겨 버리죠. 이럴 때 요긴한 것이 it으로, It's a bit chilly(조금 쌀쌀하네) 등과 같이 주어가 막연한 문장의 주어 자리를 it으로 채워 줍니다.

Key Point 　　가짜 주어 it　　　　　　　　　　　　　　　　　　　　　　문법 중요도 ★★★★

그와 먼저 이야기하는 건 좋은 생각이야.
It is a good idea **to talk with him first**.

- it은 뒤에 나오는 동작(to 부정사)을 대신 받습니다. 문맥상 주어를 대신했다 해서 "가주어"라고 부르고, to talk~ 이하를 진짜 주어 "진주어"라 부르는 것뿐이죠.

네게 선택권이 많은 것 같지는 않는데.
It seems that you don't have many options.

- it은 that ~이하의 내용도 대신 받을 수 있고, It appears~도 같은 뜻입니다.

A 　비인칭 주어와 기타 막연한 상황/사정　　　　　　　　　　　　　문법 중요도 ★★

출근하는 데 한 시간 정도 걸려.
It takes about an hour to get to work.

- it은 "시간"을 나타냅니다. 인칭이 따로 정해지지 않아 "비인칭 주어"라 부릅니다.

계속 열심히 해.
Keep it up.

일은 잘 되고? 잘 지내지?
How is it going?

- it은 상황이나 문맥을 지칭할 때에도 쓰입니다.

B 가주어, 가목적어   문법 중요도 ★★★

그 친구가 잘 생기고 돈도 있다는 건 불공평한데.
It is unfair that he is good-looking and has money.

◑ It은 가주어, that he is good-looking and has money가 진짜 주어입니다.

그가 나타나지 않은 게 이상하다는 생각이 드네.
I found it strange that he didn't show up.

◑ 그가 나타나지 않은 것(that~)이 진짜 목적어, it이 가목적어입니다.

그녀가 헤어지자는 편지를 보내 온 것은 바로 다음날이었어.
It was the very next day that she sent me a Dear John letter.

◑ 강조구문의 it ~ that. 강조하고 싶은 내용을 It ~ that 사이에 두고, 그 부분을 제외한 나머지 문장을 that 다음에 두면 됩니다. 이때도 it이 필요하죠.

it은 '그것'이라는 기본 뜻을 갖고 있고 반복을 피하기 위해 쓰이지만 이미 주어가 있는 경우에는 쓰이면 안 됩니다. Key Point 첫 번째 문장의 it은 to부정사(to talk)를 대신 받은 것이지만, I found it amusing playing cards처럼 –ing 형태(분사)를 대신 받을 수도 있습니다. 그리고 강조하고 싶은 대상을 It is ~ that 사이에 집어넣으면 그것이 바로 강조구문이 됩니다. 이러한 모든 것들은 전부 언어를 더 편하고 쉽게 쓰기 위한 장치일 뿐, 구체적인 문법 용어(진주어, 진목적어 등등)는 몰라도 좋습니다.

시험에서는 to부정사나 -ing 혹은 that~을 대신 받는 it의 용법을 묻는 문제가 가장 출제빈도가 높습니다. 예를 들어 ~ made it possible to finish…에서 it을 없애놓거나 it 다음에 is와 같은 동사를 써놓고 고치게 하는 문제가 나옵니다. it 대신 this나 that으로 혼동시키는 문제도 공무원시험에 종종 출제되고요. 마지막으로 계절, 날씨, 시간 등에 쓰이는 it도 시험에 잘 등장합니다.

연습문제

다음 문장에서 밑줄 친 부분이 맞으면 O, 틀리면 X로 표시하시오.   (정답 확인 p.158)

1. <u>This</u> seems that you have a very bad cold. (   )

2. I <u>found difficult</u> to work with him. (   )

3. <u>They are</u> getting dark outside. (   )

4. We've got plenty of time. Take <u>it</u> easy. (   )

Grammar Point 58: so vs. such vs. same

앞서 말한 내용을 한 마디로 받을 때

말이라고 하는 것은 "주거니 받거니"가 기본인데, 서로의 말 중 반복되는 것을 간략하게 말하면 대화의 속도가 경쾌해지겠죠? 예를 들어 상대방이 야구 경기 관람하는 것을 아주 좋아한다고 말했다면 '야구 경기 관람하는 것을 아주 좋아하는 것'을 간단하게 so로 나타내어, "So do I"(나도 그래)라고 말할 수 있는 것처럼 말이죠. 앞서 나온 내용을 표현하는 것 외에 도 다양한 쓰임을 갖는 so와 더불어 such, same에 대해서도 함께 살펴봅시다.

Key Point — so vs. such vs. same (문법 중요도 ★★★★)

그녀는 **정말로** 좋아, **그래서** 모두들 좋아해.	She's **so** nice, **so** everybody likes her.
난 **그렇게** 생각하지 않는데.	I don't think **so**.
그녀는 **저렇게** 좋은 사람이야.	She's **such a** nice person.
나도 **똑같은** 느낌이야.	I feel **the same**.

● so는 '정말로, 그래서, 그렇게'와 같은 뜻으로 쓰이고요, such도 '저렇게, 저토록'의 뜻으로, same은 '똑같은'의 뜻인데 항상 the와 함께 쓰이죠.

A same 관련 주의할 사항 (문법 중요도 ★★★)

그는 10년 전과 똑같아 보여.
He looks **the same as** he did 10 years ago.

● same은 언제나 the가 따라다니고, 무엇과 똑같은지는 as로 설명해 줍니다.

여기 있는 차들이 다 똑같아 보여.
The cars here all look **the same**.

● '차들이(cars) 다 똑같이(the same) 보여'처럼, as 없이 써도 됩니다.

B so와 such의 여러 쓰임 (문법 중요도 ★★★★)

A: 그녀는 밤을 샜어. 그래서 피곤해.   A: She stayed up all night, <u>so</u> she's tired.
B: 나도 마찬가지야.   B: <u>So</u> am I.

● so는 A처럼 '그래서'라는 의미로 문장을 연결하기도 하고, B처럼 '~도 역시'(So am I)라는 뜻을 나타내기도 합니다.

팸은 성격이 정말 좋아서 모두들 좋아하지.
Pam's so sweet that everyone loves her.

◎ '성격이 정말(so) 좋아서(sweet)'처럼 so [형용사] [that]이 된다는 것, 기억하세요.

팸은 저토록 성격 좋은 아이라 모두들 좋아하지.
Pam's such a sweet girl that everyone loves her.

◎ '그렇게(such) 좋은 성격의(sweet) 여자애(girl)'처럼 such a [형용사] [명사]의 순서에 주의하세요.

난 우표나 동전 같이 모든 것을 모아.
I collect everything such as stamps and coins.

◎ 구체적인 예를 보여 주고 싶으면 such as [명사](~와 같은)와 같이 쓰면 됩니다.

여러분, 회화를 할 때 과연 공식이 생각날까요? 대신 이유를 생각해 보세요. such는 '그렇게'라는 "지시성"이 강하기 때문에 그 다음에는 such a beautiful girl처럼 such [관사] [형용사]의 순서가 됩니다. 반면 so는 "정도(그렇게)"를 보여 주기 때문에 그 다음에는 바로 so hot a day처럼 so [형용사] [관사]의 순서가 되죠. such에 여러 용법들이 있지만, 기본 뜻인 '그렇게'만 알고 있으면 의미는 다 이해됩니다. so는 '그래서'라는 뜻의 접속사, '역시, 정말로'라는 부사, 혹은 I don't think so처럼 지시대명사로 두루 쓰이는데, 물론 회화에서 중요한 것은 "의미"이지 용어가 아닙니다.

시험에서는 주로 so와 such를 혼동시켜 그 다음에 오는 관사의 위치를 바꾸어 놓거나(✕ such beautiful a lady). so[such] ~ that 구문의 that을 다른 것(this, which)으로 해놓고 틀린 것을 골라내게 하는 문제가 자주 등장합니다. same의 경우 the를 빼놓거나 뒤에 as/that 대신 다른 것(like)으로 함정을 만들고, TOEIC, TOEFL에서는 so ~ that구문의 so 대신 very로 함정을 만드는 경우가 대부분입니다.

연습문제

다음 문장에서 밑줄 친 부분이 맞으면 O, 틀리면 X로 표시하시오. (정답 확인 p.158)

1. Madison is very a beautiful city that everyone wants to live there. (   )

2. I was such foolish that I believed his lie. (   )

3. I'm so depressed which I can't work. (   )

4. John and I went to same high school. (   )

one, another, other 기본 개념
one, 정해지지 않은 하나

옆집에 새로 이사 온 여자는 she로, 새로 산 스마트폰은 it으로 나타낼 수 있지만, 그냥 막연한 사람 누군가, 혹은 스마트폰 하나는 무엇으로 어떻게 나타내야 할까요? 영어에서는 one을 이용해 이렇게 막연한 한 명, 막연한 한 개를 나타냅니다. 예를 들어 (아무거나) 펜이 하나 있는지 물어본다면 I have one(하나 있어)이라고 대답할 수 있지만, 부모님께 선물 받은 바로 그 펜을 지금도 갖고 있는지 물어본다면 그 펜은 it으로 나타내야 하겠죠.

Key Point — one, another, other 기본 개념   문법 중요도 ★★★

이것 좋긴 한데, 다른 것(들)도 보여 주시겠어요?
I like this one, but can you show me another[others]?
- 여럿 중 불특정한 하나는 one, 같은 종류의 것 하나는 another, 같은 종류의 다른 것이 여러 개 있을 때에는 others라고 쓰면 됩니다.

어떤 이들은 초콜릿을 좋아하고, 다른 이들은 그렇지 않지.
Some people like chocolate; others don't.
- 여러 개 중 일부는 some을, 나머지 일부분은 others라고 쓰면 됩니다.

A one의 다른 쓰임   문법 중요도 ★★★

사람들은 나무 때문에 숲을 보지 못한다.
One cannot see the forest for the trees.
- 부정대명사 one은 일반인을 가리킬 수도 있습니다.

B another와 other(s)의 구분   문법 중요도 ★★★★

다른 나라들을 여행하는 건 굉장한 경험이 될 수도 있다.
Visiting other[×another] countries can be an amazing experience.
- 기본적으로 another는 '하나 더'라는 뜻이므로 뒤에 단수 명사가 옵니다.

동생 둘이 있는데, 하나는 제작자이고 다른 하나는 음악가야.
I have two brothers: one is a producer, the other is a musician.

○ 전체가 두개 인데, 처음 고르는 대상은 one, 하나를 고르고 나면 나머지는 늘 다른 하나로 정해져(the) 있으므로 the other가 됩니다.

말하는 것과 행동하는 것은 별개다. (말하기는 쉬워도 행동하기는 어렵다)
Saying is one thing and doing is another.

○ A is one thing, B is another는 'A가 하나, B는 또 다른 하나' 즉 'A와 B는 별개의 문제다'라는 의미입니다.

이 크기의 나머지 것들은 어떠세요?
How about the rest in this size?

○ one은 불특정한 하나(a + 단수명사)를 받고, another는 같은 종류의 '다른 하나'를, the rest는 '나머지 전부'를 뜻합니다.

회화 포인트
말할 때 혼동되지 않으려면 예를 들어 이해하면 쉽습니다. 두 개 중의 하나는 one, 다른 하나는 the other 입니다. 많은 것 중에 하나는 one, 나머지는 the others이고요. 많은 것 중에 여러 개는 some, 나머지는 the others이죠. 이처럼 무엇이든 정해져 있는 숫자를 정확히 알고 있을 때는 "확정성"의 정관사 the를 앞에 붙이면 됩니다. 참고로 one은 막연히 같은 "종류"를 대신해서 가리킬 때, it은 정해진 "물건"을 대신 지칭할 때 쓰입니다. 사과를 예를 들어 연습해 보시면 쉬워지니까 한번 해보세요.

출제 포인트
시험에 가장 많이 출제되는 형태는 바로 another + [단수] vs. other + [복수]입니다. 즉 ×another books/people 혹은 ×other book과 같은 표현에서 틀린 곳을 골라내는 문제가 빈번히 나옵니다. 기업체, 고시에서는 두 개를 묶어서 지칭하는 one, the other 혹은 some, others와 같은 표현에 the를 붙여야 되는가를 묻는 문제가 가장 잘 나옵니다.

연습문제

다음 문장에서 밑줄 친 부분이 맞으면 O, 틀리면 X로 표시하시오.   (정답 확인 p.158)

1. Listen to another people's opinions all the time. (   )

2. I have two dogs. One has a long tail and other has long ears. (   )

3. Some students came by subway, and another came by bus. (   )

4. My car broke down again. I'd better buy a new one. (   )

no, none, either, neither 기본 쓰임
하나 조차 없을 때, 하나 조차 아닐 때

"아무도" 모른다, "아무것도" 없다고 할 때의 "아무도, 아무것도"에 해당하는 것이 no one, none입니다. 이미 no로 '아니다, 없다'는 부정의 의미를 나타내니 문장에 다시 not이 들어가거나 할 필요는 없습니다. no는 쓰임이 다양하여, 뒤에 오는 명사에 따라 하나로도 여럿으로도 취급될 수 있으니 주의해야 하죠. 아울러 '둘 중 하나'를 선택할 때는 either, '둘 중 어느 것도 아닌' 것을 나타낼 때는 neither를 쓰시면 됩니다.

Key Point | no, none, either, neither 기본 쓰임 | 문법 중요도 ★★★

A: 아이들은 몇 명이나 있어요?
B: 전혀 없어요. / 자식이 없어요.

A: How many kids do you have?
B: I have **none**. / I have **no**[✗not] **children**.

◯ none 혹은 no + [명사] 형태로 '하나도 없다, 어느 하나도 아니다'라는 뜻입니다.

그중에 한 명은 불어를 해.
그들 중 그 누구도 불어를 못해.

Either of them **speaks** French.
Neither of them **speaks** French.

◯ either는 둘 중의 하나를 "선택"한다는 의미, neither는 둘 다 아니다, 싫다는 "부정"의 뜻을 가지게 됩니다.

no, none 관련 수의 일치 | 문법 중요도 ★★★

아무도 모를 일이지.
No one knows.

연설 도중에는 질문하면 안됩니다.
No questions are allowed during the speech.

◯ no + [단수명사](one)는 단수 취급(knows), no + [복수명사](questions)는 복수 취급(are).

그 사람들 중 아무도 맹인을 돕지 않았다.
None of them has[have] helped the blind man.

◯ none에 연결되는 동사는 단수 취급(has)하는 것이 원칙이지만, 구어체에서는 복수 취급(have)을 하기도 합니다.

B either, neither 기타 주의할 쓰임

문법 중요도 ★★★

버스나 지하철 중 어떤 것이든 거기로 가지.
<u>Either</u> buses <u>or</u> the subway will take you there.

◯ either ~ or는 '둘 중 하나는 된다'는 뜻인데 그 기본 형태에 주의하세요.

버스나 지하철 중 어떤 것도 거기는 안 가지.
<u>Neither</u> buses <u>nor</u> the subway will take you there.

◯ neither ~ nor(둘 다 안 된다)는 짝을 이루니까 or를 쓰지 않도록 주의하세요.

A: 난 스페인어는 못해.　　A: I can't speak Spanish.
B: 나도 못해.　　　　　　B: I can't <u>either</u>. / <u>Neither</u> can I.

◯ either와 neither는 부정문에서 '~도 역시 아니다'(also not)라는 의미를 나타냅니다.

말할 때 실수하기 쉬운데, no 다음에는 명사(I have <u>no</u> money)가 나와야 하고, no 대신 not을 쓰면 안 됩니다(✗I have <u>not</u> money). 또, none은 no one의 의미이니, 뒤에 바로 명사가 오지 않고 none of [명사]의 형태로 사용해야 합니다(None of them~). 이 때 개별성이 강조되기 때문에 동사는 단수(has)가 맞지만 구어체에서는 복수(have)도 쓰이죠. 더불어 either와 neither는 주어로 쓰일 때에는 단수 취급하지만 (Neither of us <u>speaks</u> Spanish) none은 구어체에서는 복수 의미(speak)로 쓰입니다.

no와 관련해서는 no 뒤에 나오는 명사에 따라 동사의 수를 맞춰주는 수의 일치 문제가 가장 많이 출제됩니다. either와 neither가 쓰일 때 동사형을 묻는 문제 역시 공무원 시험 등에서 빈도가 있죠. 하지만 최근에는 neither가 필요한 자리에 either를 써 놓고 고치도록 하거나, neither ~ ✗or처럼 잘못된 짝을 지어 놓고 고르게 하는, 이런 표현들의 기본 형태를 충실히 알고 있는가를 묻는 문제가 가장 빈도 높으니 주의하세요.

연습문제

다음 문장에서 밑줄 친 부분이 맞으면 O, 틀리면 X로 표시하시오.　　(정답 확인 p.158)

1. No plans <u>has been made</u> about our vacation. (　)
2. I have <u>not</u> money right now. Can I borrow some? (　)
3. Either text me <u>nor</u> give me a call tomorrow. (　)
4. Sandra speaks neither German <u>or</u> French. (　)

정답

Class 12. 대명사

Grammar Point 56. 인칭대명사 & 의문대명사
1. I
2. him
3. where the elevator is
4. O

Grammar Point 57. it의 주요 쓰임
1. It
2. found it difficult
3. It is
4. O

Grammar Point 58. so vs. such vs. same
1. such
2. so
3. that
4. the same

Grammar Point 59. one, another, other 기본 개념
1. other
2. the other
3. others
4. O

Grammar Point 60. no, none, either, neither 기본 쓰임
1. have been made
2. no
3. or
4. nor

Class

13

형용사

Grammar Point 61-65

〈궁금해요? 명사의 정체를 알려 줘!〉

여러분, 친구가 누구를 소개해 준다고 했을 때, 그 사람이 매력적인가?, 키는 큰가?, 성격은 좋은가? 등등 많은 것들이 궁금해질 것입니다. 이렇듯 명사에 대한 부가적이고 구체적인 정보를 제공해 주는 역할을 하는 것이 바로 형용사인데요. 형용사는 a pretty girl처럼 명사 앞에 올 수 도 있고(한정적 용법), She's pretty처럼 동사 다음에 올 수 도 있습니다(서술적 용법). 또 late와 같이 위치에 따라서 그 의미가 달라지는 경우도 있지요. 하지만 역시 중요한 것은 어떤 용법인가 하는 문법 용어와 분류 자체가 아니라 어떤 식으로 명사에 대한 부가정보를 줄 수 있는지 쉬운 예문을 통해서 정리하는 것입니다. 다음에서 살펴보기로 하시죠.~

Grammar Point 61 형용사 + 명사

명사 앞에서 명사를 말하다

세상 모든 것의 이름(명사)을 말할 수 있게 되면, 그 다음에는 대상 하나하나의 상태나 성질을 표현하고 싶어지겠죠? 이렇게 어떤 대상의 상태나 성질을 나타내는 말이 바로 형용사인데, 가장 기본이 되는 위치는 설명하고 싶은 대상인 "명사의 앞"입니다. "차가운" 도시 남자, "해맑은" 표정과 같이 말이죠. 형용사는 다양한 형용사를 익히는 것이 중요하고, 그 쓰임은 그렇게 복잡하지 않지만, 형용사들의 순서나 숫자 관련 표현들은 주의 깊게 보아두세요.

Key Point 형용사 + 명사

저기 두 명의 키 크고 예쁜 젊은 미국 여자들을 봐!
See those two tall pretty young American girls!

- 형용사가 한꺼번에 여럿 올 때 순서가 있는데요, "기수(two) + 대소(tall) + 모양(pretty) + 신구(young) + 유래(American) + 명사"의 순서인데, 이것을 공식처럼 외우는 것은 정말 위험합니다. "명사의 속성을 가장 잘 보여 주는 것이 명사 가까이에 온다"는 원리를 기억하면 되는데요, 예를 들어 tall과 young은 서로 비교해 보았을 때 멀리 있어도 알 수 있는 속성이 tall이지만, 가까이 보아야 알 수 있는 속성이 young이므로 tall보다는 young이 명사에 가깝게 있는 거죠. 물론 예문을 입에 붙여 반복 연습하는 것이 제일 좋은 방법이고요.

서점에서 200년 된 서적을 발견했어. **I found a 200-year-old book at a bookstore.**

- 200년(200 year) 된(old) 책(book)처럼 명사를 꾸며 줄 때는 복수형(years)은 쓰면 안 됩니다.

이게 내가 찾고 있던 바로 그 책이야. **This is the very book I was looking for.**

- very는 '아주'가 아니라, '바로 그'(the very)라는 뜻인데 명사 앞에서만 쓰이죠.

A 숫자 관련 주의

그 책은 7백만 부 넘게 팔렸어.
More than 7 million copies of the book were sold.

- 구체적인 숫자가 언급되면 단위(million)는 단수로 표현합니다. 7 millions는 틀립니다. 반대로 막연히 millions of people(수백만 명의 사람)과 같은 경우는 –s가 꼭 있어야 하죠.

런던행 비행기 235편 탑승객은 7번 출구로 가 주시기 바랍니다.
Passengers on [✗ a / ✗ the] Flight 235 to London should go to [✗ a / ✗ the] Gate 7.

- 순서가 아니라 고유번호를 밝혀 줄 때에는 관사 없이 쓰는데, ✗the Gate 7, ✗a Gate 7처럼 쓰면 틀립니다.

엘리자베스 여왕 1세, 에드워드 3세, 제1차 세계 대전
Queen Elizabeth the First, Edward the Third, The First World War.

◐ 이런 표현들의 정관사의 위치도 주의하세요.

회화에서 1/3(=one third), 3/5(=three fifths)와 같은 분수의 경우, 분자는 기수로 분모는 서수로 읽습니다. 그리고 연도 2020년 5월 5일은 May fifth(혹은 five), two thousand(단수임에 주의) twenty라고 읽고, 마지막으로 화폐 $59.20은 fifty nine dollars and twenty cents(복수임에 주의)와 같이 읽으니까 말할 때 부드럽게 나오도록 연습해 두세요.

형용사의 순서를 섞어 놓고 맞게 고치는 문제, 그리고 숫자가 포함된 표현이 명사를 꾸며 줄 때 ✕a six-years old boy처럼 year를 복수형으로 만들어 놓고 틀린 것으로 골라내는 문제도 출제빈도가 높습니다. 또한, 구체적인 숫자가 언급되면 복수형 -s가 붙지 않는 hundred와 같은 단어들도 아주 빈번하게 출제되며 (two "hundred" books), 일상생활에서 쓰이는 숫자가 포함된 명사를 어떻게 읽는가에 관련된 문제의 출제빈도가 높아지고 있습니다. ✕the Chapter one (the 빼야 함) 혹은 ✕first chapter(앞에 the 붙여야 함)처럼 틀린 것을 고르는 문제가 대학원 시험에 자주 등장합니다.

연습문제

다음 문장에서 밑줄 친 부분이 맞으면 O, 틀리면 X로 표시하시오. (정답 확인 p.170)

1. My three-years-old daughter is potty-trained. ( )

2. Do you mind if I ask you a personally question? ( )

3. Check out those beautiful Korean three cars. ( )

4. We've got two thousands people for this concert. ( )

Grammar Point 62 동사/명사 + 형용사
동사 뒤에서 주어를 말하다

어떤 대상의 상태나 성질을 이야기할 때, "차가운" 도시 남자라고도 말할 수 있지만, 도시 남자는 "차갑다"고 표현할 수도 있죠. 영어에서도 마찬가지로 a cool guy(멋진 남자)라고 할 수 있지만 He's cool(그는 멋있어)과 같이 표현할 수도 있는 것처럼요. 이렇게 형용사는 동사 뒤에 나올 수도 있는데, alive(살아 있는), afraid(두려워하는)와 같은 형용사는 영속하는 특징이 아니고 순간적인 속성이기 때문에 명사 앞에는 쓰이지 않고 동사 뒤에만 나옵니다.

Key Point 동사/명사 + 형용사   문법 중요도 ★★★★

조는 취해 보였고, 지금은 잠들어 있어.
Joe looked drunk and now he's asleep. (cf. ✗ asleep Joe)
- drunk, asleep이 동사(look, is)의 보어(보충해 주는 말)로 he의 상태를 보여 줍니다.

나 중요한 할 말이 있어.
I've got something important to tell you.
- -thing, -body로 끝나면 형용사는 "명사 뒤"로 갑니다.

A 위치에 따라 의미가 달라지는 형용사   문법 중요도 ★★★★

죽은 아트 파머를 위한 공연이 금요일이잖아.
The concert for the late Art Farmer is on Friday.

우리 그거 늦으면 안 돼.
We shouldn't be late for it.

- the late + [명사]는 '고(故), 죽은' 사람을 의미하고 be late은 '늦은' 것을 의미합니다. 명사 앞에 쓰일 때와 그렇지 않을 때 의미가 달라지는 것으로는 그 밖에 certain(어떤/확신하는), present(현재의/참석한), concerned(염려하는/관계된), absent(정신 나간/결석한)와 같은 단어들이 있습니다.

B 기타 주의할 쓰임들   문법 중요도 ★★

나한테 그렇게 잔인하게 대하지 마.
Don't be cruel to me like that.

◐ cruel(잔인한)처럼 동작의 느낌이 포함되어 있는 형용사는 명령형으로 쓰일 수 있습니다. 반면 ✕ Be tall(커져라)은 동작의 느낌이 없어 이렇게 쓰이지 않습니다.

우리 책이 당신들 것보다 (✕더) 완벽하지.
Our book is (✕more) perfect than yours.
◐ 이미 최상의 뜻인 perfect은 unique(특이한), utter(전적인), absolute(절대적인)와 마찬가지로 원칙적으로 비교급에 쓰이지 않지만, 구어체에서 강조를 위해 쓰이기도 하죠.

회화 포인트

asleep은 절대 명사 앞에 쓰이지 못하고 항상 동사 다음에만 쓰이는데, 이것을 서술적 용법이라고 합니다. afraid(두려운), alike(닮은), alone(혼자인), awake(깨어있는), aware(지각하는), alive(살아 있는), ashamed(수치스러운)처럼, 주로 a-로 시작하는 단어들이 이렇게 쓰이죠. 참고로 그 이유를 살펴보면, 명사 앞에 쓰이는 형용사는 그 명사의 영구적인 속성이나 특징을 보여 주어야 하는데, 앞의 형용사들은 전부 일시적인 속성을 보여 주기 때문입니다. 예로 잠드는 것(asleep)이 항상 그런 영구적 속성은 아니죠.

출제 포인트

모든 종류의 시험에 가장 출제빈도가 높은 것이 바로 서술적으로 쓰이는 형용사를 한정적으로 쓰이는 것처럼 혼동시키는 문제입니다. 예를 들어 like + [명사](~처럼)와 be alike(흡사하다), live + [명사](생중계의, 살아있는)와 be alive(살아 있다)처럼, 비슷해 보이지만 쓰임은 반대인 것을 문제의 포인트로 잡습니다. 참고로 I'm American처럼 국적을 말할 때에는 관사가 붙지 않는다는 것도 주의해야 합니다. 마지막으로 ✕cold something과 같은 틀린 표현을 제시하는 형용사 위치 파악 문제의 출제빈도도 높습니다.

연습문제

다음 문장에서 밑줄 친 부분이 맞으면 O, 틀리면 X로 표시하시오. (정답 확인 p.170)

1. You're not lone in thinking she's picky. (   )
2. She is satisfied with her present job. (   )
3. John and Johnson are twin brothers and they look like. (   )
4. Call me ASAP if urgent something comes up. (   )

형용사 + 전치사

형용사마다 단짝 전치사가 달라

영어에는 우리말과 다른 점이 여럿 있지만, 그중 하나가 바로 "전치사"일 것입니다. 우리말과 느낌이 일대일로 연결되지 않는 것들도 많아 전치사를 자유자재로 사용하기까지는 시간과 노력을 좀 투자해야 하죠. 이 자리에서는 interested "in"~(~에 관심이 있는), proud "of"~(~이 자랑스러운) 등과 같이 형용사와 단짝을 이루는 전치사들을 살펴볼 예정인데, 각 전치사의 기본 개념과 형용사의 의미를 연결시키다 보면 생각보다 쉽습니다.

Key Point 형용사 + 전치사

탐은 시험 결과에 대해 걱정이다.
Tom is worried about the test results.

○ 걱정은 보통 이것저것(about) 많이 하기 때문에 about이 어울립니다.

팸이 어제 나를 바람맞혔는데, 그 애한테 화가 나.
Pam stood me up yesterday and I'm mad at her.

○ 감정의 표시는 한 지점으로 표출되죠. 그래서 점의 느낌인 at이 어울립니다.

A 다양한 전치사들

나는 네가 한 짓이 정말 수치스러워.
I'm really **ashamed of** what you did. [존재의 of]

밥은 자기 어머니에게 너무 의존적이야.
Bob's so **dependent on** his mother. [의존의 on]

이 사람이 우리의 생존에 필수적이라는 것을 깨달아야만 해.
We have to realize this man is **essential to** our survival. [관계의 to]

학생들은 시험 결과에 상당히 만족해 해.
Students are quite **satisfied with** their exam results. [만족, 행복의 with]

B 전치사가 없는 경우   문법 중요도 ★★★

이 책은 여러 번 읽을 만한 가치가 있어.
This book is worth reading many times.

◯ worth는 다음에 명사나 동명사(-ing)를 취합니다. worth처럼 뒤에 명사를 바로 취하는 단어는 near(~에 가까운), busy(~로 바쁜), like(~처럼), unlike(~와는 달리) 등이 있습니다. Like father, like son(부전자전)처럼요.

그는 쌘디하고 데이트하는 데 관심이 있어.
He's interested in going out with Sandy.

◯ 관계, 관여의 뜻을 갖는 in이 쓰였습니다.

형용사의 성격에 따라 함께 쓰이는 전치사가 다른데요. 보너스 페이지의 단어들을 통해 잘 정리해두면 회화에서 아주 유용하게 잘 쓸 수 있습니다. (※ p.217 참고)

시험에 매년 빠지지 않고 출제되는 문제가 바로 형용사에 어울리는 적절한 전치사를 고르는 문제일 겁니다. 특히 in, at, for가 빈도가 높습니다. 또, worth(~할 가치가 있다)와 같이 뒤에 전치사가 필요하지 않은 형용사 다음에 빈칸을 만들어 놓고 알맞은 동사의 형태(reading)를 맞추게 하는 문제도 출제빈도가 상당히 높습니다.

연습문제

다음 문장에서 밑줄 친 부분이 맞으면 O, 틀리면 X로 표시하시오.   (정답 확인 p.170)

1. I'm so proud to you. (   )

2. That movie is worth watch at least once. (   )

3. I think I'm good at snowboarding as well as swimming. (   )

4. He is responsible to the entire sales department. (   )

형용사 + to부정사/that절

좀더 부연설명 하고 싶다면 to부정사로

형용사의 상태나 성질을 좀더 부연 설명해 주려면 어떻게 해야 할까요? 예를 들어 ready라는 형용사는 '준비되어 있는' 상태를 말하는데, "주문할" 준비가 되어 있다거나 "출발할" 준비가 된 상태를 나타내고 싶으면, to부정사를 사용해서 ready "to order," ready "to leave"와 같이 말할 수 있습니다. 또한, to부정사보다 더 길게 that을 사용하여 I'm glad (that) you made it(네가 성공해서 기뻐)과 같이 말할 수도 있지요. 이런 유용한 표현들, 함께 연습해 볼까요.~

Key Point 형용사 + to 부정사/that 절   문법 중요도 ★★★

간헐적 단식으로 감량하는 것이 쉽다.
It's easy to lose weight with IF.   *IF: 간헐적 단식 (Intermittent Fasting)

○ 무엇이 쉬운(easy) 거죠? 바로 몸무게를 줄이는 것(to lose weight)이죠.

그가 사임을 할 게 확실해.
It's certain[✗easy] that he will resign.

○ 무엇이 확실하다(certain)는 거죠? '그가 사임한다'는 그(that) 내용이죠. 이때 어떤 사실이 확실할 수는 있어도, 쉬울 수는 없으니까 easy는 that~과 어울리지 않습니다.

A 형용사 뒤에 to와 that~이 다 올 수 있는 경우   문법 중요도 ★

한 달 내로 새 직장에 들어가는 건 불가능해.
It's **impossible to** land a new job within a month.

○ impossible 등의 뒤에는 to부정사가 주로 많이 쓰입니다.

그가 이제 우리 편이 될 수도 있다는 건 가능하지.
It's **possible that** he could be on our side now.

○ 문맥에 따라 뒤에 that~을 쓸 수도 있습니다.

B that 절의 동사 주의

그가 그렇게 빨리 운전할 리가 없는데.
It's strange that he should drive that fast.

◎ strange는 뒤에 that~이 올 수 있고, 그 안의 should는 의아함을 말해 줍니다.

그가 담배를 끊고 조깅을 시작하는 것이 중요해요.
It's important that he stop smoking and start jogging.

◎ important + [that절] 구조에서 that절 안의 동사는 인칭, 시제와 관계없이 강조를 위해 원형(stop, start)을 쓰죠.

proud, afraid, certain, sure, likely(~할 것 같은) 등은 뒤에 to부정사나 that절 둘 다 올 수 있지만, easy, difficult는 뒤에 that절이 올 수 없습니다. 이유는 that 이하가 어떤 사실을 지칭하는데(그래서 that) 그런 사실이 확실할 수는 있어도 쉽거나(easy) 어려울(difficult) 수는 없기 때문입니다. 한편, strange, surprising, odd(이상한)와 같은 감정을 보여 주는 형용사 뒤 that절 안의 should는 "의아함, 의심"을 보여 주고, important, necessary, vital(필수적인), essential, required(꼭 있어야 하는)와 같은 "해야 한다"는 느낌을 주는 형용사 뒤 that절 안의 동사원형은 그 행동이 반드시 이루어져야 함을 강조하기 위해 일부러 시제의 법칙을 어긴 경우입니다. (※ Class 10. 일치/화법 참고) 이때 동사 원형 앞에 should를 쓰는 형태는 영국식 영어에서 많이 보입니다.

TOEFL, TOEIC에서는 I'm proud to present(소개하게 되어 자랑스럽습니다)와 같이 형용사 뒤에 to부정사가 나오는 대신 I'm proud ✕presenting처럼 해 놓고 틀린 부분을 골라내라는 문제가 자주 등장합니다. 반면 대학원, 고시, 기업체 시험에서는 [B]의 마지막 문장처럼 "중요함. 의무감"을 보여 주는 형용사 다음의 that절 안에 동사의 원형이 등장하는 것이 가장 시험에 빈번하게 나옵니다. [B]의 첫 번째 문장은 고난이도의 문제로 가끔 출제되니까 should가 쓰이는 경우의 뜻(의아함/의심)을 잘 정리해 두어야 하고요, 마지막으로 Key Point의 두 번째 문장처럼 that절과 함께 쓰이지 못하는 easy가 공무원시험에 출제된 적이 있습니다.

연습문제

다음 문장에서 밑줄 친 부분이 맞으면 O, 틀리면 X로 표시하시오. (정답 확인 p.170)

1. It's easy that you miss the key point here. (   )

2. It's safe saying that the crisis period is over. (   )

3. It is important that he come on time. (   )

4. It is strange that she should take the test again. (   )

Grammar Point 65 의미 주의 형용사
모양은 비슷해도 뜻은 달라

형용사는 to부정사를 다루거나 시제를 선택하는 것만큼 문법적으로 다양한 쓰임이 있는 것은 아닙니다. 오히려 개별 단어들의 의미를 알아두는 것이 중요한데요, 모양이 비슷하게 생겨서 의미를 혼동하기 딱 좋은 단어들이 있습니다. 어원이 같기 때문에 모양이 비슷해진 것이지요. 예를 들어 success(성공)라는 단어에서 나온 successful은 '성공적인' 것을 의미하지만 successive라고 하면 '연속적인' 것을 의미하는 것과 같이요.

Key Point 의미에 주의해야 할 형용사   문법 중요도 ★★★★

그는 **연속되는** 세 건의 일을 아주 **성공적**으로 이끌었다.
He's made three **successive** projects really **successful**.

- successive[썩쎄씨브]는 '연속되는,' successful[썩쎄스펄]은 '성공적인'이란 뜻이죠.

이 계획이 철저히 **비밀이라는** 것을 난 **확신해**!
I'm **confident** that this project is strictly **confidential**.

- confident[컨피던트]는 '자신 있는,' confidential[컨피덴셜]은 '기밀의'라는 뜻입니다.

 의미 구별이 필요한 다양한 형용사들   문법 중요도 ★★★

우리는 모두 각자 자신의 팀을 응원한다.
We all root for our <u>respective</u> teams.

잉글리시 프리미어리그에서 제일 존경할 만한 감독이 누구라 생각해?
Who do you think is the most <u>respectable</u> coach in EPL?

- respective는 '각자의,' respectable은 '존경할 만한'이라는 뜻.

그는 그 문제에 민감해. 옛날 일 언급하지 말라구.
He's <u>sensitive</u> about that. Don't mention the old days.

그건 나한테는 별로 분별 있는 것 같이 들리지 않네.
That doesn't sound <u>sensible</u> to me.

- sensitive는 '민감한,' sensible은 '분별 있는, 합리적인'이라는 뜻.

피터는 믿을 만하지 못해.
Peter is not credible.

그는 그녀의 잘 속는 태도를 이용해 먹어.
He takes advantage of her credulous attitude.

◯ credible은 '믿을 만한,' credulous는 '잘 믿는, 잘 속는'이라는 의미.

회화 포인트

어원이 비슷하지만 뜻이 다른 형용사들인데요. 여러분의 말하기 실력을 늘려 줄 유용한 단어라고 생각하고 그냥 입에 붙이면 제일 도움이 됩니다.

considerable (상당한)	considerate (사려 깊은)	
respectful (공손한)	respective (각각의)	respectable (존경할 만한)
sensitive (민감한)	sensible (분별 있는)	sensual (육감적인)
practical (실용적인)	practicable (실행 가능한)	
historic (역사적인)	historical (역사의)	
imaginable (상상 가능한)	imaginative (상상력이 풍부한)	
beneficial (유익한)	beneficent (인정 많은)	

출제 포인트

공무원, 고시/사시 같은 국가시험에 imaginable, imaginative, sensitive, credible 등의 의미를 구별하는 문제가 나온 적 있습니다. 기업체 시험에서도 자주 등장하는 문제 유형인데 respective가 많이 나왔고, TOEFL에서는 historic이 출제된 적 있습니다. 앞으로도 계속해서 나올 가능성이 높은 문제 유형이므로 각 형용사의 차이점을 잘 정리해 두세요.

연습문제

다음 문장에서 밑줄 친 두 단어 중 어울리는 것을 고르시오.   (정답 확인 p.170)

1. You need to show that you are (a. sensitive / b. sensible) to her feelings. (   )

2. He is really nice, (a. considerable / b. considerate) and understanding. (   )

3. It is up to the (a. respectful / b. respective) school authorities to handle them. (   )

4. Our team has won five (a. successive / b. successful) games. (   )

5. It's (a. confidential / b. confident) so keep it between you and me. (   )

정답

Class 13. 형용사

Grammar Point 61. 형용사 + 명사
1. three-year-old
2. personal
3. those three beautiful Korean cars
4. two thousand

Grammar Point 62. 동사/명사 + 형용사
1. alone
2. O
3. alike
4. something urgent

Grammar Point 63. 형용사 + 전치사
1. proud of
2. watching
3. O
4. responsible for

Grammar Point 64. 형용사 + to부정사/that절
1. to miss
2. to say
3. O
4. O

Grammar Point 65. 의미 주의 형용사
1. a. sensitive
2. b. considerate
3. b. respective
4. a. successive
5. a. confidential

Class
14

관사/한정사

Grammar Point 66-70

〈인간 소유욕의 산물!〉

주문서나 설명서가 아니더라도 일상생활 속에서도 물건이나 사람을 구체화해서 말해야 하는 경우는 꽤 있습니다. 예를 들어 사과를 살 때 콕 집어 "몇 개"를 달라고 한다든가, 파티에 "꽤 많은" 사람이 왔다든가 하는 식으로 말입니다. 이렇게 명사(생물, 무생물)를 구체적으로 한정하는 역할을 하는 것이 바로 "한정사"입니다. 예를 들어 명사를 하나의 개체로 개별화하고 싶을 때 붙이는 것이 관사(부정관사 a, 정관사 the), 개수를 구별하는 것이 수량형용사, 소유를 보여 주면 소유형용사, 관계를 밝혀주면 관계형용사 등이 그것이죠. 분류를 하다 보니 종류가 상당히 많아 보이지만, 늘 이야기하듯 문법 용어보다는 이러한 것들이 일상 대화에서 어떻게 쓰이고 어떤 것이 빈도 있게 많이 쓰이는가 하는 예를 알아두는 것이 훨씬 더 효과적입니다. 한정사라는 말에 너무 얽매이지 마시고 일단 한번 예문을 들여다 보시죠.~

부정관사 a/an

막연한 하나를 나타낼 때

우리말에서는 숫자를 크게 괘념치 않고 말하는 경우가 많아서, 애완동물로 고양이를 키운다고 말할 때 한 마리를 키우든 세 마리를 키우든 그냥 "고양이를" 키운다고 말하는 것이 일반적입니다. 그런데 영어에서는 I have "a cat" 혹은 I have "cats"와 같이 하나인지 여럿인지를 반드시 구분해 주죠. 이때 "하나"임을 나타내 주는 것이 a/an인데, 정해지지 않은 막연한 것, 구체적으로 지정되지 않은 것을 나타냅니다.

Key Point 부정관사 a/an   문법 중요도 ★

정말로 굉장한 저녁이었어.
It was such an awesome dinner.
- a는 하나(one)라는 뜻으로, 모음으로 시작하는 단어(awesome) 앞에서는 an으로 바뀌죠.

일주일에 얼마나 자주 운동을 해?
How often do you work out a week?
- a는 기간 표현과 함께 쓰이면 '그 기간 동안에'라는 per의 의미로도 쓰입니다.

A a/an의 다양한 쓰임   문법 중요도 ★★★

나는 일주일에 세 번 정도 조깅해.   I jog three times a week.
- a가 per(~당)의 의미.

그들은 둘 다 똑같다.   They are two of a kind.
- a가 same(똑같은)의 의미.

남자라면 남자가 해야 할 일은 해야 해.   A man has to do what a man has to do.
- a man이 남자의 대표격, 종류 전체를 나타냅니다.

B 순서에 주의할 쓰임   문법 중요도 ★★★★

어떻게 이런 우연이!   What a coincidence!

팀은 너무나 똑똑한 친구라, 그 어떤 것이든 다 해결할 수 있지.
Tim is such a smart guy so he can handle anything.

◐ What a [형용사] [명사]는 '어떻게 이렇게 ~한 ~가 있지!' '너무나 ~하구나!'라는 감탄문입니다. such a [형용사] [명사](너무나도 ~한 ~) 역시 a/an의 위치에 주의하고요.

지난주에 새 차를 한 대 샀어. 현대 차야.
I bought a new car last week. It's a Hyundai.

◐ 상대방도 알고 있는 특정한 차가 아니니까 a car로 하나임을 나타냅니다. Hyundai는 원래 고유명사이지만 a Hyundai와 같이 말하면 '현대 자동차 한 대'를 말합니다.

dinner와 같은 명사는 무엇이 저녁식사인지 하나를 콕 집어서 개체화할 수 없어서 그냥은 a나 the를 붙일 수 없지만, 앞에 형용사가 오면 a wonderful dinner처럼 a(부정관사)가 쓰일 수 있습니다. 또한, such는 지시성이 강해서 관사(a) 뒤가 아니라 관사 앞에서 such [관사] [명사]의 순서를 이룹니다. such와 같은 순서의 단어로는 quite(꽤), rather(다소), what(감탄문에서 '정말'이라는 뜻)이 있죠. 반면, How는 How large a room do you want?(얼마나 넓은 방을 구하세요?)와 같이 a(관사)보다 large(형용사)가 먼저 쓰이는데, 이런 순서로 쓰이는 단어에는 too(너무나도), as(~만큼, ~처럼), so(그렇게)가 있습니다. 무조건 외우려고 하지 말고 나올 때마다 실제로 소리내어 말해보세요!

모음으로 시작하는 단어 앞에 an을 쓴다는 문제가 쉬워 보이지만 TOEIC, TOEFL에 종종 출제되고, 고시, 기업체 시험에서는 의미가 비슷한 such와 so를 혼동시켜 관사의 위치를 묻는 문제가 가장 많이 등장합니다. 더불어 종종 a가 per(당)의 뜻으로 쓰이는 것을 알고 있는가를 a week, the week, week와 같이 엇비슷한 보기들을 주고 답을 a week로 고르게 하는 문제도 종종 출제되고요.

연습문제

다음 문장에서 밑줄 친 부분이 맞으면 O, 틀리면 X로 표시하시오. (정답 확인 p.182)

1. Take this medicine three times the day. (   )
2. It's so beautiful watch; it looks like an artwork. (   )
3. They say love is such crazy thing, but I don't think so. (   )
4. What an wonderful world it is! (   )

정관사 the
특정한 것을 콕 집어 말할 때

막연한 것 하나, 불특정 다수 중의 하나를 a/an으로 표현하는 한편, 상대방과 내가 '아, 그거 말하는 거구나'하고 특정한 대상을 함께 떠올릴 수 있을 때는 the를 사용합니다. 그래서 Can I borrow "a" pen?이라 말하면 그냥 아무거나 갖고 있는 펜을 하나 빌려 달라는 얘기지만, Can I borrow "the" pen?이라고 하면 다른 펜 말고 특정한 펜, 상대방과 내가 둘 다 알고 있는 "바로 그" 펜을 빌려 달라는 얘기가 되죠.

Key Point 정관사 the   문법 중요도 ★★

네가 시간당 급여를 받는 유일한 사람이야.
You're the only person who gets paid by the hour.
 정해진(the) 유일한 하나(only)임을 말하려고 the, 정해진 시간당이라서 the hour죠.

여기 학생 모두가 피아노를 칠 수 있어.
All (of) the students here can play the piano.
 정해진 학생들이라 a가 아니라 the를 썼고요, 악기 앞에도 정관사 the를 씁니다.

A 특정한 것을 나타내는 the의 여러 예   문법 중요도 ★★★

손을 성경책 위에 올려 놓으세요.
Put your hands on the Bible.
 성경처럼 유일한 것엔 the를 붙입니다.

죽은 그를 살려낼 수는 없어.
You can't get him back from the dead.
 the dead(죽은 자들)는 the + [형용사]의 구조로 복수명사(죽은 사람들)의 뜻을 나타내 줍니다. the rich(부자들), the poor(가난한 자들)처럼 활용해 보세요.

대통령이 모니카의 얼굴을 뚫어지게 쳐다 보았다.
The President looked Monica in the face.
 관직이나 칭호 앞, 신체의 일부분을 나타내는 구문에도 the가 쓰입니다.

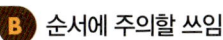 **순서에 주의할 쓰임**　　　　　　　　　　　　　　문법 중요도 ★★★★

다음 달부터 월급을 두 배로 받게 될 거야.
I'll get paid <u>double the salary</u> from next month.

◯ double은 of 없이 바로 정관사(the)가 오는데요. 이런 단어는 half(반), double(두배), twice(두 배), three times(세 배) 정도만 알고 있으면 됩니다.

파티에 있던 모든 사람들이 다 즐거워했어.
<u>All (of) the people</u> at the party had fun.

◯ all, both는 뒤에 of가 있어도 되고 없어도 됩니다.

 [A]의 마지막 문장처럼 신체와 관련된 구문은 the의 유무에 따라 의미가 달라집니다. 예를 들어 He looked at my face라고 하면 그냥 얼굴을 보았다는 뜻이지만, He looked me in the face라고 하면 "나한테 관심이 있어서, 혹은 주의를 끌려고" 나를 보았다는 식의 어감이 생깁니다.

 시험에 by the hour처럼 단위의 the를 초점으로 한 문제가 잘 출제됩니다. 이때 the 다음에 "단수명사"가 온다는 것도 유의하세요. 또 고시(사시)에서는 the dead처럼 형용사를 활용해 명사의 뜻으로 쓰이는 문제가 두 번이나 출제된 적이 있습니다. 이때 the dead는 The dead "are" ~처럼 복수 취급을 해야 한다는 것도 염두에 두시고요. 그 외에 악기 앞의 the, at the same time(동시에)의 the same, the first와 같은 요점들이 시험에 자주 나옵니다.

연습문제

다음 문장에서 밑줄 친 부분이 맞으면 O, 틀리면 X로 표시하시오.　　　　　(정답 확인 p.182)

1. Keep me updated <u>by hour</u>. (　)

2. Commuting is taking almost <u>half a day</u> for some workers. (　)

3. The divide between <u>riches and poors</u> is getting deeper. (　)

4. Let's play the piano and the guitar <u>at same time</u>. (　)

Grammar Point 68 무관사 / 속성, 기능 표시
지정하기 애매할 땐 아무 것도 붙이지 마

혼동되는 관사, 예를 들어 한 번 정리해 드릴게요. 닭장에 닭이 있는데, 그중 아무거나 상관없이 한 마리를 꺼내면 a chicken(닭 한 마리), 아무 닭이나 여러 마리를 꺼내면 chickens(닭 여러 마리), 그중에 특이한 닭이 있어 하나만 고른다면 the chicken(특별한 닭 한 마리), 특이한 닭이 많이 있다면 the chickens(특별한 닭 여러 마리)가 됩니다. 그런데 a, the, 복수형(-s)을 붙이지 않는다면 "하나의 개체가 아니라" 어떤 속성, 기능, 목적을 보여 주게 돼요. 그래서 chicken이라고 하면 '닭고기'를 말하고, 이것은 인간의 기준으로 보면 닭이 가지게 되는 기능이나 원래 목적이 되는 것이죠.

Key Point 무관사 / 속성, 기능 표시   문법 중요도 ★★★★

A: 점심으로 닭고기 어때?
B: 이미 거한 점심을 먹었어.

A: How about **chicken** for **lunch**?
B: I had **a big lunch** already.

○ 음식이라는 의미니까 chicken 앞에는 관사가 없죠. lunch도 보통 관사 없이 쓰지만 어떤 식사였다는 것을 알려 주는 형용사가 함께 쓰이면 부정관사(a)가 붙습니다.

다니엘은 비행기로 런던에 갔어.
그는 거기에 사업차 있어.

Daniel went to London **by plane**.
He's there **on business**.

○ 교통수단은 by + [무관사 명사]인데, 이것은 비행기(plane)의 속성을 보여 주기 때문에 관사 없이 쓰인 것이죠. on business(사업차)와 같은 표현도 같은 원리입니다.

A 관사가 붙지 않는 여러 예   문법 중요도 ★★★★

엄마, 저 아빠랑 이번 토요일에 하이킹 가요.
Mom, I'm going hiking with Dad **this Saturday**.

○ 부를 때(Mom), 가족의 경우(Dad), 요일 앞(Saturday)은 관사를 붙이지 않습니다.

탐은 내일 농구를 해서, 일찍 잠자리에 들었어.
Tom's **playing basketball** tomorrow, so he **went to bed** early.

○ play basketball과 같이 운동의 표현은 관사 없이 쓰고요, go to bed(잠자리에 들다)와 같이, 명사의 원래 목적이나 속성을 보일 경우에도 역시 관사가 없습니다.

그 여자가 일부러 커피를 쏟은 것 같아.
I think she spilt her coffee on purpose.

◐ on purpose(일부러)와 같이 관사를 쓰지 않는 표현은 속성, 기능, 목적과 관계 있죠.

앞서 말씀드린 대로, go to school(공부하러 가다), in class(수업 중), after work(퇴근 후)처럼 관사 없이 쓰이는 표현들은 모두 명사의 원래 기능이나 목적을 보여 줍니다. 또한 by bus, by car같은 교통수단이나 at night(밤에), out of order(고장 난), at ease(편안히), out of date(낡은), up to date(최신의), at first(처음에), in use(사용 중) 등과 같은 표현도 원래의 성질이나 속성을 보여 주기 때문에 관사가 쓰이지 않습니다. 또 take part in(~에 참가하다), take advantage of(~을 이용하다), keep track of(~을 뒤쫓다), take care of(~을 돌보다)와 같은 동사구에도 관사가 없는데요, '왜 이리 외울 게 많아!'라고 생각하지 말고 그 원리를 이해하고 많이 써보면 모두 여러분의 유용한 재산이 될 것입니다.

앞서 살펴본, 관사가 쓰이지 않는 여러 가지 경우가 모든 시험에 골고루 등장합니다. ×by the bus, ×in a use, ×play the football, ×go to the college(대학을 다니다)와 같이 관사가 필요없는 표현에 관사(a, the)를 일부러 붙여놓고 틀린 것으로 골라내는 형태죠. 또한 누구를 부를 때 생략되는 관사의 경우도 공무원 시험에 잘 등장하고, 〈회화 포인트〉에서 정리한 take advantage of, take part in 같은 것도 TOEFL, TOEIC에서 빠지지 않고 자주 등장하는 문제입니다.

연습문제

다음 문장에서 밑줄 친 부분이 맞으면 O, 틀리면 X로 표시하시오. (정답 확인 p.182)

1. He goes to a school at night. (   )

2. In New York, the fastest way you can get around is by subway. (   )

3. Here's my driver's license, the officer. (   )

4. I play the tennis with my friends every weekend. (   )

all, every, each, most, some, any
인간의 소유욕을 적나라하게 살펴보면

돈이나 소유물과 같은 경우, 우리는 숫자에 민감해지게 되죠. 인간의 소유욕이 만들어낸, 숫자를 한정하는 표현들을 함께 살펴봅니다. All books here are mine이라고 하면 여기 있는 책 100%가 내 것이고요, Almost all the books here are mine은 책의 95%가 내 것, Most of the books here are mine은 90%가 내 것, Some books here are mine이라고 하면 50% 미만의 책이 내 것이 됩니다. every와 each는 개별성을 강조한 후 전체 모두를 말할 때, any는 개별성에만 초점이 있어 문맥에 따라 전체 혹은 하나만을 뜻하기도 합니다.

Key Point all, every, each, most, some, any 의미 비교   문법 중요도 ★★★

여기 있는 모든 그림이 멋지다.   **All the paintings** here **are** great.
- 여기 있는 그림의 100%를 말합니다.

여기 있는 각각의 그림이 모두 멋지다.   **Every[Each] painting** here **is** great.
- 그림 하나 하나를 보고 난 후 전체 100%를 언급하는 느낌입니다.

여기 있는 대부분의[일부의] 그림들이 멋지다.   **Most[Some] paintings** here **are** great.
- most는 90% 정도를, some은 보통 50% 미만을 의미하죠.

여기 있는 그 어떤 그림도 멋지다.   **Any painting** here **is** great.
- '그 어떤 것을 골라봐도'처럼, 개별성이 드러납니다.

---

 all, both, every, each   문법 중요도 ★★★

여기 있는 모든 학생이[학생 둘 다] 음악회에 갈 거야.
All the students[Both students] here are going to the concert.
- all은 세 명 이상 '모두'를 의미하고, both는 '둘 중에 두 명 모두'를 의미합니다.

여기 있는 각각의 모든 학생이 음악회에 갈 거야.
Every[Each] student here is going to the concert.
- Every와 Each는 개별성이 합쳐진 전체이지만 동사는 단수(is)인 것에 주의하세요.

나는 이틀에 한 번씩 서점에 가.
I go to a bookstore every two days. (=every second day, every other day)
◯ two + [복수명사], second + [단수명사]에 주의. every other day는 '하루걸러'라는 뜻.

B almost, most, some, any 문법 중요도 ★★★

파티에 온 거의 대부분의 여자들은 화가야. Almost all the women at the party are painters.
                                        Almost every woman at the party is a painter.
◯ almost all + [복수](women), almost every + [단수](woman)는 같은 뜻. 동사 형태에 유의하세요.

차 좀 드시겠어요?	Would you like some tea?
카페인 없는 커피를 좀 주세요.	I'd like some decaf coffee.
혹시 질문이 있나요?	Do you have any questions?

◯ some(좀)은 권유문과 긍정문에, any(그 어떤)는 의문문과 부정문에 많이 쓰입니다.

Every song has its own feel(모든 노래는 나름의 느낌이 있다) 같이 every 다음이 사물일 경우는 이것을 가리킬 때 its로 받으면 되는데, Every student has his or her goals와 같이 사람인 경우에는 성별 때문에 문제가 되죠. 예전에는 his나 her를 쓰는 것을 시험에서 다루었으나, 최근에는 회화에서 his or her 대신, 의미에 중점을 두어 their라고 쓰는 경우가 더 많으니까 편하게 their라고 쓰면 됩니다.

우선 all과 both 다음에 복수 형태(students)가 온다는 것, 그리고 이때 동사의 일치(are)를 초점으로 한 문제가 많이 출제됩니다. every와 each의 경우 단수 취급을 해서 동사에 -s를 붙이거나, 소유격으로 its로 해야 한다는 것을 요점으로 한 빈칸 문제도 등장하죠. any가 부정의 느낌이 있는 글에, some이 권유나 긍정의 문장에 쓰인다는 것을 포인트로 한 빈칸 넣기 문제는 대학원, 공무원 시험에 잘 등장합니다. 마지막으로 almost all, almost every의 형태도 각종 시험에 고난도로 출제빈도가 꽤 있습니다.

연습문제
다음 문장에서 밑줄 친 부분이 맞으면 O, 틀리면 X로 표시하시오. (정답 확인 p.182)

1. Almost people in this city don't like him. (   )
2. There aren't some flowers in the room. (   )
3. Both student from your class passed the exam. (   )
4. Every stars in the sky seems to have its own color. (   )

Grammar Point 70 many/few, much/little vs. a lot of
많고 적음을 표시할 때

egg와 같이 셀 수 있는 명사는 many eggs라고 하지만, many water와 같이 '여러 개의 물'은 말이 안 되죠! '분량이 많은 물'을 나타낼 때는 much water라고 해야 합니다. 이렇게, 영어에서는 막연히 "많은" 혹은 "적은" 것을 나타내는 한정어들도 명사에 따라 구별해서 사용하는데요, 이것은 어떤 명사가 셀 수 있는지 없는지, 셀 수 있다면 하나인지 여럿인지를 밝혀주려는 서양문화의 개인성이 언어에 투영되었기 때문입니다. 함께 그 예를 살펴볼까요.~

Key Point many/few, much/little vs. a lot of 문법 중요도 ★★★

많은 사람들이[극히 적은 사람들이] 착용 가능한 스마트폰을 쓰죠.
Many people[Few people] use wearable smartphones.
- 셀 수 있는 명사는 many 혹은 a lot of로 '수가 많은' 것을 표현합니다.

가난한 사람들을 위해서 많은 돈이[많은 돈이/극히 적은 돈이] 필요하다.
Much[A lot of / Little] money is needed for the poor.
- 셀 수 없는 명사는 much 혹은 a lot of로 '분량이 많은' 것을 표현합니다.

A few vs. a few, little vs. a little 문법 중요도 ★★★

어젯밤 그 친구의 송별 파티에 온 사람이 거의 없었어.
Few people came to his farewell party last night.

오늘 저녁식사에 친한 친구들 몇 명 초대하거든.
I'm having **a few** close friends over for dinner tonight.

그것에 대해 약간 들어보긴 했지만, 보게 될 줄은 꿈에도 몰랐어.
Though I heard **a little** about it, **little** did I dream that I would see it.

- a few(몇몇의) 뒤에는 [셀 수 있는 명사]가, a little(약간의) 뒤에는 [셀 수 없는 명사]가 옵니다. a가 없는 few나 little은 "부정"의 뜻이 포함되어 '거의 없다'는 의미가 되니까 해석에 주의하고, 이때 not을 함께 쓰면 틀립니다.

B 기타 분량의 표현들

문법 중요도 ★★★★

지금 많은 아르바이트생이 필요해.   A lot of part-timers are needed now.
지금 많은 물이 필요해.   A lot of water is needed now.

○ 셀 수 있건(part-timers), 셀 수 없건(water) 모두 a lot of나 lots of로 많다는 의미를 표현할 수 있습니다. 이때 뒤의 동사는 의미에 따라 are나 is에 맞게 쓰면 되고요.

여러 가지 이유로 그와는 더 이상 일을 안 할 거야.
For various reasons[×reason] I won't work with him anymore.

○ 다양한(various)이라는 의미 때문에 뒤의 reasons(이유들)에 -s가 붙는 것에 주의.

many people(많은 사람들)과 같이 [셀 수 있는 명사]를 꾸며 주는 표현으로는 quite a few가 출제빈도가 높고요, a good[great] number of나 a good[great] many도 살짝 봐두세요. 반면 much water(많은 물)처럼 [셀 수 없는 명사]를 꾸며 주는 표현으로는 quite a little이 많이 쓰이고, a good[great] deal of나 a good[great] quantity of도 쓰입니다. 하지만 이 모든 것이 혼동되고 헛갈리면 그냥 a lot of, lots of, plenty of 딱 세 가지 중 마음에 드는 것 하나만 쓰면 됩니다. 물론 모두 '많다'는 뜻이고요. 참고로 much는 긍정문에서는 a lot of로 대치되어, I have ×much money가 아니라 I have a lot of money처럼 말해야 더 자연스럽습니다.

many와 much를 구분하는 문제가 가장 빈번하게 출제됩니다. 이어지는 명사 끝에 -s가 있는가를 확인하는 것이 관건이죠. 아니면 정답으로 a lot of(=lots of 많은)를 고르게 하는 문제도 자주 등장하고요. TOEIC, TOEFL에서는 slang(속어), information(정보), furniture(가구)와 같은 셀 수 없는 단어 앞에 many가 아니라 much를 쓸 줄 아는가를 묻는 문제도 나옵니다.

연습문제

다음 문장에서 밑줄 친 표현들 중 어울리는 것을 고르시오.   (정답 확인 p.182)

1. How (a. much / b. many) brothers and sisters do you have? ( )

2. There are (a. much / b. a few) questions I would like to ask you. ( )

3. There's (a. plenty of / b. many) furniture here for our children. ( )

4. Little is (a. not known / b. known) about the man. He's really mysterious. ( )

정답

Class 14. 관사/한정사

Grammar Point 66. 부정관사 a/an
1. a day
2. such a beautiful
3. such a crazy
4. What a

Grammar Point 67. 정관사 the
1. by the hour
2. O
3. the rich and the poor
4. at the same time

Grammar Point 68. 무관사 / 속성, 기능 표시
1. to school
2. O
3. officer
4. play tennis

Grammar Point 69. all, every, each, most, some, any
1. Almost all the people
2. any flowers
3. Both students
4. Every star

Grammar Point 70. many/few, much/little vs. a lot of
1. b. many
2. b. a few
3. a. plenty of
4. b. known

Class
15

부사

Grammar Point 71-75

〈궁금해요? 동사의 정체를 알려 줘!〉

"잘 자라"는 인사를 영어로 Sleep well이라고 하기도 하는데, 여기서 well은 '자다' (sleep)라는 동작에 구체적인 모습이 어떤가를 첨가하여 보여 주는 역할을 합니다. 이렇게 동작의 세부적인 내용을 밝혀 주고 보충해 주는 일을 하는 것이 바로 부사입니다. 동작의 빈도를 보여 주면 빈도부사, 위치를 구체적으로 알려 주면 위치부사, 일상생활과 연관시켜 생각해보면 그리 어렵지 않게 시간부사, 비교부사 등을 떠올릴 수 있습니다. 하지만 어떤 부사가 빈도부사인가 위치부사인가 구별하는 것이 중요한 것이 아니라, Class 14에서 본 형용사와 마찬가지로 뜻을 알고 쓰임을 아는 부사의 수를 늘리는 것이 중요합니다. 부사가 명사 이외의 것들, 즉 형용사나 부사, 동사, 때로는 문장 전체를 꾸며 줄수 있다는 사실도 기억하면서, 빈번하게 쓰이는 부사들을 살펴보기로 하겠습니다.

뜻에 주의할 부사
명사 빼고 다 꾸며줄 수 있다구!

부사는 참 많은 것들을 부연 설명해줍니다. He speaks "slowly"("천천히" 말한다)와 같이 [동사]를 부연 설명하기도 하고, [부사] 자체를 부연 설명하여 He speaks "very" slowly("아주" 천천히 말한다)와 같이 말할 수도 있습니다. 또한, He is "very" talented(그는 "아주" 재능이 있어)와 같이 [형용사]를 보충하거나 "Personally," I don't think so("개인적으로는" 그렇게 생각하지 않아)와 같이 문장 전체를 부연 설명하여 뜻이 잘 전달되도록 돕기도 하죠.

Key Point 뜻에 주의할 부사   문법 중요도 ★★★★★

아침을 **거의** 먹지 않았는데, **최근에는** 거르지 않도록 **많이** 노력해.
I **hardly** ate breakfast, but I try **hard** not to skip it **lately**.
> hard는 '열심히,' hardly는 '거의 ~하지 않다,' late은 '늦은,' lately는 '최근에'의 뜻.

꽤 장편의 소설이지만, **거의** 울 뻔했어.
It's a **pretty** long novel, but it **nearly** made me cry.
> pretty(예쁜)는 '꽤'로도 쓰이고, near는 '근처의,' nearly는 '거의'의 뜻.

A 부사의 수식 범위   문법 중요도 ★★★

A: 별일 없어?   A: What's **up**?
B: 꽤 잘 지내지.   B: I'm **pretty** good.

> What's up?의 up도 부사인데 용어보다 뜻(별일)에 주의하고요. pretty는 '예쁘다'라는 기본 뜻이 있지만 '꽤'라는 뜻의 부사로도 많이 쓰이니까 주의하세요.

최근에, 그는 시장에 출마하겠다고 언급했어.
Recently, he mentioned he would run for mayor.
> recently(최근에)가 comma(,) 다음의 문장 전체를 꾸며 주고 있죠.

거기서 머무는 동안 너를 볼 수 있었으면 좋겠네.
Hopefully I can catch you during my stay **there**.
> Hopefully(바라건대)는 문장 전체를 꾸며 주는 부사, there(거기서)는 장소부사.

키스는 연주를 꽤 잘해. 꽤 괜찮은 재즈피아니스트야.
Keith plays quite well. He's quite a good jazz pianist.

◐ quite은 꽤 잘해(quite well)처럼 부사(well)를 꾸며 주기도 하고, 꽤 괜찮은(quite good)처럼 형용사를 꾸며 주기도 합니다. 발음은 [콰잇]이고 quiet[콰이엇](조용한)과 혼동 금물!

그녀를 잊으려고 굉장히 열심히 애썼지.
I tried very hard[✗hardly] to get over her.

◐ hard는 형용사(열심히 하는)와 부사(열심히)의 형태가 동일하죠. 보통 -ly가 붙으면 부사인데, hardly는 '거의 ~하지 않다'의 뜻으로 not하고 함께 쓰이면 틀립니다.

보통 형용사에 -ly를 붙이면 부사가 되지만, hard, pretty처럼 형용사와 부사의 형태가 같은 경우도 있고, -ly를 붙이면 아예 의미가 달라지는 경우도 있죠. 알아두면 회화에 완전 도움되니 연습하세요.~

fast (빠른/빠르게)	early (이른/이르게)	very (바로 그/아주)
much (많은/훨씬)	well (좋은/잘)	straight (곧은/똑바로)
long (긴/얼마 동안)	far (끝쪽의/멀리)	pretty (예쁜/꽤)
hard (열심히)	hardly (거의~않다)	most (대부분의/매우)	mostly (대개)
late (늦은/늦게)	lately (요즘에)	near (가까운/가까이에)	nearly (거의, 대략)
deep (깊은)	deeply (매우)	high (높은/높게)	highly (아주, 고도로)

TOEFL, TOEIC에서는 쉽지만 기본적인. 예를 들어 ✗extreme good, ✗exceptional good처럼 -ly가 빠진 형용사 형태를 문장 속에 집어넣고 틀린 것으로 골라내게 하는 문제가 대부분입니다. 국내시험에서도 TOEFL의 문제경향을 많이 수용하여 ✗rightly now를 right now로 고치는 것이 고시에 출제된 적이 있죠. 특히 형용사와 부사가 형태는 같지만 뜻이 달라지는 단어들도 시험에 자주 등장하는 편입니다.

연습문제

다음 문장에서 밑줄 친 부분이 맞으면 O, 틀리면 X로 표시하시오.   (정답 확인 p.194)

1. He went over the report careful. (   )

2. I'm so deep moved by your story. (   )

3. I stayed up lately last night so I'm pretty tired now. (   )

4. She doesn't hardly eat meat. She's a vegetarian. (   )

빈도부사와 준부정어
위치만 주의하면 돼

부사는 기본적으로 꾸며 주고 싶은 말 앞에 옵니다. "very" cute girl(아주 귀여운: 형용사 앞), "too" slowly(부사 앞), "immediately" after work(전치사구 앞) 등과 같이 말이죠. 문제는 동사를 꾸며 줄 때인데, 많은 부사들의 경우 speak "slowly"와 같이 동사(speak)의 뒤에 부사(slowly)를 둡니다. 그러나 always(항상), often(자주), sometimes(가끔) hardly(거의 ~않다), never(전혀 ~않다) 등과 같이 빈도를 나타내는 부사는 "always" speak slowly와 같이 동사 앞에 오는데, 이는 정보 가치가 높은 표현을 미리 보여 주어야 뜻에 혼동이 없기 때문입니다.

Key Point   부사의 위치   문법 중요도 ★★★

나는 토요일에는 거의 집에 있지를 않지.
I hardly stay at home on Saturdays.
◯ hardly의 위치는 stay(머물다) 앞! hardly를 먼저 알려 주어야 뜻 파악에 용이하죠.

일요일에는 항상 집에 있지.
I'm always at home on Sundays.
◯ always의 위치는 be동사(am) 다음. I'm은 덩어리 표현이라 그 사이를 갈라 놓지 못하죠.

A 빈도 부사의 여러 모습   문법 중요도 ★★★

주말엔 거의 헬스장에 있어.   **I'm usually at the gym on weekends.**
난 언제나 너와 함께 있을 거야.   **I'll always be there for you.**

◯ 빈도를 나타내는 동사는 "일반동사의 앞"에 오지만, be동사일 경우에는 "be동사의 뒤"에 두어 말합니다. will 등 조동사가 있으면 "조동사 뒤"에 두어 말하고요.

B 준부정어   文法 중요도 ★★★★★

난 요즘 그와 거의 연락을 하지 않아.
I rarely stay in touch with him lately.

◯ little, few, seldom, hardly, rarely, barely, scarcely와 같은 준부정어는 자체가 이미 '거의 ~하지 않다'는 부정의 의미가 있어서 not과 함께 쓰이면 틀립니다. 이 일곱 개의 표현이 전부이니까 꼭 기억하시고요, 중요도는 little부터 뒤로 갈수록 떨어지죠.

C also, often, never

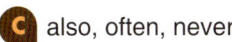

재키도 역시[자주; 전혀 못 받았어] 파티에 초대를 받았어.
Jackie has also[often; never] been invited to the party.

○ 부사 also(또한), often(종종), never(결코)는 has been 등과 같은 현재완료 형태에 함께 쓰이면 has 바로 다음에 옵니다. 위치를 외우지 말고 문장을 하나만 기억하세요.

그녀는 학생들을 시간제로 가르치기도 하는 가수야.
She is a singer who also teaches students part-time.

○ also(또한)는 일반 동사(teach)와 함께 하는 경우는 그(teaches) 앞에 둡니다.

동작의 횟수를 보여 주는 부사(sometimes, often, always, seldom, hardly…)는 "조동사와 본동사 사이"라고 외우면 사실 회화에서 전혀 기억이 나질 않습니다. 그런데 생각해보면 이유는 간단하죠. I hardly watch TV(TV를 거의 보지 않는다)에서 TV 시청(watch)보다, '않는다'(hardly)가 먼저 나와야 뜻 파악에 혼동이 없겠죠! 즉, 정보 가치가 높은 것을 먼저 보여 주려는 원리만 알면 위치는 자연스레 정리됩니다.

시험에서 가장 자주 나오는 형식이 바로 hardly와 같은 부정의 뜻을 포함하는 부사와 함께 not이나 never를 써놓고 고치게 하는 문제입니다. TOEIC, TOEFL에서도 ✗hardly never, ✗not seldom처럼 해놓고 틀린 것으로 골라내게 하는 시험이 가장 흔합니다. 고난도의 문제로는 has been invited와 같은 완료 형태에서 also나 never가 들어갈 적절한 위치를 묻는 것입니다. 이때는 조동사 has 바로 다음에 놓으면 되죠.

연습문제

다음 문장에서 밑줄 친 부분이 맞으면 O, 틀리면 X로 표시하시오. (정답 확인 p.194)

1. I think I <u>can't hardly live</u> without the Internet. (   )
2. She <u>is not seldom</u> found without sunglasses on. (   )
3. He <u>takes always</u> a long walk with his dog. (   )
4. This football stadium <u>has also been</u> used for various concerts. (   )

Grammar Point 73: ago, since, already, still
기준 시점을 파악하는 것이 중요해

우리말 의미는 비슷비슷한데 각자 쓰임이 다른 부사들이 있습니다. ago와 before는 둘 다 우리말로는 '~전에'라는 의미로 별 차이가 없어 보이지만, ago는 현재를, before는 과거를 기준으로 한다는 점에서 차이가 있습니다. 또한, ago가 '일정 기간 전'이라는 과거의 시점을 찍어서 말하기 때문에 과거 시제와 함께 쓰이고 since가 '특정 시점 이후로 죽' 계속된다는 의미를 나타내므로 완료 시제와 함께 쓰인다는 것도 시험의 단골 소재죠.

Key Point — ago, since, already, still의 기본 쓰임   문법 중요도 ★★★★★

세라를 2년 **전**에 만났는데, 그 **이후로** 본 적이 없어.
I **met** Sera two years **ago** and **haven't seen** her **since** then.

- 2년 전에(ago) 만났다(met: 과거), 그 이후로(since) 본 적이 없다(haven't seen: 현재완료)에서 보듯 ago는 과거시제와, since는 현재완료와 어울려 쓰입니다.

벌써 자정인데, 난 **아직도** 일하는 중이지.
It's **already** midnight and I'm **still** working.

- already는 '이미,' still은 '아직도'라는 기본 뜻과 형태만 알고 있어도 됩니다.

A already, still, yet   문법 중요도 ★★★

| 벌써 성탄절 카드를 사는 거야? | Are you buying X-mas cards already? |
| 사실은 이미 선물도 좀 샀는걸. | Actually I've already bought some gifts, too. |

- 벌써(already)는 의문문에서 "문장 끝"에, 평서문에서는 "조동사(I've) 다음"에 옵니다.

| 로즈는 여전히 돈을 갚지 않았어. | Rose still hasn't paid me back. |
| 로즈는 아직도 돈을 갚지 않았어. | Rose hasn't paid me back yet. |

- still은 "조동사(hasn't) 앞"에, yet은 주로 "문장 끝"에 쓰입니다. still은 현재 '여전히' 진행 중인 상태라는 것을 나타내고, yet은 not과 함께 쓰여 일어났어야 할 일이 '아직' 일어나지 않았다는 의미를 나타냅니다.

일주일 전에 네가 전화했을 때, 난 그보다 사흘 전에 그 소식을 들었어.
When you called me a week ago, I had heard about it three days before.

○ [기간] + ago는 "지금"으로부터 일정 기간 '전에,' [기간] + before는 "(주로 과거의) 기준 시점"으로부터 일정 기간 '이전에' 생긴 일을 나타냅니다.

회화 포인트

말할 때 상당히 헛갈릴 텐데요. 쉽게 정리해 보죠. '3일 전'은 영어로? three days ago. '3달 전'은 영어로? three months ago. '3년 전'은 영어로? three years ago! 이렇게 "지금으로부터 얼마 전에"라고 말하려면 ago를 쓰면 됩니다. 그러면 '어제'를 영어로? yesterday. '그저께'는? the day before yesterday! 즉, 어제를 기준으로 어제(yesterday) 이전(before)에 하루 더(the day) 거슬러 올라간 날(그저께)로 이해하면 before의 느낌이 올 겁니다. 더불어 before는 I've seen that face before(그 얼굴을 전에 본 적이 있어요)처럼 막연히 '이전에 ~한 적이 있었다'는 느낌으로 완료시제에도 쓰이니까 비슷한 예문을 만들어 보는 것이 공식 외우는 것보다 훨씬 더 직관력과 회화능력을 키워 줍니다.

출제 포인트

ago, before, since는 시제와 관련시켜 문제가 나오기 때문에 어떤 시제와 어울리는지를 알고 있어야 합니다. 주로 ago와 since를 구별하는 문제가 많이 출제되어서, 과거 시제와 ago, 현재완료 시제와 since를 연결짓게 하는 문제들을 많이 볼 수 있습니다. (※ Class 1. 시제 참고) 또한, yet이 필요한 자리에 already를 써놓고 틀린 것으로 골라내는 문제가 대학원, 고시에 매우 자주 등장하며, not ~ yet의 형태를 ✕no ~ yet과 같이 표기해놓는 함정에도 주의해야 합니다.

연습문제

다음 문장에서 밑줄 친 표현들 중 어울리는 것을 고르시오. (정답 확인 p.194)

1. The war was (a. still / b. already) over when he was born. (   )
2. I think I left my wallet here on the table 30 minutes (a. ago / b. since). (   )
3. I have loved you ever (a. since / b. before) I first met you. (   )
4. It is (a. no / b. not) a scientifically proven fact yet. (   )
5. Bud sold the car that he had bought a week (a. since / b. before). (   )

enough, too, almost
위치를 잘 잡는 것이 중요해

분량이 '충분한' 것을 의미하는 enough는 형용사로도 쓰이고 부사로도 쓰여서, 무엇을 꾸며 주느냐에 따라 위치가 달라집니다. enough time(충분한 시간)과 같이 명사(time)를 꾸며 줄 때는 "명사 앞"에서, kind enough(충분히 친절한)와 같이 형용사(kind)를 꾸며 줄 때는 "형용사 뒤"에 두어 말해 줍니다. 이러한 위치 문제가 시험에 단골로 나오지만, 공식처럼 외우려는 것보다는 위의 짧은 예를 입에 붙여 기억해두는 것이 훨씬 효과적입니다.

Key Point   enough, too, almost의 기본 쓰임   문법 중요도 ★★★★

펠리는 켈리를 도와줄 시간이 충분히 있어. **Pelly has enough time to help Kelly.**
하지만 그렇게 할 정도로 친절하지는 않아. **But he isn't kind enough to do that.**

- enough + [명사]로 '충분한 ~'을, [형용사] + enough (+ to부정사)로 '(~할 만큼) 충분히 [형용사]한' 것을 나타냅니다. enough의 위치에 주의하세요.

영화가 너무 지루해서 나 거의 잠들 뻔했어.
The movie was too boring so I almost fell asleep.

- too는 '너무나'라는 부정적인 뜻을 가지고 있죠. almost = all + most로 90%의 의미!

A almost vs. most   문법 중요도 ★★★

내 친구들은 거의 다 서울에 살아. **Almost[×Most] all of my friends live in Seoul.**
 Grammar Point 69 [B]에서도 보았듯(※ p.179 참조), 뒤에 all이 나올 때는 most는 틀리고 almost만 가능해요. 물론 almost every처럼 every가 나올 때도 almost만 가능!

식사 준비가 거의 다 됐어. **The meal is almost ready.**
거의 잠들 뻔했어. **I almost fell asleep.**
- almost는 형용사(ready: 준비된), 동사(fell: 빠지다) 모두 꾸며 줄 수 있습니다.

대부분의 예술가들은 유명하다거나 부유하지 않아. **Most of the artists are not famous or rich.**
- most of (the) + [명사] 혹은 most + [명사](대부분의 ~)의 형태로 쓰이니까 연습해 두세요! Most of the books 혹은 Most books 다 가능합니다.

B very vs. much

문법 중요도 ★★★

그는 시험 결과에 매우 만족했어.

He was very[✕much] pleased with the test results.

A: 오늘은 기분이 어떠세요?   A: How are you feeling today?
B: 훨씬 더 나아졌습니다.   B: I feel much[✕very] better.

➡ 첫 번째 문장의 경우 very 대신 much만 단독으로 쓰이지 않고요, 두 번째 문장에서 보듯 very는 better를 수식하지 못합니다.

회화 포인트

much는 '훨씬'이라는 의미로, 우리말에서도 "훨씬 기쁘다"라고 할 때 무엇보다 기쁜지 비교 개념이 없으면 이상하게 들리듯 much pleased도 같은 느낌을 주므로 very pleased처럼 말해야 합니다. 반대로 very는 비교의 뜻이 있는 문장에서는 much 대신 쓰일 수 없지요. 더불어 enough의 위치는 예만 몇 개 들어보면 정리됩니다. 충분한 돈? enough money, 충분한 물? enough water, 충분한 공기? enough air처럼 세 개의 명사 예로 충분하고, kind enough(충분히 친절한), old enough(충분히 나이든)의 형용사 예까지만 정리해 두면 enough 용법은 헷갈리지 않겠죠!

출제 포인트

enough의 위치를 초점으로 한 문제가 모든 시험에 매우 자주 등장합니다. 문제의 보기에 이 단어가 등장하거나 이 단어에 밑줄이 쳐져 있으면 순서대로 되어있는지를 먼저 확인해야 합니다. almost는 most와 almost를 구분하는 문제가 많이 출제됩니다. 또한 ✕much good, ✕very better처럼 very와 much를 혼동시켜 문제를 출제하기도 하고요, 참고로 the very earliest days(가장 초기)처럼 the very + [최상급](-est)이 가능하다는 것을 포인트로 한 문제도 시험에 가끔 등장합니다.

연습문제

다음 문장에서 밑줄 친 부분이 맞으면 O, 틀리면 X로 표시하시오.   (정답 확인 p.194)

1. You are enough old to drive a car. (   )
2. Almost us are interested in staying healthy. (   )
3. He swims very faster than I do. (   )
4. There is not enough space for food storage. (   )

home, anymore, so
정확한 쓰임을 알아둘 표현들

부사가 무조건 -ly로만 끝난다면 골치 아플 게 뭐가 있겠어요? 하지만 현실에는 참 다양한 형태의 부사가 존재합니다. 특히 명사라고 생각했던 home과 같은 단어가 부사의 쓰임도 있어 come "to" home이 아니라 come home(집에 오다)이라고 해야 하니, 영어가 복잡하게 느껴질 만도 합니다. 하지만 그냥 무작정 home 앞에는 전치사가 없다는 식으로 외우기 보다, 뜻이 '집'(명사)도 있고 '집으로'(부사)도 있고, 그래서 전치사가 필요 없는 거구나~라고 정리하면 부담도 줄겠죠. 더욱이 이런 단어는 몇 개 안 되니까 여기서 함께 정리하면 됩니다.^^

Key Point home, anymore, so의 기본 쓰임   문법 중요도 ★★★

집에 늦게 들어오곤 했는데, 더 이상은 아니야.
I used to come home late, but not anymore[✗no more].
- '집으로(home) 오다(come)'처럼 정리하고요, not anymore를 합하면 no more가 됩니다.

A: 나 완전 진이 다 빠졌어.   A: I'm totally burned out.
B: 나도 그래. / 너 정말 그렇네!   B: So am I. / So you are!
- So(역시)로 맞장구를 칠 때 상대방의 말 am을 받아, So 다음도 be동사가 됩니다.

A too, either, anymore   문법 중요도 ★★★★

나도 널 사랑해. vs. 나도 널 사랑하지 않아.   I love you, too. vs. I don't love you, either.
- 긍정문에서 '~도 역시' 그렇다고 할 때는 too, 부정문에서는 either를 쓰세요.

너를 더 이상 사랑하지 않으니까 그만 좀 괴롭혀.   I don't love you anymore, so stop bothering me.
- not ~ anymore는 '더 이상 ~하지 않다'는 뜻인데 no more로 바꾸어 써도 되죠.

B here, there, only 및 기타   문법 중요도 ★★★

가능한 빨리 여기로 와 줄 수 있어?   Can you come over here ASAP?
거기 가는 데 한 시간 걸려.   It takes an hour to get there.
- here(여기에, 여기로)와 there(거기로, 거기에)의 뜻 자체에 이미 전치사가 포함되어 있어 to나 at 같은 표현이 필요 없습니다.

당신만이 나의 꿈을 이루어 줄 수 있어요.　**Only you** can make my dreams come true.
- only는 형용사로는 '유일한,' 부사로는 '유일하게'라는 뜻입니다.

우리는 고도로 숙련된 엔지니어를 찾고 있어요.　We're looking for a **highly skilled** engineer.
- highly는 '높게'가 아니라 '매우'(very)의 뜻입니다. '높게'는 그냥 high를 쓰죠.

So + [동사] + [주어]의 so는 나도 그래(So am I)라는 also의 뜻이지만, So + [주어] + [동사]의 so는 So you are(너 정말 그렇네)라는 정말(indeed)의 뜻입니다! 이것을 무작정 외우려 하면 정말 복잡하게 느껴지는데, 해결 방법은 의외로 간단합니다. 영어의 강세는 하나 건너씩 오기 때문에 So 구문에 서는 항상 So와 맨 마지막 단어가 강세를 받죠. 그러므로 주어(I)에 강세가 있으면(So am I) '주어도 역시 그렇다'라는 뜻이 되고, 동사(are)에 강세가 있으면(So you are) '정말 그렇구나'라고 동작을 강조하는 것이라고 이해하면 됩니다.

highly(매우)가 필요한 자리에 high(높게)를 써넣고 틀린 것으로 고르게 하는 문제, go ✗to home처럼 일부러 to를 사용한 함정 문제가 출제빈도 높습니다. 그리고 Only a small part(단지 일부분만)에서 only의 위치를 묻는 문제가 출제된 적 있는데, only는 초점으로 두고 싶은 대상 맨 앞에 두면 됩니다. 그리고 not~ anymore를 ✗no ~ anymore나 ✗not ~ no more처럼 틀리게 제시한 문제도 많이 출제됩니다.

연습문제

다음 문장에서 밑줄 친 부분이 맞으면 O, 틀리면 X로 표시하시오.　　　　　(정답 확인 p.194)

1. It's getting late, let's go back <u>to home</u>. (　)
2. I didn't call her and she didn't <u>too</u>. (　)
3. Strictly speaking, you're <u>no</u> a citizen anymore. (　)
4. She's a <u>high successful</u> writer for TV dramas. (　)

정답

Class 15. 부사

Grammar Point 71. 뜻에 주의할 부사
1. carefully
2. deeply
3. late
4. hardly eats

Grammar Point 72. 부사의 위치
1. can hardly live
2. is seldom
3. always takes
4. O

Grammar Point 73. ago, since, already, still
1. b. already
2. a. ago
3. a. since
4. b. not
5. b. before

Grammar Point 74. enough, too, almost
1. old enough
2. Most of
3. much
4. O

Grammar Point 75. home, anymore, so
1. home
2. either
3. not
4. highly successful

Class 16
비교

Grammar Point 76-79

〈인간 경쟁심의 산물!〉

함부로 주위 사람들을 비교하는 것이 바람직하지는 않지만, 사실 우리 일상생활에서 비교는 매우 빈번하게 이루어지는 행동입니다. 하다못해 과일가게에 들러 사과를 살 때에도 이쪽 것은 저쪽 것"보다" 더 빨갛다든지, 반대편 것이 "더" 큼직하다든지 하는 비교행위가 이루어지죠. 우리는 인식하지 못한 채 사용하고 있지만, 비교의 기술에는 "무엇이 무엇만큼 좋다"는 동등비교, "무엇이 다른 것보다 낫다"는 우등비교, 혹은 "못하다"는 열등비교, 이렇게 세 가지가 존재합니다. 그렇다면 구체적으로 어떤 단어들을 써야 이런 생각들을 보여 줄 수 있는지, 한 가지씩 천천히 살펴보기로 할텐데요. 늘 강조하지만 간단한 예문을 쉽게 금방 만들어 낼 수 있도록 연습하는 것이, 문법 용어만 알고 말은 한마디도 못하는 것 보다 훨씬 더 유익한 일이라는 것 명심하고요.

동등 비교 (as~as: ~만큼)

as ~ as로 도토리 키재기

아이돌 가수 자매의 빼어난 미모를 이야기하면서 동생도 언니 "만큼" 예쁘다고 할 때, 두 사람의 미모는 같거나 비슷한 수준인 거죠. 이렇게 분량이나 정도가 비슷한 것끼리 비교할 때 영어에서는 '~만큼 ~한' 것을 as ~ as를 이용해 이야기합니다. She is "as" pretty "as" her sister와 같이, 첫 번째 as가 비교의 시작점을 잡아 주고, 뒤쪽의 as가 '~만큼'이라는 의미를 나타내죠. as ~ as 사이에는 형용사(pretty)나 부사(fast)가 가장 흔하게 옵니다.

Key Point | 동등비교(as~as: ~만큼) | 문법 중요도 ★★★

프랭크는 스티브 만큼 발표를 잘해.
Frank is as good as Steve at presentations.

◯ be good at은 '~를 잘한다'는 뜻. 이때 비교의 better나 최상급의 best를 쓰면 안 됩니다. 더불어 Frank is good이지 Frank is well은 아니니 good 대신 well 쓰면 안 돼요!

내가 아는 한, 네 차가 내 차보다 두 배는 빨라.
As far as I know, your car is twice as fast as mine.

◯ '두 배(twice)가 빠르다(fast)'처럼 쓸 때 배수사 twice의 위치를 잘 익혀두세요.

A 다양한 동등 비교 1   문법 중요도 ★★★

내가 아는 한 이 백신 프로그램은 30일 정도 효력이 있어.
As far as I know, this vaccine program lasts 30 days.

◯ As far as I know = As far as I remember = As far as I'm concerned = As far as I can see 모두 다 불확실한 개인적인 의견을 말할 때 쓰는 표현인데 잘 연습해 두세요.

가능한 한 빨리 전화 줘.
Call me back as soon as possible.

◯ as soon as possible(가능한 한 빨리)는 짧게 ASAP[에이썹]라고도 합니다.

B 다양한 동등 비교 2

문법 중요도 ★

3만 명이나 되는 사람들이 위한 콘서트에 왔어.　**As many as** 30,000 people came to the concert.
- as many as는 기대 이상의 놀라움을 표시해 주죠.

이 전화기는 보기보다 그리 좋지 않아.　This phone is **not as good as** it looks.
- 그렇게(so) 좋지(good) 않다(not)처럼 as~as의 부정표현은 not so~as가 원래 맞는 표현인데요, 구어체에서는 편하게 not as~as처럼 씁니다.

그들은 연인이라기보다는 친구야.　They are **not so much** lovers **as** friends.
- not so much A as B는 'A까지는 아니고 B이다'인데, 초점은 결국 B(friends)가 됩니다!

as good as는 양쪽의 비교대상이 거의 비슷하다는 뜻이지만 만일 twice as good as~처럼 쓰면 두 배 잘한다는 뜻입니다. 이때 twice의 위치가 처음의 as 앞에 온다는 것에 주의해야 합니다. 이는, half(1/2), twice(2배), three times(3배)와 같은 배수사를 써서 표현하는 경우 이 표현들이 as ~ as의 전체 표현을 방해해서는 안 되므로 첫 번째 as 앞에 두어야 하는 것인데요, 몇 번만 반복해서 말해 보세요, 자연스러운 리듬이 들어올 테니까요.

가장 빈도 높은 출제유형은 as far as 대신 ×too far as, ×very far as, ×more far as처럼 다른 함정을 만들어서 그것을 틀린 것으로 골라내는 것입니다. the same ~ as (~와 똑같다) 표현의 as도 시험에 잘 나오며, TOEFL, TOEIC에서는 as good as 대신 ×more good as 혹은 ×the best as처럼 틀린 표현으로 만든 문제가 많이 출제됩니다. twice와 같은 배수사의 위치를 묻는 문제도 시험에 빈번히 등장하고요.

연습문제

다음 문장에서 밑줄 친 부분이 맞으면 O, 틀리면 X로 표시하시오.　(정답 확인 p.204)

1. I'm not <u>more popular</u> with girls as you are. (　)
2. Why does coffee never taste <u>very good as</u> it smells? (　)
3. Our house is <u>as twice big</u> as theirs. (　)
4. <u>As more as</u> I know, he's not coming here today. (　)

우·열등 비교 (-er/more: 더 vs. less: 덜)
어느 한쪽이 "더" 어떻다고 말할 때

비교하려는 대상들끼리 어느 한쪽이 "더" 어떠한 것을 나타내 주는 방법은 형용사에 -er을 붙이고 뒤에 than을 쓰면 됩니다. She is "prettier than" her sister 처럼요. 하지만 형용사가 2음절이 넘어가게 되면 발음의 편의상 형용사에 -er을 붙이지 않고 형용사 앞에 more를 붙여 She is "more intelligent than" her sister와 같이 말하게 됩니다. 그런데 이때 senior, prior와 같은 형용사들은 "더" 어떠하다는 뜻을 나타내는데도 비교에 than을 쓰지 않고 to를 쓴다는 것에 주의하세요!

Key Point ~er/more는 더 vs. less는 덜   문법 중요도 ★★★★

이 가게가 다른 곳보다 (심지어) 더 가깝고, 싸.
This store is (even) closer and cheaper than the others.

○ 다른 곳보다(than) 더 가깝고(closer) 싸다(cheaper)처럼 [형용사 -er] than (~보다 더)의 구조에서 and로 연결되어도 뒤에 같은 형태(cheaper)가 온다는 것, 주의하세요!

A: 댄이 회사에서 나보다 선임이 됐어.   A: **Dan becomes senior to[✕than] me at work.**

○ senior는 라틴어에서 온 비교급이라 습관상 예전부터 쓰이던 to가 than의 역할을 하죠!

B: 너한테 좋아진 거야, 나빠진 거야?   B: **Is it worse or better for you?**

○ good의 비교는 more good이 아니라 better, bad는 more bad가 아니라 worse가 됩니다.

 다양한 비교급 표현 1   문법 중요도 ★★★

존이 돈보다 더 똑똑하고 책임감이 있어.
Jon is smarter and more responsible than Don.

○ 2음절까지는 er(smarter), 그 이상은 more를 써서 비교를 표시해 주면 됩니다.

내 생각에 사태가 예상보다 더 안 좋아지는데.
I think it's getting worse than expected.

○ bad의 비교급은 more bad가 아니라 worse라는 단어가 따로 있죠.

B 다양한 비교급 표현 2

문법 중요도 ★★

그녀와 이야기를 하고 난 후 훨씬 더 자신감이 생겼어.
I feel much more confident after talking with her.

◉ more를 강조해 주고 싶을 땐 앞에 much, even, still, far를 써 주면 되고, 구어체에서는 a lot more confident처럼 a lot 이 빈도가 제일 높습니다.

재키는 새 차는 말할 것도 없고, 자전거 살 돈도 없어.
Jackie has no money to buy a new bike, much less a new car.

◉ much less는 부정문에 쓰여 '~은 말할 것도 없고'라는 의미입니다(=still less). '더욱이 ~은 말할 것도 없고'라는 뜻의 반대 표현은 much[still] more이고요(긍정문에 사용).

비교급이 worse처럼 불규칙한 것도 있는데 다음과 같습니다.
good(좋은)-better-best   bad(나쁜)-worse-worst   many/much(많은)-more-most
little(적은)-less-least   far-further-furthest(정도)   far-farther-farthest(거리)
late-later-latest(시간상)/last(순서상)

또한, senior처럼 '~보다 더'의 뜻으로 than이 아니라 전치사 to를 사용하는 단어들이 있는데, 거의 -or로 끝납니다. 아래 단어들 외에도 다른 단어들이 있지만 지금 정리하는 것들이 빈도가 높습니다.
senior(손위의)/junior(어린)   superior(우수한)/inferior(열등한)
prior(보다 앞선)   prefer(을 더 좋아하다)

가장 쉽지만 속기 쉬운 문제가 바로 more ~ than 대신 more ~ ✗as나 ✗as ~ than을 제시하고 고치는 문제인데 TOEFL, TOEIC에서 빈도가 높습니다. 고시, 대학원에서는 more than의 반대개념인 less than 을 빈칸에 넣는 문제, faster와 같이 -er를 붙일 수 있는데 ✗more fast처럼 함정을 만든 문제들이 출제됩니다. 그리고 than 대신 to가 쓰이는 senior와 prefer가 시험에 나온 적이 있습니다. 더불어 much more나 much less가 고난도 문제로 나오는데, 관건은 긍정형이면 much more, 부정형이면 much less가 정답이죠! 종종 ✗even less처럼 함정을 만들어 much less와 혼동시키기도 하니까 주의해야 합니다.

연습문제

다음 문장에서 밑줄 친 부분이 맞으면 O, 틀리면 X로 표시하시오.   (정답 확인 p.204)

1. A laptop is less <u>expensive as</u> a desktop. (   )

2. I went to the store to buy a box two times <u>more large than</u> this. (   )

3. In the fall, the weather is mild. That's why I prefer fall <u>than</u> winter. (   )

4. You didn't look good this morning, but you look <u>much better</u> now. (   )

최상급 비교 (the -est/ the most~ vs. the best: 최고의)

"가장" 어떠하다고 말할 때

비교 대상 중 최강자가 있을 때는 the most ~를 이용해 "가장" 어떠하다고 이야기할 수 있습니다. She is "the most intelligent" girl과 같이 말이지요. 형용사가 2음절 이하의 짧은 단어일 경우는 She is "the prettiest" girl과 같이 "the -est"의 형태로 나타내면 되고요. 그런데 비교 대상이 딱 둘뿐이라면 "가장" 어떠하다는 것은 의미가 없겠죠? 셋 이상의 범위 내에서 비교할 때 the most ~, the -est를 씁니다.

Key Point   최상급 비교(the ~est/ the most~ vs. the best: 최고의)   문법 중요도 ★★★

당신이 가장 똑똑하고 아름다운 여자야.
You're the smartest and the most beautiful woman.

◐ 2 음절 까지의 짧은 단어는 the ~est 로 그 이상의 긴 단어는 the most + [형용사]를 쓰면 됩니다. and로 연결되어도 뒤에 the most 유지되는 것 주의하세요!

지금까지 내가 본 영화 중에 최고야.
It's the best film that I've ever seen.

◐ the best와 뒤의 ever가 들어간 완료시제(지금까지 ~한)가 서로 어울립니다.

의미상 최상급 1   문법 중요도 ★★★

그 어떤 트럼펫 연주자도 마일즈 데이비스만큼 하지는 못해.
No trumpeter is as good as Miles Davis.

◐ 〈부정주어 + as ~ as〉는 최상급의 뜻을 갖습니다. '그 누구와 비교해도'라는 강조의 느낌을 줍니다.

그 어떤 트럼펫 연주자도 마일즈 데이비스보다 더 나은 사람은 없어.
No trumpeter is better than Miles Davis.

◐ 〈부정주어 + more ~ than〉 역시 최상급의 뜻으로, '능가할 사람이 없다'는 부분이 강조됩니다. 물론 Miles Davis is the best trumpeter가 가장 일반적 표현이고요!

B 의미상 최상급 2

가장 강한 사람도 때로는 실패 할 수 있어.
The strongest person can sometimes fail.

◎ 최상급 주어(The strongest)는 종종 even(심지어)의 뜻으로 쓰이기도 합니다. 물론 Even the strongest person~처럼 확실하게 Even을 표시해 주어도 좋고요!

랜달은 바람을 피울 사람이 절대 아니야.
Randall is **the last person to cheat** on his wife.

◎ the last person + [to부정사/that절]는 '~할 마지막 사람'이라는 맥락에서 '~할 사람이 절대 아니다'라는 최상급의 뜻을 보여줍니다.

무엇이 가장 좋다(나쁘다)하는 것은 the + [형용사-est]로 나타내면 되는데, [A]의 문장들처럼 부정어를 주어로 하여 최상급의 뜻을 보여 줄 수도 있습니다. 물론 부정 주어를 쓸 때가 더 강한 강조의 느낌을 전달할 수 있습니다. 참고로 Miles Davis is **better than any other trumpeter** (마일즈 데이비스는 그 어떤 트럼펫 주자보다 뛰어나다)처럼 more/-er than any other + [단수명사]도 최상급의 뜻으로 잘 쓰이니까 알아두세요! 단 말할 때에 부담되면 가장 쉽게 생각나는 것을 편하게 쓰는 게 제일 좋습니다!

TOEFL, TOEIC에서는 최상급의 가장 기본 형태를 묻는 문제가 주종을 이룹니다. 예를 들어 worst나 best 앞에 the를 일부러 빼놓는 경우, 그리고 the easiest처럼 most가 필요 없는 곳에 ✕the most easiest, ✕the most easy와 같은 함정을 파 놓고 혼동시키는 문제가 많습니다. 더불어 ✕best the trumpeter 혹은 ✕than other any trumpeter처럼, 단어의 순서로 속임수를 만들어 틀린 것을 골라내게 하는 문제도 많이 등장합니다. 마지막으로 the last person to + [동작](~할 사람이 아니다)는 고시, 공무원시험에 빈도 높게 등장하는 문법 항목이기도 합니다!

연습문제

다음 문장에서 밑줄 친 부분이 맞으면 O, 틀리면 X로 표시하시오. (정답 확인 p.204)

1. Miles Davis is <u>a best trumpeter</u> that I've known so far. (   )

2. Yesterday was <u>the most cold day</u> of the year. (   )

3. She is <u>the latest person</u> to turn her back on you. (   )

4. It's <u>the most worst part</u> of this book. (   )

비교 관련 중요 표현들
비교를 이용한 습관적 표현들

영어로 '다다익선'(多多益善)은 뭐라고 표현할까요? '많을수록 더 좋다, 더 많으면 더 좋다'는 맥락에서 The more, the better로 표현합니다. The more you have, the better it is를 관용적으로 줄인 표현인데, The more I study English, the more I enjoy it(공부할수록 영어가 더 재미있어진다) 등과 같이 응용할 수도 있죠. 그 밖에 다른 다양한 표현들도 이 자리에서 익혀봅시다. The more you know, the more you can talk!!

Key Point 비교 관련 중요 표현들   문법 중요도 ★★★★

알면 알수록, 더 성장하게 된다.
The more you know, **the more** you grow.
- 〈the more + 주어 + 동사, the more + 주어 + 동사: 점점 더 ~하다〉인데, The more, the better(다다익선), the less, the better(적으면 적을 수록 좋다)처럼 예를 만들어 보세요!

아무리 늦어도 금요일까지는 끝내도록 하고!
Make sure to finish it by Friday **at the latest**!
- '가장(the) 늦은(latest) 때(at)일지라도'의 맥락으로 정리하면 되는데요, 반대 표현인 at the earliest(아무리 빨라도)도 꼭 알아두세요!

 기타 다양한 관용표현들   문법 중요도 ★★

음악 없이 사느니 차라리 죽겠다.
I **might as well** die **as** live without music.
- might as well A as B는 'B 하느니 차라리 A 하겠다'는 의미인데, 두 번째 as는 비교대상을 특별히 언급하고 싶지 않으면 I might as well die처럼 생략되기도 합니다.

이제 두 명의 지원자가 남았는데, 누가 더 낫다고 봐?
Now we have two applicants left. Which do you think is **the better**?
- 둘 중에 하나를 선택할 때에는 better 앞에 the를 쓸 수 있습니다. 둘 중에 하나라고 지정하므로 "확정성"을 주기 위해 the가 필요한 것이죠. (※ Class 14. 한정사 부분 참조)

그가 그녀를 믿을 만큼 어리석지는 않아.
He knows better than to trust her.

○ know better than to [동사]는 '~할 정도로 어리석지 않다'는 뜻.

트럼프는 그의 돈에도 불구하고 행복하지 않아.
Trump is none the happier for his money.

○ none the + [비교급]은 '~에도 불구하고 ~하지 않다'는 뜻.

[A]의 none the + [비교급]의 표현에서 나온 접속사가 바로 nonetheless와 nevertheless인데, 둘 다 뜻은 '~임에도 불구하고'이고 팝송이나 미드에 종종 등장하니까 알아두시면 좋습니다! 또 more and more(점점 더 많이), better and better(점점 더 좋은), worse and worse(점점 더 안 좋은)처럼 비교급을 연달아 쓰면 '점점 더 ~하다'는 느낌을 주게 되는데, 알아두면 회화에서 유용하니까 정리해 두세요.

국내시험에서는 The more ~, the more ~ 구문이 자주 등장하는데요. The less ~, the less ~처럼 반대의 뜻으로 쓰이는 경우가 주로 고난도 문제로 출제됩니다. TOEFL, TOEIC에서는 at the latest(아무리 늦어도), at the earliest(아무리 빨라도)가 출제된 적이 있습니다. 마지막으로, might as well A as B에 관해서는 A와 B에 같은 형태(동사 원형: die, live)가 나온다는 것과, as 대신 than을 써 놓고 함정을 만들기도 하니까 주의하세요!

연습문제

다음 문장에서 밑줄 친 부분이 맞으면 O, 틀리면 X로 표시하시오.   (정답 확인 p.204)

1. The more you sell, more money you make. (   )

2. We might as well to take a taxi. (   )

3. Please turn in your paper by next Friday at the late. (   )

4. The more you smile, the less you worry. (   )

정답

Class 16. 비교

Grammar Point 76. 동등 비교 (as~as: ~만큼)
1. as popular
2. as good as
3. twice as big
4. as far as

Grammar Point 77. 우•열등 비교 (-er/more: 더 vs. less: 덜)
1. expensive than
2. larger than
3. to
4. O

Grammar Point 78. 최상급 비교 (the -est/ the most~ vs. the best: 최고의)
1. the best trumpeter
2. the coldest day
3. the last person
4. the worst part

Grammar Point 79. 비교 관련 중요 표현들
1. the more money
2. as well take
3. at the latest
4. O

Class
17

특수구문

Grammar Point 80-84

〈특이한 애들 다 모여!〉

사람은 말을 통해 서로 소통하기 시작하면서, 어떻게 하면 자신의 요구하는 바, 생각하는 바를 상대방에게 잘 전달할 수 있을지 고민해 왔습니다. 질문하는 방법과 대답하는 방법을 가르고, 시간적 순서를 구분하여 이야기하는 방법을 정리했으며, 다양한 방법을 동원하여 미묘한 뉘앙스와 묘사를 첨가하게끔 되었지요. 이렇게 기본적인 의사소통의 기술이 정리되고 나면 좀 더 특수한 상황에서의 표현법이 필요해지게 됩니다. 특별히 문장 중 어느 부분을 강조하고 싶다거나, 넘쳐 흐르는 감정을 감탄으로 나타낸다거나 하는 것들이 그것인데요, 이제 우리도 그런 특별한 표현법들을 살펴보기로 합시다.

강조표현: It is ~that, very, do
힘주어 말하고 싶은 내용이 있을 때

나의 마음이 엉뚱한 사람에게 가 있다고 오해하는 짝사랑녀에게 "나는 너를 좋아해"라고 사실 전달형으로 말할 수도 있겠지만, "내가 좋아하는 건 바로 너라구!"와 같이 "너"를 따로 빼서 말하면 좀더 극적으로 전달이 되겠죠? 영어를 쓰는 사람들도 이러한 표현법이 필요해서, It is ~ that… 구문을 활용하게 되었습니다. 다만 영어에서는 강조하고 싶은 말이 앞으로 와서, It is "you" that I love와 같이 It is와 that~ 사이의 내용이 강조가 되는 것이죠.

Key Point 강조표현: It is ~that, very, do 문법 중요도 ★★★★

이 모든 문제의 시작은 바로 이 지도였지.
It's this very map that started all the trouble.

어제가 되어서야 비로소 난 이유를 완전히 이해했지.
It was not until yesterday that I fully understood why.

○ It is [강조하고 싶은 부분] that [나머지 문장]의 구조. 강조하는 말이 나머지 문장의 주어일 경우 that 대신 who(사람)나 which(사물)를 쓸 수도 있습니다.

난 정말로 첫눈에 반하는 사랑을 믿어.
I **do** believe in love at first sight

○ 동사를 강조하는 방법은 그 동사 앞에 do만 쓰면 됩니다. 3인칭이면 물론 She "does" believe in love처럼 does를 쓰면 되겠고요.

A 그 밖의 강조 표현 문법 중요도 ★★★

이게 내가 찾고 있던 바로 그 책이야.
This is **the very** book that I've been looking for.

○ 명사나 대명사를 강조하는 the very이고요. 뜻은 '바로 그' (무엇)입니다.

도대체 무슨 말을 하고 있는 거야?
What **on earth** are you talking about?

○ on earth로 의문사(What)를 강조한 경우. ever, in the world, at all 등도 강조를 표현합니다.

그의 상태가 보이는 것보다 훨씬 더 심각해지고 있어.
His condition is getting <u>a lot more serious</u> than it looks.

◎ a lot, much, even, still, far의 다섯 가지로 비교급(-er/more/less)을 강조할 수 있는데 구어체에서는 a lot이 가장 많이 쓰입니다.

여기가 세계에서 정말이지 가장 큰 쇼핑몰이에요.
This is <u>by far the largest</u> shopping mall in the world.

It's this book <u>that</u> I'm looking for(내가 찾고 있는 게 바로 이 책이야)라는 문장과 It's certain <u>that</u> he's quitting his job(그가 직장을 그만둘 게 확실해)이라는 문장은 모두 It's ~ that이 쓰였는데, that 이하를 보면 차이점이 있습니다. 전자는 I'm looking for(나는 찾고 있는 중이야)처럼 불완전한 문장인 반면 후자는 he's quitting his job(그는 직장을 그만둔다)처럼 완전한 문장이죠? 즉, 강조구문은 강조하는 내용이 It's ~ that 사이에 들어오니 당연히 that 이하에 부족한 부분이 있을 테고요. It(가주어)~ that(진주어) 구문은 it이 that 이하의 내용을 대신 받는 것이니 당연히 that 이하가 완전한 문장이 될 수밖에 없죠. 물론 의미 파악을 더 정확하게 하기 위한 구분이니 문법 용어를 외울 필요는 없고, 부담도 갖지 마세요.

비교급과 최상급을 어떤 말로 강조하는지 구별하는 문제가 자주 출제됩니다. a lot the best[×], the more largest[×]와 같은 틀린 표현을 골라내게 하거나, a lot better[○], by far the best[○]와 같은 알맞은 강조 표현을 고르게 하는 문제가 대부분입니다. 또한, It is ~ that…의 강조 구문과 관련해서 that 자리에 where, when 등 다른 단어를 집어넣고 혼동을 유발하는 문제도 출제되니까 주의하세요.

◎ 최상급(the -est) 강조는 by far나 the very로 하는데, much를 쓰면 영국식이 됩니다.

연습문제

다음 문장에서 밑줄 친 부분이 맞으면 O, 틀리면 X로 표시하시오. (정답 확인 p.216)

1. I think this book is <u>very more</u> difficult than that one. (   )
2. This is <u>the more greatest</u> steak I've ever had. (   )
3. You look really good today. I <u>do like</u> your new hairstyle. (   )
4. It was Jenny <u>when</u> never stopped talking during the concert. (   )

Grammar Point 81 — 반복을 피하기 위한 생략

뻔히 아는 것 또 말하기 있기? 없기!

여러분, 우리말에서도 "나하고 같이 브라운네 파티에 갈래?"라는 질문에 "응, 너하고 같이 브라운네 파티에 갈게"라고 길게 대답하는 일은 참 드물죠. "응, 그럴게" 정도로 방금 했던 말은 생략해 주는 센스를 보여야 오히려 진짜 말하고 싶은 내용이 효과적으로 전달될 겁니다. 영어에서도 반복되는 것을 매우 싫어하여, 서로 알고 있는 내용이라면 주어나 동사, 문장 등을 생략하여 이야기하는 장치들을 가지고 있는데요, 지금부터 함께 살펴볼까요?

Key Point — 반복을 피하기 위한 생략 (문법 중요도 ★★★)

어떤 사람들은 음식에 대해 까다롭고, 어떤 사람들은 그렇지 않지.
Some are picky about food, others not.

- 동사를 비롯한 반복 부분을 생략한 경우(~, others are not picky about food). Some ~, others ~ (어떤 사람들은 ~고, 또 어떤 사람들은 ~다)의 구문도 눈여겨 보아두세요.

A: 점심 할 건데, 관심 있으면 합류해.   A: **If interested, join us for lunch.**
B: 그러고 싶지만, 난 안 돼.   B: **I'd like to, but I can't.**

- A는 If "you're" interested(네가 관심 있으면)를 If interested(접속사와 분사)로 줄인 경우이고 B는 I'd like "to"(대부정사) join you, but I "can't"(조동사) join you for lunch의 축약.

A 습관적인 생략 (문법 중요도 ★★)

필요하다면 돈을 빌려 줄게.
I'll lend you some money, if necessary.

- If "it is" necessary(필요한 상황이라면)가 원래 문장인데 기본 원칙은 말을 생략해도 중요한 정보가 사라지지 않거나, 뜻에 오해가 생기지 않을 때 생략을 하게 됩니다.

그 사람은 어렸을 때 굉장히 기운찼었지.
He was very cheerful when little.

- when "he was" a little boy를 간략하게 나타낸 것인데, 조건(If), 때(When), 양보(Though) 등을 나타내는 부사절에서는 이처럼 [주어] + be동사를 생략할 수 있습니다.

면접 보는 동안 그는 너무 긴장이 됐다.　　　　He got so nervous while interviewed.

○ ~ while "he was being" interviewed를 간결하게 표현한 것인데요. [접속사](while) + [분사구문](being interviewed)의 형태 역시 주절의 주어 동사가 생략된 표현입니다.

A: 그 사람이 틀린 것일지도 몰라.　　　　A: He could be wrong.

B: 난 그렇게 생각하지 않는데.　　　　B: I don't think so.

○ so(그렇게)라는 단어 하나로 ~ I don't think he could be wrong이라는 말을 간결하게 줄였죠. 이때 so가 부사이긴 하나, 뜻이 중요하니까 문법 용어는 접어두세요.

A: 영화 보러 갈래?　　　　A: Do you want to go to the movies?

B: 좋지!　　　　B: Sounds like a plan!

○ "It" sounds like a plan!이 원래 문장인데요, sounds만 보고도(3인칭, 현재, 단수) 앞에 It이 생략된 것을 추측할 수 있죠.

영어는 주어를 가급적 챙겨 말하는 편이지만, (It) Sounds good, (It) Tastes great, (It) Smells delicious와 같은 경우 굳이 말하지 않아도 의미 파악에 지장이 없는 주어 it을 생략하는 경우가 많습니다. (It is) Nice meeting you, (It is) Good to hear that 등도 같은 경우인데요, 결국 생략해도 중요한 정보가 사라지지 않을 때에 생략이 일어나게 됩니다.

[접속사](If) + [분사](interested) 구조에서 분사가 현재분사(interesting)인지 과거분사(interested)인지 묻는 문제가 가장 출제빈도가 높습니다. 생략된 주어(you), 동사(are)를 생각해보면 분사가 현재분사(능동: 시키다, 진행의 의미)가 되어야 할지 과거분사(수동: 당하다, 완성의 의미)가 되어야 할지 알 수 있습니다.

연습문제

다음 문장에서 밑줄 친 부분이 맞으면 O, 틀리면 X로 표시하시오.　　　　(정답 확인 p.216)

1. My heart rate is over 180 when exercised. (　)

2. A: Didn't he make a reservation?　　B: I don't think that. (　)

3. This place is worth a visit if interested in gardening. (　)

4. A: Do you want to go with me?　　B: I'd like so, but I can't tonight. (　)

Grammar Point 82

Never 강조, 감탄문!
very 정도로는 성에 안 찰 때

여러분, "날씨가 정말 좋다"보다는 "날씨가 어쩌면 이렇게 좋아!"라고 하는 편이, "너 정말 예쁘다"보다는 "넌 어쩌면 이렇게 예쁘니!"라고 하는 편이 나의 감탄 섞인 기분을 좀 더 잘 표현해 줍니다. 영어에서는 이 '어쩌면 이렇게 ~한지!' 라는 감탄의 느낌을 What이나 How를 써서 나타내는데요, 이렇게 강조하는 과정에서 주어와 동사의 순서가 바뀌기도 합니다. 그러면 어떤 식으로 문장이 구성되는지 같이 한 번 살펴보기로 할까요?

Key Point — Never 강조, 감탄문!   문법 중요도 ★★★

이렇게 행복했던 적이 없었어.
Never have I felt so happy like this.
- never(결코~ 아니다)가 맨 앞에 강조되면서 주어(I)와 조동사(have)도 자리가 바뀌었죠.

세상 **참** 좁구나!
What a small world! = **How small** the world **is**!
- What a [형용사] + [명사]로 '너무나도 ~한 [명사]'를 나타냅니다. What a small world "it is"와 같이 주어와 동사를 덧붙이기도 하지만 대부분 생략하여 말하죠.

A 감탄문의 도치   문법 중요도 ★★

당신의 눈이 얼마나 아름다운지요!   How pretty your eyes are!
- How [형용사] + [주어] + [동사]로 '[주어]가 굉장히 ~하다'는 것을 나타냅니다. What a ~ 감탄문과 달리 주어 동사를 다 붙여 주는 경우도 많습니다.

B 그 밖의 도치   문법 중요도 ★★★

A: 난 여름이 좋더라.   A: I like summer.
B: 나도 그래.   B: <u>So do I</u>.
- So가 also(~도 역시)의 뜻일 때에는 So + [동사] + [주어]의 순서가 됩니다.

언덕 위에 오래된 성이 있다.   On the hill lies the old castle.
불가능은 없다.   Impossible is nothing.

○ 강조하고픈 대상을 문장의 맨 앞으로 보내면 동사(lies/is)와 주어(castle/nothing)의 위치를 바꿔 강조구문임을 보여 줍니다. 이 때 on the hill은 부사구, impossible은 보어라 부르죠.

내가 너와 함께 여기 있을 거라 꿈꿔 본 적이 없어.   Little did I dream I would be here with you.

○ '거의 ~하지 않다'는 뜻의 little이 문장 맨 앞에서 강조된 경우죠.

내가 거기 있었더라면 너를 도와줄 수 있었을 텐데.   Had I been there, I would have helped you.
내가 지금 거기 있다면 너를 도와줄 수 있을 텐데.   Were I there now, I would help you.

○ if를 생략하고 주어와 동사의 순서를 바꿔 말할 수 있는데요, 각각 If I had been there, If I were there now를 변형시킨 문장으로, 딱딱하고 격식 차린 듯한 느낌을 줍니다.

도치는 문장의 어떤 부분을 "강조"하고 싶어, 문장 맨 앞으로 가져오면서 일어나는 현상이죠. 예로 부정어 (Never/Little)를 강조하기 위해 문장 맨 앞으로 빼내어 말하는 경우, 강조된 문장이라는 것을 알리기 위해 일부러 주어와 동사의 위치를 서로 바꾸어 주는데 never, little, hardly, seldom, not until(~까지는 아니다), no sooner(결코 빠르지 않다) 등이 잘 쓰이고요. 문장 내에 조동사(have, do)가 없을 경우 do/does를 사용하여 주어와 동사를 도치시키고, 지난 일이면 did를 쓰니까 기억해 두세요. 대표 문장 한두 개만 집중적으로 연습하면 회화에서는 자연스레 입 밖으로 나올 테니 걱정 말고요.

다른 문법 사항에 비해 자주 출제되는 편은 아니지만, 주로 What a 다음에 [명사], How 다음에 [형용사]가 오는 것을 알고 있는지 확인하는 문제가 나옵니다. 또한 never, little 등의 부정어가 맨 앞으로 나온 도치 문장이 틀린 문장이 아님을 파악할 수 있어야 하겠고요.

연습문제

다음 문장에서 밑줄 친 부분이 맞으면 O, 틀리면 X로 표시하시오.   (정답 확인 p.216)

1. What foolish I've been lately! (   )

2. Little I realized I would meet a girl like you. (   )

3. Were I rich, I would help poor kids. (   )

4. Do you love strawberries? So does I. (   )

Grammar Point 83

기본 삽입구/삽입절
부가정보 끼워넣어 말하기

대화는 느끼고 생각한 것이 실시간으로 말이 되어 나오는 것이다 보니, 말하던 중 무엇인가 부가정보를 붙이고 싶을 때가 있습니다. 예를 들면 Jamie has gone to Paris(제이미가 파리로 가 버렸어)라는 말을 하려고 Jamie… 까지 말했는데 아차, 듣는 사람들은 제이미가 누군지 모르겠구나 하는 생각에 Jamie, my old friend, has gone to Paris 라고 말할 수 있는 것이지요. 그 밖에도 구나 절을 문장 중간에 끼워넣어 말하는 경우들은 다음과 같습니다.

Key Point 기본 삽입구/삽입절 문법 중요도 ★★

이웃인 잔은 플로리다로 가고 없어.
My neighbor, John, has gone to Florida.
◉ my neighbor와 John이 쉼표로 연결된 동격 관계죠.

제 보고서에는 실수가, 있다 하더라도, 매우 적습니다.
There are very few, if any, mistakes on my report.

이 지역은 비가 온다 해도 좀처럼 오지 않아요.
It seldom, if ever, rains in this area.
◉ if any(만일 있다 하더라도), if ever(만일 ~한다 하더라도)가 삽입된 형태로, 이때의 if는 '만약 ~라 해도' '~이긴 하지만' 이라는 의미.

A 다양한 삽입구/삽입절 문법 중요도 ★

근데 말이야, 저 여자애는 켈리의 사촌이야.
That girl, by the way, is Kelly's cousin.
◉ 부사구(by the way)가 삽입된 형태인데, by the way(그런데)의 뜻만 알아두면 됩니다.

쬐그만 여자애가 명랑하게 노래를 부르면서 길을 따라 걸어갔다.
A little girl, singing cheerfully, walked along the street.
◉ 분사구문 singing cheerfully가 삽입된 형태인데, '~하면서'의 느낌을 주고 싶을 때 이런 구문을 만들죠.

내가 아는 바로는 모든 것이 잘 되어 가고 있어.
Everything is going well, as far as I know.

◯ 부사절(as far as I know)이 삽입된 형태인데, as far as I know(내가 아는 한)의 뜻만 정리해 두면 됩니다.

하지만, 그의 조언은 늘 정확하고 도움이 되지.
His advice, however, is always correct and helpful.

◯ however는 대개 주어 바로 다음에 쓰이는데, 문장 어디에든 올 수 있습니다.

그 기차는, 정오에 출발하는데, 부산으로 가죠.
The train, which departs at noon, goes to Busan.

◯ 앞에 나온 단어(train)나 심지어 문장 전체를 받아 삽입될 때도 which가 쓰입니다.

동격관계는 my neighbor, John(이웃인 잔)과 같이 보통 쉼표를 이용해 표현하기도 하지만, 회화에서는 Saigon, "or" Ho Chi Minh(사이공, 즉 호찌민 시), the city "of" Paris(파리라는 도시)와 같이 or나 of 로도 같은 관계(동격 관계)임을 표현해 주기도 하니까 입에 붙도록 연습해 보세요.

Key Point 마지막 문장처럼 삽입구나 삽입절이 중간에 끼어 있어도(If ever) 문장의 주어(it)와 동사(rains [○] rain [✗])를 잘 파악하고 주어(it)의 수에 맞게 동사의 수를 맞추어 주는(rains) 문제가 가장 많습니다. 더불어 독해에서는 삽입구, 삽입절의 내용이 글쓴이가 말하고자 하는 바, 요지를 파악하는 데 중요한 역할을 하기도 하니까 주의해 보아두면 좋습니다.

연습문제

다음 문장에서 밑줄 친 부분이 맞으면 O, 틀리면 X로 표시하시오. (정답 확인 p.216)

1. The man I'm dating are, in fact, ten years younger than me. (   )

2. He gave up the idea of borrowing money from his close friends. (   )

3. Vitamin D, the sunshine vitamin, helping the body absorb calcium. (   )

4. She, however, tried to calm down to answer him with patience. (   )

무생물 주어: What / 명사
나도 주어 할 수 있다고~

우리말은 거의 대부분 주어가 사람입니다. 예를 들어 시끄러운 소리가 자꾸 들리면 "소음 때문에 (내가) 짜증나네"라고 하기 때문에, 이것을 영어로 말하려고 하면 because를 떠올리기 쉽습니다. 그런데 영어에서는 The noise makes me crazy와 같이, 소음을 주어로 말하는 것이 더 자연스럽게 느껴지죠. 이러한 영어식 언어 사고에 익숙해지면 훨씬 더 자연스러운 의사소통이 가능하게 되니까, 예문을 중심으로 입에 붙여 보기 바랍니다.

Key Point 무생물 주어로서의 What, 명사   문법 중요도 ★★★★

어째서 이것을 골랐어?
What made you choose this?
- Why did you choose this?라고 해도 되지만, 원인(what)에 초점을 두고 말한 것이죠.

여긴 어쩐 일이야?
What brings you here?
- 의도나 동기를 보여 줄 때에도 what을 주어로 쓰면 됩니다.

A 다양한 무생물 주어: 부정사 구문   문법 중요도 ★★★★

이 팔찌는 열 개의 클럽을 돌아볼 수 있게 해 주지.
This wristband allows you to visit 10 different clubs.
- '네가(you) 방문(visit)하도록 팔찌(wristband)가 허락해 준다(allow)'의 느낌으로, [명사] + allow + [목적어] + [to부정사] 구조.

폭풍우가 우리를 집에 머물러 있게 했지. (폭풍우 때문에 집에 있어야 했어.)
The rainstorm forced us to stay at home.
- '폭풍우(rainstorm)가 우리(us)를 집에 머물도록(stay) 강요했다(force)'처럼 기억하면 되고요, force라는 동사가 이런 구문의 핵심인데, 뒤에 to stay의 형태도 주의하세요.

엄청난 교통체증 때문에 우린 경기 전반전을 놓쳤다고.
A huge traffic jam caused us to miss the game's first half.
- '교통체증(jam)이 전반전을 놓치도록(miss) 유발했다(cause)'처럼 기억하면 됩니다. 물론 이런 구문이 만들어지는 이유는 cause 때문이고, 뒤의 to miss(부정사)도 주의하세요.

B 다양한 무생물 주어: 동명사 구문 및 기타

문법 중요도 ★★★★

눈을 감는 것이 나를 어지럽게 만들어. (눈을 감으면 어지러워.)
Closing my eyes makes me dizzy.

◯ '~하는 것'(-ing)을 맨 앞에 쓰면 주어가 되는데, 이것을 "동명사"라 부르는 것 뿐입니다.

폭풍우가 우리의 외출을 막았다.
The rainstorm stopped us from going out.

◯ stop, keep, prevent 모두 '누가 ~하는 것을 막다'의 뜻으로 쓰입니다.

그 어느 것도 그 여자를 기쁘게 하지 못했다.
Nothing could please the lady.

◯ 무생물 주어가 no, nothing 등 부정의 의미를 포함하고 있으면 보통 "양보"(비록 ~이지만)의 의미를 띕니다.

What makes ~ ?는 어떤 동작의 이유나 동기를 물어볼 때 쓰이는 질문으로 Why에 비해서 조금 완곡한 느낌을 줍니다. Why ~ ?는 '그렇게 하는 이유가 뭐야?'하고 사람의 행위를 따지는 듯한 느낌을 주지만, What ~ ?은 원인이나 이유에 초점을 두니까 좀 더 부드러운 느낌을 주게 되는 것이죠. 또, 이유를 묻는 표현 중 How come ~ ?도 있는데, 이것은 과정, 경위에 초점을 둔 질문입니다. 이렇게 무생물을 주어로 하여 자주 쓰이는 동사들에는 make, allow, force, cause, stop, help 등이 있습니다.

무생물 주어 자체가 직접적인 문제로 나오기 보다는, 무생물을 주어로 하여 잘 쓰이는 표현들의 올바른 형태, 예를 들면 allow [목적어] [to부정사]나 stop A from -ing의 구조를 제대로 알고 있는가를 테스트하는 문제들이 출제빈도가 높습니다. 또한, 듣기문제나 독해에서 이러한 구문들이 등장했을 경우 자연스럽게 뒤의 흐름(to부정사 또는 from -ing)을 미리 예상할 수 있어야 합니다.

연습문제

다음 문장에서 밑줄 친 부분이 맞으면 O, 틀리면 X로 표시하시오. (정답 확인 p.216)

1. Too much sugar causes your teeth decay. (   )

2. Ballet helps you staying in shape and makes you more graceful. (   )

3. What does makes us yawn and what does makes it contagious? (   )

4. The loud gunshot kept us to go out. (   )

정답

Class 17. 특수구문

Grammar Point 80. 강조표현: It is ~that, very, do
1. much more (또는 a lot more)
2. the greatest
3. O
4. that

Grammar Point 81. 반복을 피하기 위한 생략
1. when exercising
2. so
3. O
4. to

Grammar Point 82. Never 강조, 감탄문!
1. How foolish
2. Little did I realize
3. O
4. So do I.

Grammar Point 83. 기본 삽입구/삽입절
1. is, in fact
2. O
3. helps
4. O

Grammar Point 84. 무생물 주어: What / 명사
1. to decay
2. stay
3. What makes / what makes
4. from going out

Bonus · 실전 Clinic — 자주 쓰이는 단짝 형용사 + 전치사 정리
(※ Grammar Point 63 참고)

분노, 걱정, 태도의 about :
worried(걱정하는), happy(만족하는), concerned(걱정하는), anxious(불안해하는), apprehensive(염려하는), nervous(초조해하는), lazy(게으른), sensitive(민감한)

능력, 감정상태의 at :
good(잘하는), bad(못하는), proficient(능숙한), quick(빠른), angry(화난), astonished(놀란)

책임, 적합성의 for :
sorry(미안해하는), hungry(배고픈), responsible(책임있는), ready(준비된), notorious(악명 높은), convenient(편리한), perfect(완벽한), right(적합한), late(늦은)

해방, 원인의 from :
different(다른), separate(분리된), tired(피곤한), ill(아픈), distant(떨어진), far(먼)

참여, 종사의 in :
excellent(훌륭한), impartial(공정한), successful(성공인), precise(정확한), engaged(종사하는), indulged(~에 빠진)

존재, 소유, 의식의 of :
full(가득 찬), afraid(두려워하는), proud(자랑스런), weary(지친), aware(의식하는), conscious(인지하는), considerate(사려 깊은), sure(확신하는), certain(틀림없는), envious(부러워하는), short(부족한)

의지, 열중의 on :
dependent(의존하는), heavy(부담되는), based(근거가 되는), intent(몰두하는)

우월함의 over :
dominant(지배적인), powerful(힘센), victorious(승리의)

관계, 귀속, 판단의 to :
essential(필수적인), indispensible(필수 불가결한), foreign(이질의), allergic(질색인), sensitive(민감한), blind(모르는), indifferent(무관심한), rude(거친), similar(비슷한), senior(손위의), open(개방된), exposed(노출된), familiar(친숙한), addicted(중독된), accustomed(익숙한)

태도, 감정, 상태의 with :
friendly(친절한), busy(바쁜), annoyed(성가신), content(만족한), delighted(기쁜), pleased(기쁜), disgusted(역겨운)

Class 18-20

세상을 연결하는 힘
〈연결어〉 편

Class 18

전치사

Grammar Point 85-90

〈1차원, 2차원, 3차원을 넘나드는 힘!〉

"식탁 위에 있는 접시"라는 표현에서, 식탁과 접시의 관계를 밝혀주는 역할을 하는 것이 바로 "위"라는 단어입니다. 이처럼 일상생활에서 사물과 사물의 공간적인 혹은 시간적인 위치 관계를 밝혀 줄 필요가 생기는데, 이럴 때 사용되는 것이 전치사입니다. 그리고 이러한 전치사는 공간, 시간의 기본적인 뜻 이외에도 함께 쓰이는 동사에 따라 방법, 원인, 이유, 목적 등등 여러 가지로 그 쓰임이 확장되죠. 하지만 사전의 한두 페이지쯤은 거뜬히 차지하는 이러한 분류 자체를 외우기보다는 쉬운 예문으로 전치사의 기본 뜻을 편하게 쓸 수 있도록 하는 것이 중요합니다. 모든 변형은 이 기본 뜻에서 출발하는 것이니까요.

Grammar Point 85

1차원 at, 2차원 on, 3차원 in
시간상의 점(at), 면(on), 공간(in)의 개념

at, on, in은 시간적인 의미 외에도 워낙 다양하게 쓰이는 전치사이지만, 이 자리에서는 시간적인 쓰임만을 다루어 보기로 합니다. 먼저 at은 "점"의 개념이라, 점을 찍듯 구분할 수 있는 한 순간을 표현합니다. 한편 on은 "면"의 개념으로 at보다 상대적으로 긴 시간을 나타내는 데 쓰이죠. 또한 in은 "공간"이라는 기본 개념에서, 범위가 있는 일정한 기간을 나타냅니다. 이러한 기본 개념을 가지고, 구체적으로 어떻게 쓰이는지 알아볼까요?

Key Point — 1차원 at, 2차원 on, 3차원 in   문법 중요도 ★★★★

저녁 7시에[일요일에 / 7월에] 전화할게.   I'll call you **at 7 pm**[**on Sunday** / **in July**].
- 구체적 시간 앞에는 at, 날 앞에는 on, 월 앞에는 가장 큰 개념의 in 을 쓰면 됩니다.

두 시간 지나서[내에 / 후에] 끝낼게.   I'll finish it **in**[**within** / **after**] **2 hours**.
- 두 시간을 경계로 그 때 지나서는 in, 두 시간 안쪽은 within, 두 시간 바깥쪽은 after!

이번 주말에 봐.   See you (×**on**) **this weekend**!
- 이미 this가 주말(weekend)을 꾸며 주고 있어 굳이 on을 쓰지 않아도 됩니다.

A   시간의 기본 전치사들   문법 중요도 ★★★★

정오에[자정에 / 동틀 무렵] 만나.
Meet me **at noon**[**at midnight** / **at dawn**].
- at은 비교적 짧아 보이는 시간, 즉 "점" 개념의 시각, 공휴일, 명절 등의 앞에 쓰입니다.

음악회는 7월 2일에[금요일 밤에 / 주말에] 열릴 거야.
The concert will be **on July 2nd**[**on Friday night** / **on the weekend**].
- on은 at보다는 긴 시간이나 특정한 날에 쓰이는데, on the weekend는 미국식, at the weekend는 영국식입니다.

그녀는 저녁 때[7월에 / 봄에 / 2025년에] 파리를 떠나.
She's leaving Paris **in the evening**[**in July** / **in the spring** / **in 2025**].
- in은 월, 계절, 연도, 일정한 기간의 표시에 쓰입니다.

공연은 점심 전에[후에] 시작합니다.
The show starts before lunch[after lunch].

◐ before는 순서적으로 '전에,' after는 순서적으로 '뒤에' 있는 것을 말합니다.

B 시간 전치사의 주의해야 할 용법   문법 중요도 ★★★

다음 주 금요일에 봐.   See you (×on) next Friday.
이번 주말에 시간 있니?   Are you free (×on) this weekend?

◐ 요일, 달 등의 시간표현 앞에 every(매번), last(지난), next(다음), some(어떤), this(이번), that(그) 등이 붙은 경우 전치사(at, on, in)를 생략하여 말합니다.

at은 점을 의미하는 1차원, on은 면을 의미하는 2차원, in은 공간을 의미하는 3차원의 공간전치사인데 이것을 시간상의 개념으로 바꾸어도 같은 느낌을 줍니다. 그래서 5시, 7시와 같이 특정한 한 점을 의미하는 시간 앞에는 at이, 그 시간이 모인 특정한 날에는 on이, 그리고 일정한 기간에는 in이 쓰이는 것이죠. 이러한 기본 개념을 바탕으로 자주 쓰이는 표현을 연습해 두면 회화에 도움이 됩니다.

at the moment / at present (지금은, 당장은)   at the beginning (처음에) vs. at the end (끝에)
at the same time (동시에)   in time (시간 내에) vs. on time (정시에)
in the 1980s (1980년대에)   in the Middle Ages (중세에)

가장 많이 등장하는 유형은 바로 특정한 요일(on Sunday)이나 날짜 앞에 전치사 on을 in으로 해놓거나 아예 없애 놓고 올바른 형태로 고치게 하는 것입니다. 더불어 시간 앞에 this, next와 같은 표현이 쓰일 때 전치사를 함께 써놓고 틀린 것으로 고르게 하는 문제, 마지막으로 in time(정해진 시간 내에)과 on time(정시에 맞추어서)의 의미 차이를 묻는 문제도 고시에 출제된 바 있습니다.

연습문제

다음 문장에서 밑줄 친 부분이 맞으면 O, 틀리면 X로 표시하시오.   (정답 확인 p.232)

1. She only sees her family in Christmas. (   )

2. Let's get together in Saturday to party into the night. (   )

3. We get paid on every Friday for the previous week. (   )

4. He didn't get there in time for the meeting. (   )

Grammar Point 86

기간을 나타내는 주요 전치사들
똑같이 '~까지'인 줄 알았지?

우리말에서는 "거기 7시까지 갈게"와 "여기서 7시까지 기다릴게" 모두 '~까지'라는 동일한 단어를 사용하는데요, 영어에서는 이 둘을 구분해서 I'll get there by 7pm, I'll wait until 7pm처럼 쓰는데, 얼핏 보면 상당히 혼동됩니다. 하지만 by의 기본 뜻인 '~의 옆에'를 시간개념으로 확장하여 7시 옆, 7시 근처에 맞추어 가면 by를, 계속해서 쭉 기다린다(wait)는 지속성을 표현할 때는 until을 쓴다고 이해하면 됩니다. 그럼 다른 비슷해 보이는 표현들도 함께 정리해 보도록 할까요?

Key Point — 기간을 나타내는 주요 전치사들의 구분 | 문법 중요도 ★★★★★

거기 7시까지 갈게. I'll **get** there **by 7 pm**.
여기 7시까지 있을게. I'll **stay** here **until 7 pm**.
- by는 7시 '근처'(by)에 맞추어, until은 지금부터 그 때까지 '계속'(until)을 말합니다.

이태리에서 2년 동안 살았어. I lived in Italy **for**[✕while] **2 years**.
이태리에서 여름 동안 살았어. I lived in Italy **during the summer**.
- for 다음엔 숫자가 나오는 정확한 기간, during은 막연한 기간을 말할 때 씁니다.

A 다양한 기간의 전치사들 | 문법 중요도 ★★★★★

그는 자정 이후로 지금까지 그 작업을 하고 있어.
He's been working on it **since**[✕from] **midnight**.

 since는 '과거 특정 시점에서 지금까지' 계속되는 동작을, from은 단순히 시작점만 을 말해 줍니다. 그래서 has been working(계속 일해 왔다)과 어울리는 것은 since죠.

난 한 시간 동안 낮잠을 잤어.
I took a nap **for**[✕during] **an hour**.

- during은 '막연한 기간 중에' 일어난 동작이나 상태를, for는 '정해진 기간 동안' 일어난 동작을 나타냅니다.

당신의 이곳 체류 동안 우리와 함께해서 즐거웠어요.
We enjoyed your company **during**[✕for/✕while] **your stay** here.

- while 역시 '~하는 동안'이라는 의미를 나타내지만 while 뒤에는 [주어] + [동사]가 갖춰진 절(while you sleep, while you sing, while you stay…)이 이어집니다. 참고로 stay는 명사로는 '체류,' 동사로는 '머물다'의 뜻이고, 위에서 company는 회사가 아니라 '함께함(동석)'의 뜻입니다.

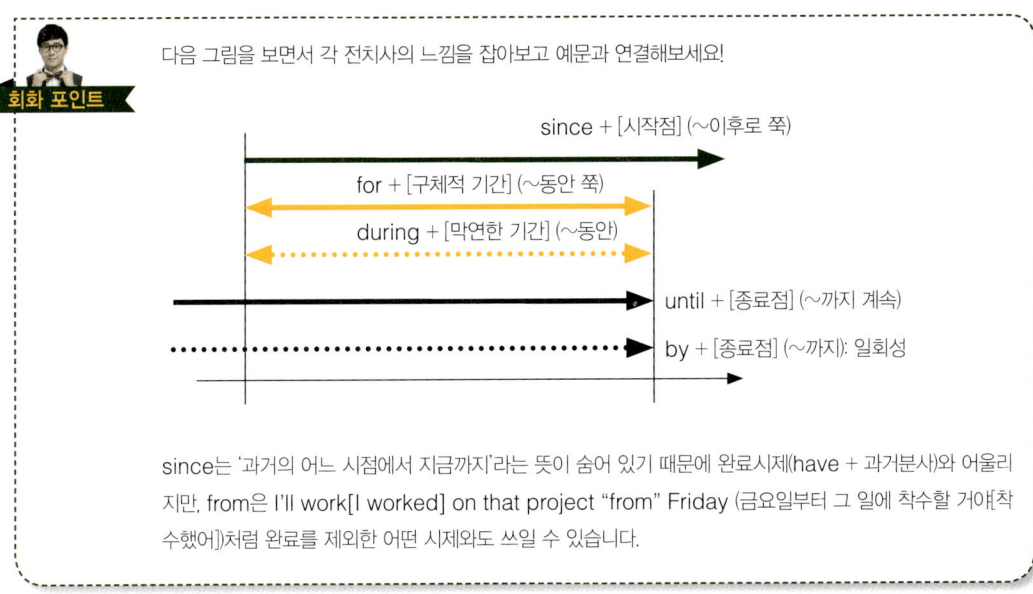

다음 그림을 보면서 각 전치사의 느낌을 잡아보고 예문과 연결해보세요!

since + [시작점] (~이후로 쭉)
for + [구체적 기간] (~동안 쭉)
during + [막연한 기간] (~동안)
until + [종료점] (~까지 계속)
by + [종료점] (~까지): 일회성

since는 '과거의 어느 시점에서 지금까지'라는 뜻이 숨어 있기 때문에 완료시제(have + 과거분사)와 어울리지만, from은 I'll work[I worked] on that project "from" Friday (금요일부터 그 일에 착수할 거야[착수했어])처럼 완료를 제외한 어떤 시제와도 쓰일 수 있습니다.

TOEIC에서는 until과 by의 구분, TOEFL에서는 during과 for의 구분, 그리고 since의 뜻이 시험에 가장 자주 출제됩니다. 예를 들어 since가 들어갈 자리에 until이나 for를 써놓고 틀린 것으로 골라내게 하거나, during(명사 동반) 자리에 while(주어 + 동사 동반)을 제시하여 함정을 만드는 문제가 대부분이죠. 기타 대학원, 국가고시(특히 사시)의 경우에도 출제 포인트는 거의 유사합니다.

연습문제

다음 문장에서 밑줄 친 부분이 맞으면 O, 틀리면 X로 표시하시오.　　　　　　　　　　(정답 확인 p.232)

1. Heavy rains lasted <u>since</u> two weeks. (　)

2. I haven't seen Laura <u>by</u> last Sunday. (　)

3. I will stay here <u>by</u> February and then I will go back to my country. (　)

4. He was in the hospital <u>while</u> the summer holidays. (　)

점 at, 면 on, 공간 in

장소상의 점(at), 면(on), 공간(in)의 개념

시간 부분에서 살펴보았던 at, on, in은, 공간에 대해서도 똑같이 at은 1차원의 "점" 개념을, on은 2차원의 "면" 개념을, in은 3차원의 "공간, 범위" 개념을 가집니다. 즉 at은 다른 장소와 비교되는 구체적인 "한 지점"을 의미하는 좁은 장소를 나타낼 때, on은 물리적으로 어떤 사물의 "표면에 접촉해 있는 것"을 나타냅니다. 그리고 비교적 넓은 3차원의 공간이 느껴지는 "범위" 개념의 지역은 in으로 나타내게 되는데요, 다음에서 그 예를 살펴볼까요.~

Key Point 점 at, 면 on, 공간 in   문법 중요도 ★★★

뉴욕 시에 있는 42번가의 식당에서 점심 먹었어.
I had lunch **at** a deli **on** 42nd street **in** New York.

◐ 다른 식당과 비교되는 하나의 점의 느낌으로 at을, 널찍한 면이 강조되는 거리에는 on을, 공간의 느낌을 주는 도시는 in으로 표시했습니다.

나 지금 몸이 정말 엉망이야.   I'm so **out of shape** now.
여름 전까지 몸 만들어야 해.   I need to get **into shape** before summer.

◐ out of는 안에서 밖으로, 반대로 into는 밖에서 안으로 들어가는 과정을 보여 줍니다.

A 그 밖의 공간을 나타내는 주요 전치사들   문법 중요도 ★★★

내가 병원에 갔을 때, 제니는 응급실에서 나왔어.
When I got **to** the hospital, Jenny came **out of** the ER.

◐ to(~로)는 방향성을 보여 주고, out of(~밖으로)는 어떤 영역을 벗어나는 것을 나타내죠.

케이트는 옷을 벗고, 호수 안으로 뛰어들었어.
Kate took **off** her clothes and jumped **into** a lake.

◐ off는 분리의 전치사로 동사와 결합하여 take off(옷 등을 벗다)처럼 쓰이고요, into는 안으로 들어가는 것, 관여함을 보여 주는 전치사입니다.

여기에서 땅으로 뛰어내릴 수 있어?
Can you jump **onto** the ground **from** here?

◐ onto는 표면 위로의 이동을 표현하고, from은 출발점을 나타내는 데 쓰입니다.

켄은 귀여운 두 여자애 사이에 서 있었어.   Ken stood <u>between</u> the two cute girls.
켄은 승객들 사이에 서 있었어.   Ken stood <u>among</u> the passengers.

○ between은 둘 사이, 혹은 명확히 구분되는 여럿 사이에 있는 것을 나타내고, among은 '무리'로 뭉뚱그려진 셋 이상의 사이에 있는 것을 나타냅니다.

여러분, 식당(restaurant) 앞에는 전치사 in과 at 중 무엇을 써야 할까요? 길거리에 식당, 찻집, 서점 등이 쭉 늘어서 있을 때 각각의 상점은 하나의 점으로 표시될 수 있고, 이때 다른 상점과 비교되는 느낌이면 restaurant 앞에 at을 씁니다. 만일 식당 안의 상황을 말하고 싶다면 당연히 in이 쓰일 테고요. 또한, 이러한 공간적 개념을 바탕으로 추상적인 의미로도 확장되어 다른 단어들과 한 덩어리 표현을 이루는 전치사가 있는데요. 다음 표현을 정리해 두면 회화, 시험에 모두 도움이 될 겁니다.

be good at (~에 능숙하다)   at large (범인이 잡히지 않은)
on fire (불이 붙은)   off air (방송 중이 아닌) / on air (방송 중인)
in demand (수요가 있는)   out of order (고장 난)
out of curiosity (호기심에서)   out of sight (보이지 않는)
out of money (돈이 떨어진)   in good shape (몸매가 좋은) / out of shape (몸매가 안 좋은)

국내시험에서는 on the floor처럼 2차원의 on이 필요한 곳에 in이나 at을 써놓고 틀린 부분을 골라내는 at, on, in의 기본적인 문제가 가장 자주 출제됩니다. 그리고 위에서 정리한 전치사 표현들을 묻는 문제도 종종 출제되며 TOEFL, TOEIC에서는 주로 불필요한 전치사를 하나 더 써놓고 그것을 고치는 문제가 가장 흔합니다. 예를 들어 over from here에서 불필요한 over를 골라낼 수 있어야 합니다.

연습문제

다음 문장에서 밑줄 친 부분이 맞으면 O, 틀리면 X로 표시하시오.   (정답 확인 p.232)

1. A famous movie star is now standing <u>in</u> the bus stop. (   )

2. I saw him getting <u>out of from</u> his room on tiptoe. (   )

3. Don't worry. I'm very good <u>from</u> this sort of thing. (   )

4. Let's get <u>off</u> the bus and walk to school from here. (   )

위치를 나타내는 주요 전치사들

앞, 뒤, 옆, 건너편… 다양한 위치 표현

길을 가르쳐 줄 때나 이삿짐 놓을 자리를 정할 때, 하다 못해 놓고 온 지갑 좀 갖고 나와 달라고 할 때에도 다양한 위치 표현을 해야만 하죠. 무엇인가의 '아래'에 있는 것은 under, '위쪽'에 있는 것은 over, '건너편에' 있는 것은 across 등으로 나타냅니다. 또한, 몇 단어가 함께 모여 위치를 나타낼 수도 있는데 '앞에' 있는 것을 나타내는 in front of나 '옆에' 있는 것을 나타내는 next to와 같은 것들이죠. 이런 표현들의 기본 형태와 뜻만 알아두어도 많은 도움이 되니까 예를 통해서 확인해 볼까요?

Key Point 위치를 나타내는 주요 전치사들

그건 서점 **앞** 왼쪽**에** 있어요.
It's on the left in front of a bookstore.

○ on은 앞서 살펴 보았듯 '표면에 닿아 있다'는 뜻의 접촉을 나타내는 전치사, in front of는 무엇의 '정면에' 있다는 의미의 전치사입니다.

와서 내 **옆에** 앉아, 아니면 내 **맞은편에** 앉든가.
Come over and sit next to me, or across from me.

○ next to는 '~의 옆에,' across from은 '~의 맞은편에'라는 의미. 참고로 across the street라고 하면 '길 건너'라는 의미입니다.

A 그 밖의 다양한 위치 전치사들

길을 따라 두 블록 더 걸어가서 우회전하세요.
Walk along the street two more blocks and turn right.

○ along은 어떤 기준선을 '따라서' 간다는 의미이죠. 운전해 가면 drive along이 되죠.

피터는 길 아래쪽 저기 있는 커다란 나무 아래에 있어.
Peter is down the street over there under a big tree.

○ down은 '아래쪽에, 아래로'라는 의미로 쓰이고, over는 (어떤 영역의) '위쪽에' 있는 것을, under는 (어떤 영역의) '아래쪽에' 있는 것을 나타냅니다.

기온이 영하 10도로 떨어지겠습니다.
The temperature will fall down to 10 degrees below zero.

◐ below는 어떤 기준보다 '아래에' 위치한 것을 나타내서 below zero라고 하면 0도 아래, 즉 '영하'의 기온을 나타냅니다.

일정보다 늦어졌지만, 다시 보고서를 검토 할거야.
I'll go through the report again though I'm behind schedule.

◐ through는 '~을 통해서, 철저히,' behind는 '~보다 뒤(처진)' 것을 나타냅니다.

'앞'을 의미하는 전치사는 여럿이 있는데, 그중 in front of는 공간상의 앞을 의미하고, before는 시간이나 순서의 앞을 의미하며, ahead of나 prior to는 순서나 능력상의 앞을 뜻합니다. 또, '아래'를 의미하는 전치사 중 beneath는 바로 아래, under는 어떤 영역의 아래에, down은 아래쪽에, below는 어떤 기준점의 아래라는 뜻으로 의미가 서로 다릅니다. 반대로 '위'를 의미하는 전치사 on은 바로 위, over는 어떤 영역의 위, up은 위쪽에, 그리고 above는 어떤 기준점의 위라는 뜻으로 각각 쓰입니다. 또, '뒤'를 뜻하는 전치사 behind는 sit behind her desk(책상 뒤에 앉아 있다)처럼 공간상의 뒤를 나타내고, after는 after the party(파티가 끝난 후)와 같이 순서상의 뒤나 이후를 말할 때 주로 사용됩니다.

전치사 관련 문제는 주로 각 전치사의 기본 의미에서 출발한 숙어 표현이나 동사구(phrasal verbs)를 묻는 경우가 많습니다. along이 고시에 walk along의 형태로 출제된 적이 있고, below zero(영하)라는 표현도 시험에 한 번 나온 적이 있습니다. behind schedule(예정보다 뒤처진), on schedule(예정대로), ahead of schedule(예정보다 앞선) 등은 시험에 잘 등장하는 표현이니 정리해 두면 좋습니다.

연습문제

다음 문장에서 밑줄 친 부분이 맞으면 O, 틀리면 X로 표시하시오.   (정답 확인 p.232)

1. There's a bank next the Hilton Hotel. (   )
2. She waved to me through the street. (   )
3. Their major projects are running below schedule. (   )
4. I parked my car in front along your house. (   )
5. It'll be 15 degrees under zero. (   )

원인과 비교의 전치사들

원인, 수단, 비교, 대상, 찬성, 반대 등의 추상적인 쓰임

공간이나 시간 표현 외에도 전치사의 쓰임은 아주 다양합니다. 하나의 전치사가 하나의 개념만을 나타내는 것도 아니고요. 예를 들어, 전치사 by는 공간과 관련해 '~옆에 인접한' 것을 나타내지만 by bus, by subway와 같이 '수단'을 나타내기도 하죠. 또한, for는 '~을 위하여'라는 기본 의미에서 출발하여 어떤 의견 등에 '찬성한다, 지지한다'는 의미를 나타내기도 하고요. 이 자리에서는 이런 추상적인 뜻을 나타내는 전치사의 쓰임을 살펴보겠습니다.

Key Point — 원인과 비교의 전치사들 (문법 중요도 ★★★★)

교통체증 **때문에** 늦어지고 있어.
I'm running late **because of[due to]** a traffic jam.

○ due to, because of, owing to 모두 이유를 보여 줍니다. (모두 뒤에 명사가 오는 것에 주의) 이 중 owing to는 딱딱한 느낌을 주죠.

너와 **달리**, 난 탐에게 **찬성도 반대도** 하지 않아.
Unlike you, I'm neither **for** nor **against** Tom.

○ unlike는 '~와 달리'라는 의미로 반대말은 like(~처럼)입니다. for는 '찬성하여,' against는 '반대하여'의 뜻이고요.

A 그 밖의 다양한 전치사들 (문법 중요도 ★★★)

거기에 버스로 혹은 지하철로 갈 수 있어.
You can get there either <u>by bus</u> or <u>by subway</u>.

 by + [교통수단]의 형태. by는 교통수단 외에도 여러 가지 "수단"을 표현합니다.

| 산책하러 나가는 게 어때? | Why don't we go out <u>for</u> a walk? |
| 축하해! 네가 잘 되어서 정말 기뻐. | Congratulations! I'm really happy <u>for</u> you. |

○ for는 목적(~을 위하여)을 나타내기도 하고 원인, 이유를 나타내기도 합니다.

이 문제에 대해서 다른 의견도 필요해. We need other opinions <u>on</u> this matter.

○ 전문적인 문제에 '대하여'라는 뜻은 on이, 일반적인 주제는 about이 보여 줍니다.

야, 그 칼 나한테 겨누지 마.　　　Hey, don't point that knife at me.

◯ point(겨누다) / throw(던지다) / shout(소리치다) / yell(소리지르다)과 같은 동사는 뒤에 전치사 to와 at 모두 가능하지만 at을 쓸 때는 '겨냥하여, 의도적으로'라는 어감이 생깁니다.

TV 보는 대신, 음악에 맞추어 춤추자.　　Instead of watching TV, let's dance to the music.

◯ '~하지 않고 대신에'라는 뜻의 instead of, '~에 맞추어'라는 뜻의 to의 쓰임도 알아두세요.

사실 전치사 하나 때문에 어감이 확 달라지는 경우도 있는데요, 예를 들어 He shouted at me는 '나한테 소리쳤다'는 뜻이라기 보다 '나한테 화를 냈다'는 뜻입니다. She shouted to me처럼 해야, 나의 주의를 끌려고 소리를 쳤다는 뜻이 되죠. 간단한 예만 알아두면 비슷한 동사가 나올 때 같은 용법이 되는 걸 경험하게 될 테니 걱정 말고 기본 예문만 반복해서 정리해 두세요.

모든 시험에서 자주 출제되는 것이 바로 like와 unlike입니다. 일단은 정확한 의미를 알고 있어야 하고, unlike 다음에 절(주어 + 동사)을 써놓거나(unlike you sing [✗]) like 대신 as로 함정을 만드는 문제에 주의해야 합니다. TOEIC에서는 on account of(~때문에)가, TOEFL에서는 be responsible for(~에 책임이 있다)가 자주 출제되는데, 이 때 전치사 on이나 for를 다른 것으로 바꾸거나 빼놓는 함정을 사용합니다. 국내 시험에서는 교통수단을 보여 주는 by나 by -ing(~함으로써)의 두 가지 형태가 많이 출제되었습니다.

연습문제

다음 문장에서 밑줄 친 부분이 맞으면 O, 틀리면 X로 표시하시오.　　(정답 확인 p.232)

1. The game was canceled because bad weather. (　)
2. Please send this package through air. (　)
3. Do you know how to remove stains as ink in carpet? (　)
4. I don't agree with her unlike you think. (　)
5. I came back home instead meeting friends. (　)

기타 전치사 표현법

다른 단어와 함께 쓰이기도 하고, 없어지기도 해

전치사는 with(~와 함께)와 같이 단독으로 특정 의미를 나타내기도 하지만, 여러 전치사가 합체하거나 명사, 형용사 등 다양한 품사와 함께 쓰이기도 합니다. in spite of(~에도 불구하고), according to(~에 따르면)와 같은 것들이 그 것이지요. 또한 have fun (in) -ing(~하면서 즐거운 시간을 보내다), have trouble (in) -ing(~하는 데 어려움을 겪다)의 경우와 같이 원래 쓰이던 전치사를 점차 생략하게 된 경우도 있습니다.

Key Point 기타 전치사 표현법   문법 중요도 ★★★

성공**에도 불구하고**, 그는 행복하지 않아.
In spite of his success, he's not happy.

- in spite of, despite, for all, notwithstanding의 네 표현 모두 '~에도 불구하고'라는 의미인데, 그중 notwithstanding [낫윗스땐딩]이 가장 격식 차린 느낌을 줍니다.

빡빡한 일정 **빼고는** 다 좋아.
Everything's great **except[but]** my tight schedule.

- except(=except for)나 but은 '~은 빼고'라는 뜻인데 save도 같은 의미지만 옛날 느낌이고, excepting(~을 제외하고)은 격식 차린 표현입니다.

A 그 밖의 다양한 전치사들   문법 중요도 ★★★

그에 따르면 행사와 관련해서 우리가 미리 계획을 짜야만 해요.
According to him, we have to plan ahead regarding the event.

- according to + [명사] 혹은 according as + [절]은 '~에 따르면'이라는 의미. regarding, concerning, with regard to, in regard to 모두 '~에 관련하여'라는 뜻의 격식 차린 표현인데요, 대신 가장 기본이자 중요한 단어 about을 써도 됩니다.

크기에 상관없이 이틀 묵을 욕실이 딸린 방을 주세요.
I'd like a room with a bath for two nights regardless of the size.

- with는 소유(~함께)를 나타내고, regardless of는 '~에 상관없이'라는 뜻입니다.

B 전치사가 생략되는 표현들

문법 중요도 ★★★

친구들과 소셜게임을 하면서 즐겁게 보냈어.
I had fun playing games on social networking sites with my friends.

이 앱을 내려받기하는 데 고생했어.
I had trouble downloading this app.

◉ 원래는 playing이나 downloading 앞에 in이 있지만 더 이상 쓰지 않습니다.

난 자유시간을 독서와 여행하는 데 쓴다.
I spend my free time reading and traveling.

◉ reading 앞에 있던 전치사 in은 사라져서 더 이상 쓰지 않습니다.

have trouble -ing(~하는 데 고생하다), be busy -ing(~하느라고 바쁘다), spend [시간] -ing(~하는 데 [시간/돈]을 쓰다)와 같은 표현이 바로 전치사 in이 생략된 경우인데요, 무슨 전치사가 생략되었느냐는 중요하지 않고요, 일상회화에서 정말 많이 쓰이는 표현이니까 그냥 연습해 두면 도움이 될 겁니다.

TOEFL에서는 according to + [명사](~에 따르면)에서 to 대신 as를 넣어 함정을 만들거나(according as 다음에는 [주어]+[동사]가 나옴), regardless of(~에 상관없이)에서 of를 슬쩍 뺀 문제가 자주 출제되었습니다. TOEIC에서는 besides(게다가, 추가적으로)가 나온 적 있고, 고시에서는 excepting에 for를 붙여 속이는 문제가 출제된 바 있습니다. 대학원 시험에서는 in spite[✗] 혹은 despite of[✗]처럼 in spite 이와 despite를 혼동시키는 문제가 많이 등장했고요. spend, be busy, have fun[trouble]과 같은 표현 다음에 -ing 대신 to부정사를 써놓거나, on -ing처럼 함정을 만들어 알맞게 고치는 문제가 고시, 대학원, TOEFL에 가장 많이 출제되었습니다.

연습문제

다음 문장에서 밑줄 친 부분이 맞으면 O, 틀리면 X로 표시하시오. (정답 확인 p.232)

1. According as the survey, nearly half of all adults text while driving. (   )

2. In spite her smile, I'm scared of her. (   )

3. I agree with you excepting for the money part. (   )

4. I want to buy that phone regardless the price. (   )

5. Claire and I have lots of things in common besides of baseball. (   )

정답

Class 18. 명사

Grammar Point 85. 1차원 at, 2차원 on, 3차원 in
1. at Christmas
2. on Saturday night
3. every Friday
4. O

Grammar Point 86. 기간을 나타내는 주요 전치사들
1. for
2. since
3. until
4. during

Grammar Point 87. 점 at, 면 on, 공간 in
1. at
2. out of
3. at
4. O

Grammar Point 88. 위치를 나타내는 주요 전치사들
1. next to
2. across
3. behind schedule
4. in front of
5. below zero

Grammar Point 89. 원인과 비교의 전치사들
1. because of
2. by air
3. like
4. unlike you
5. instead of

Grammar Point 90. 기타 전치사 표현법
1. According to
2. In spite of
3. except (또는 except for = excepting)
4. regardless of
5. besides

Class 19

접속사

Grammar Point 91-95

〈생각의 흐름을 읽게 해 주는 힘!〉

기차 한 칸을 다른 칸과 연결하려면 중간에 연결장치가 필요합니다. 이것은 기차가 굽은 길을 부드럽게 가기 위한 장치가 될뿐더러, 선로 위를 달릴 수 있는 것이라면 어떤 것이라도 필요에 따라 연결해 쓸 수 있다는 장점도 있죠. 이런 연결 장치로 접속사와 관계사가 있는데요. 이 둘은 서로 관련이 없어 보이지만, 개념이나 생각을 이어주는 역할을 한다는 점에서는 공통점이 있습니다. 다만 관계사가 특정 명사(선행사)를 보충 설명하기 위한 장치라면, 접속사는 단어와 단어, 문장과 문장, 그리고 개념과 개념의 흐름을 정리해주거나 전체 문장의 상황을 부연 설명하는 역할을 한다는 점에서 차이가 납니다. 그럼 Class 19에서는 접속사를 정리해 보기로 할까요.~

Both A and B, Either A or B

단어, 구, 문장을 대등하게 연결해 줘

좋아하는 음식 종류를 나열하거나 선택 사항들을 비교해서 알려 줄 때, and나 or와 같은 접속사를 이용하면 편합니다. Will you go by taxi "or" by bus?(택시 타고 갈래 "아니면" 버스 타고 갈래?)와 같은 경우인데, 이러한 접속사들은 단어나 구, 문장을 대등하게 연결시켜 주기 때문에, 접속사(and, but, or) 앞뒤에는 같은 형태의 말이 와야 합니다. 즉 한쪽이 by taxi면 or 다음도 by bus가 되는 것처럼 말이죠. 그럼, 아래에서 보다 자세히 살펴볼까요.~

Key Point — Both A and B vs. Either A or B   문법 중요도 ★★★

데이나는 친절하고, 믿을 만하고 아름다워.
Dana is kind, reliable and beautiful[×a beauty].

- and, or, but 등은 같은 형태의 말을 이어주는 접속사이죠. 형용사를 나열하다 a beauty처럼 명사가 연결되면 틀리고, 당연히 앞과 동일한 형용사 beautiful이 와야 합니다.

너와 나 모두, 있든지 아니면 떠나야 해.
Both you and I have to either stay or leave.

- 둘 중 둘 모두라면 both A and B, 둘 중 하나라면 either A or B처럼 쓰면 됩니다.

A 다양한 대등 연결의 표현들   문법 중요도 ★★

핏과 졸리가 (모두) 파티에 온대, 그러니 놓치지 말자고.
Pitt and Jolie are coming to the party, so let's not miss it.

- 비슷한 종류를 연결할 때 and를 쓰면 되고, 여러 명이니 동사는 are가 맞습니다.

나도 합류하고 싶어, 하지만 일해야 해.
I'd like to join you, but I have to work.

- 앞과는 다른 내용을 보여 주고 싶을 때는 but을 쓰면 됩니다.

외식할래 아니면 집에서 먹을까?
Would you like to eat out or eat in?

- 둘 중에 하나를 선택할 때 or를 쓰면 되는데, or의 앞뒤에는 동등한 품사가 오죠.

쌤은 피아노와 트럼펫 둘 다 연주 못해.
Sam plays neither the piano nor the trumpet.

○ neither A nor B는 '둘 다 못한다'는 부정의 뜻입니다.

김치는 맛있을 뿐만 아니라 건강에도 좋아.
Kimchi is not only tasty but also healthful.

○ not only A but also B는 'A뿐만 아니라 B도'라는 뜻이지만 초점은 B에 더 맞추어져 있고요, A와 B는 둘 다 같은 형태(tasty, healthful 둘 다 형용사)가 와야 합니다.

and, but, or는 어느 한쪽이 다른 쪽의 원인이나 결과가 되지 않고, 그 내용을 동등하게 연결해 준다는 점에서 등위접속사라고 불립니다. 하지만 초점은 and(그리고), but(그러나), or(혹은)의 뜻과 그 형태이고요, but의 경우는 '그러나' 말고도, nobody else but me(나를 제외하고는 아무도)처럼 '제외하고'라는 뜻, 또 nothing but처럼 '단지'(only)의 뜻까지, 세 가지 의미가 있다는 것을 알아두면 회화에서 유용하게 써먹을 수 있을 겁니다.

TOEFL, TOEIC에서 가장 많이 등장하지만, 어려운 단어와 긴 문장 속에 숨어서 제대로 파악하기 힘든 문제 중의 하나가 바로 and, but, or의 문제인데요. 핵심은 이러한 단어 앞뒤에는 항상 같은 형태가 동반되어야 한다는 것입니다. 예를 들어 She likes reading, playing the piano, and to dance처럼 앞에는 -ing형을 쓰다가 뒤에는 to+[동사]를 써 놓고 틀린 부분을 골라내라는 문제가 출제됩니다. both A and B(A와 B 둘 다)와 같은 표현들 역시 A와 B의 형태를 잘 맞추어 주어야 하고요. either A or B(A와 B 둘 중 하나), not A but B(A가 아니라 B이다), not only A but also B(A만이 아니라 B도), 그리고 neither A nor B(A와 B 둘 다 아닌) 등의 표현들도 모두 그 형태와 뜻이 중요하니까 꼭 기억해두기 바랍니다.

연습문제

다음 문장에서 밑줄 친 부분이 맞으면 O, 틀리면 X로 표시하시오.　　　(정답 확인 p.244)

1. I like playing basketball and to watch baseball. (　)

2. He is healthy not only physically and mentally. (　)

3. Would you like to stay here or going to the movies? (　)

4. Neither you and your sister will make it there on time. (　)

시간의 접속사
시간에 관해서는 우리한테 물어봐!

우리의 일상생활에서 가장 중요한 것 중의 하나가 바로 시간입니다. 약속을 잡을 때 점심식사 전인지(before lunch), 후인지(after lunch), 먹으면서(while we have lunch)인지, 혹은 먹을 때(when we have lunch)인지에 따라 일정에 변화가 생기겠죠. 또 점심을 먹자마자(as soon as), 혹은 먹은 이후로 쭉(since) 그리고 점심을 먹을 때마다(whenever=every time)라는 표현까지! 사실 시간 관련 표현이 이렇게 많게 느껴지는 것은 그만큼 시간의 구체적인 의미와 쓰임이 우리 생활과 밀접하게 관련되어 있다는 것을 말해 주는 것이죠.

Key Point — 시간을 나타내는 접속사들   문법 중요도 ★★★

식기 전에[후에] 마셔.   **Drink it before[after] it cools down.**
◎ 가장 유용한 표현이 시간의 순서를 밝히는 것이죠. '전'은 before, '후'는 after!

난 차 마시는 동안, 차를 뜨겁게 해둬.   **While I drink my tea, I keep it hot.**
◎ 어떤 일이 진행되는 동안의 시간은 while을 쓰면 됩니다.

난 차를 마실 때마다 차갑게 마셔.   **Every time I drink tea, I drink it cold.**
◎ 어떤 시간이 반복되어 발생할 때는 every time 혹은 whenever를 쓰면 되고요.

A 그 밖의 다양한 시간의 접속사들   문법 중요도 ★★★

내가 돌아올 때까지 아무 것도 만지지 마.
Don't touch anything until[till] I come back.
◎ until은 '~할 때까지'라는 의미인데, till이라고 해도 됩니다.

저녁을 먹자마자[일단 저녁을 먹자], 그는 잠이 들었어.
As soon as[Once] he finished dinner, he fell asleep.
◎ as soon as는 '~하자마자,' once는 '일단 ~하자'라는 의미. as soon as를 on[upon] his finishing dinner~처럼 쓰기도 하는데, upon이 좀 더 격식 차린 느낌을 줍니다.

나를 보는 순간, 그녀는 멀리 가버렸다.
The moment she saw me, she walked away.
◎ '~하는 순간'(~하자마자)의 뜻으로 the moment ~ 혹은 the minute ~을 쓰면 됩니다.

조깅할 때마다 재키를 보게 돼.
Whenever[Every time] I jog, I happen to see Jackie.
◐ when에 ~ever를 붙이면 '~할 때마다'의 뜻으로, every time ~이라고 해도 됩니다.

눈을 감을 때, 내 마음에 네가 느껴져.
When[As] I close my eyes, I feel you in my heart.
◐ '~할 때'의 가장 기본 표현은 when이죠. as를 써도 같은 뜻이 됩니다.

게리는 스무 살 이후로 계속 가르쳐 왔지.
Gary has been teaching since he was 20 years old.
◐ since는 과거 어느 때(20살)부터 지금까지 쭉 계속되고 있는 사건(완료)에 쓰입니다.

사실 회화에서 가장 중요한 것은, 여러 가지 표현들의 기본 형태와 뜻을 정확히 파악해 두는 것이죠. 앞서 나왔던 the moment ~(~하자마자)는 immediately로 바꾸어 쓰기도 하고요, every time ~(~할 때마다)과 유사한 the first[last / next] time + [주어] + [동사](처음으로[마지막에 / 다음 번에] ~을 했을 때)도 함께 정리해 두면 좋습니다. 마지막으로 by the time ~(~할 때에는)까지 정리하면 시간관련 표현은 거의 다 정리한 셈이 됩니다. 입에 꼭 붙여서 연습해 보세요!!

대학원, 고시에서는 주로 시제와 관련된 문제가 나옵니다. 즉, since는 완료시제와 함께 등장하는 것에 주의해야 하고, after와 before는 문장의 뜻을 고려해서 어떤 것이 맞는지를 고르는 문제가 대부분입니다. 종종 when(~할 때)과 whenever(~할 때마다)의 뜻의 차이점을 묻는 문제도 등장합니다. TOEFL, TOEIC에서는 빈칸을 만들어 놓고 문맥에 맞는 접속사를 고르는 가장 기초적인 문제가 등장하므로 문장의 뜻을 잘 파악하는 것이 중요합니다.

연습문제

다음 문장에서 밑줄 친 부분이 맞으면 O, 틀리면 X로 표시하시오.　　　　　　　　(정답 확인 p.244)

1. I was almost hit by a car until walking my dog. (　)

2. Can I borrow your book while you're done with it? (　)

3. Every when I listen to this song, it makes me cry. (　)

4. I've been so happy when I met you a few years ago. (　)

이유, 원인의 접속사
세상의 모든 일에는 이유가 있다니까!

살다 보면 행동이나 사건의 이유를 설명해야 할 때가 정말 많죠. '~때문에'라는, 이유를 나타내는 접속사로 가장 흔하게 쓰이고 가장 먼저 떠올릴 수 있는 것은 아마 because일 겁니다. 하지만 because가 객관적이고 뚜렷한 이유라는 것을 강조하는 한편, 그보다 덜 강력하게 이유를 보여 주고 싶을 때 as나 since를 쓸 수 있습니다. 또한 전치사로만 알고 있던 for가 for + [문장]의 형태로 부수적인 이유를 첨가해 줄 수도 있고요. 자, 그럼 어떤 표현들이 우리의 마음을 좀 더 구체적으로 다양하게 표현해 줄 수 있는지 함께 살펴보기로 할까요.~

Key Point 이유와 원인을 나타내는 접속사들   문법 중요도 ★★★★

잠을 잘 <u>자서</u> 기분이 좋아.   I feel great **because[as]** I slept well.
- '때문에'라는 뜻은 because가 가장 기본이고, as를 써도 됩니다.

깊은 잠 <u>때문에</u> 기분이 좋아.   I feel great **because of** my deep sleep.
- because 다음에 [주어] + [동작](=절)이 온다면, because of 다음엔 [명사](sleep)가 오죠.

<u>이제</u> 잠을 잘 <u>자니까</u> 기분이 좋아.   **Now that** I sleep well, I feel great.
- '~인 상황이라서'라며 이유를 밝혀 줄 때 바로 now that ~을 쓰면 됩니다.

A 그 밖의 다양한 이유 접속사   문법 중요도 ★★★

완전히 탈진했기 때문에 일찍 잤어.
I went to sleep early <u>as</u> I felt burned out.
- as는 주로 직접적인 이유를 보여 주는데, 물론 because를 써도 같은 뜻이 됩니다.

일찍 일어나니까, 하루가 길어지는 듯해.
<u>Since</u> I get up early, my day seems to get longer.
- since는 주로 간접적인 이유를 보여 주는데, now that을 써도 같은 느낌이 됩니다.

그가 공부를 많이 한 것을 보면, 시험에 통과할 거야.
<u>Seeing that</u> he studied a lot, he'll pass the exam.
- seeing[considering] that ~은 '어떤 상황으로 미루어 보건대'라는 의미입니다.

이번 일요일에 일할 건데, 왜냐하면 프로젝트를 끝내야 해서지.
I'm working this Sunday, for I need to finish my project.

◯ 앞에 문장이 오고, 그에 대한 이유를 부연 설명할 때 for를 쓰는데, 이 때 for 앞에는 주로 커마(,)가 있죠. 단, 문장의 처음에는 올 수 없어요. 왜? 부연 설명할 내용이 없으니깨!

도로 보수작업 때문에 교통체증이 심해.
The traffic is terrible due to road maintenance.

◯ 직접적인 이유는 due to나 because of를 써서 말하면 되는데, due to=owing to는 조금 공식적인 느낌을 주고 thanks to=with the help of는 좀 더 구어체에 가깝죠.

'왜냐하면' 혹은 '때문에'라는 뜻의 표현이 여러 가지 있지만, 사실 부담되면 가장 기본이 되는 because만 써도 됩니다. 하지만 같은 표현으로 지루해질 때 앞서 나온 다양한 표현들을 섞어 쓰면 되고요. 마지막으로 in that이 있는데, She's lucky in that she has a good husband and wonderful kids(좋은 남편과 아이들이 있다는 점에서 그녀는 운이 좋아)처럼 '~라는 점에서'의 뜻으로 쓰입니다. 또, I'm glad that you could come(네가 와 줘서 나도 기뻐)처럼 구어체에서 이유를 보여주는 말로 가장 흔히 쓰이는 것이 바로 that인데, 뜻은 '~하다니' 정도로 이해하면 돼요. 가장 빈도 높은 것부터 자주 쓰다 보면 다른 것들도 자연스레 익힐 수 있게 되니까 걱정 말고 기본 위주로 연습해도 됩니다.

대학원, 고시에서는 주로 빈칸을 만들어 전체 문장의 뜻에 어울리는 접속사를 고르게 하는 문제가 가장 자주 출제됩니다. 고시의 경우 now that이 2~3차례 출제된 적이 있고, 언론/방송사, 기업체 시험에 간접적인 이유를 보여주는 since가 출제되기도 했습니다. TOEFL, TOEIC에서는 뒤에 [명사]가 이어져야 하는 due to나 because of 다음에 [주어] + [동사]를 제시하고 틀린 부분을 골라내는 문제가 많습니다. 결국 이런 표현들의 기본 뜻과 형태만 정확하게 파악해도 시험대비 문제가 없다는 얘기죠.

연습문제

다음 문장에서 괄호 안 표현들 중 어울리는 것을 고르시오.   (정답 확인 p.244)

1. (a. Whether / b. Now that) you mention it, I remember it. (   )

2. The game was canceled (a. because / b. because of) the bad weather. (   )

3. I didn't get the job (a. since / b. until) I didn't have enough experience. (   )

4. (a. If / b. As) I have gotten older, I've learned to listen to others. (   )

Grammar Point 94 양보와 조건의 접속사
그럼에도 불구하고, 그렇지 않으면!

인생은 얼마나 크고 작은 반전의 연속일까요! 밤이 늦었으니 당연히 잠이 오겠거니 하지만 동이 트도록 눈이 말똥말똥할 수도 있고, 내가 싫어하는 결점을 두루 갖춘 여자인데도 불구하고 자꾸만 생각나는 이상한 일이 벌어질 수도 있습니다. 이러한 반전을 표현하는 '~에도 불구하고'라는 의미를 나타내는 although/though와 같은 접속사와, '~하지 않는다면'이라는 조건의 의미를 나타내는 unless, otherwise와 같은 접속사들의 쓰임을 알아봅니다.

Key Point 대표적인 양보와 조건의 접속사들   문법 중요도 ★★★★

비가 왔지만, 난 뛰러 갔다.   **Though** it rained, I went running.
- '비록 ~이지만'이라는 뜻의 though(=although) 다음에는 [주어] + [동사]만 나옵니다.

비에도 불구하고, 난 뛰러 갔다.   **Despite** the rain, I went running.
- '~에도 불구하고'라는 뜻의 despite(=in spite of) 다음에는 [명사]만 나오니까 주의!

비가 온다면, 난 뛰러 갈 거야.   **If** it rains, I'll go running.
- '만일 ~한다면'이라는 뜻의 표현은 if죠. if 다음에는 [주어] + [동사](=절)가 나옵니다.

비가 오지 않는다면, 난 뛰러 갈 거야.   **Unless** it rains, I'll go running.
- '만일 ~하지 않는다면'의 unless는 If it doesn't rain처럼 if ~ not으로 바꿔 써도 됩니다.

A 양보와 대비를 나타내는 접속사들   문법 중요도 ★★★

눈이 많이 왔지. 그럼에도 불구하고 조깅하러 나갔어.
It snowed a lot. **Nevertheless** I went out to jog.
- 앞에 나온 내용을 '그럼에도 불구하고'라면서 대비시킬 때 쓰는 표현인데요. nevertheless, nonetheless, however 모두 같은 표현으로 문어체의 느낌을 줍니다.

폴은 채소를 좋아해, 반면 존은 싫어하지.
Paul likes vegetables, **while** John hates them.
- '~ 하는 반면'의 뜻으로 두 가지를 대비시킬 때 while이나 whereas[웨어래즈]를 쓰면 되는데요, 이 중 while이 구어체 느낌을 줍니다.

B 조건을 나타내는 접속사들

문법 중요도 ★★★

네가 좋다고 하는 한 그의 프로젝트에 함께할게.
I'll stick with his project as long as you say yes.

◉ '~하는 한'이라는 뜻의 as long as는 so long as라고 써도 됩니다.

따스하게 해, 그렇지 않으면 감기에 걸릴지도 몰라.
Keep warm, otherwise you might catch a cold.

◉ '그렇지 않으면'이라는 의미로 otherwise나 구어체인 or를 쓰면 됩니다.

내가 늦을 경우에는 나 없이 출발해.
Leave without me in case I'm late.

◉ '~하는 경우에는'이라는 의미로 in case ~(= in the event ~)를 쓸 수 있습니다.

사실 같은 뜻을 표현해 주는 비슷비슷한 표현들 때문에 부담되시죠? 하지만 가장 흔한 것이 가장 많이 쓰이니까 걱정하지 마세요. '비록 ~이지만'은 though만 자신감 있게 쓰면 되고, 이후에 although, even though를 가끔 쓰면 됩니다. 더불어 "in spite of와 despite 다음에는 명사나 명사 상당어구가 나온다"는 설명보다 despite the rain, despite the snow, despite the storm(비/눈/폭풍에도 불구하고), despite the heat(폭염에도 불구하고)처럼 몇 개의 예를 연습하는 것이 훨씬 더 도움 됩니다.

TOEIC, TOEFL에서 가장 많이 등장하는 단어는 바로 although인데, 빈칸을 만들어 놓고 though나 although를 정답으로 고르게 합니다. 또 despite나 in spite of 다음에 절(주어 + 동사)을 써놓고 틀린 것으로 골라내는 문제도 종종 등장합니다. 고시, 대학원 시험에서는 nevertheless와 though를 구별하는 고난도 문제도 가끔 나오죠. nevertheless는 앞서 다른 내용이 있고 난 후에만 쓸 수 있지만, though는 문장의 맨 처음부터 바로 나올 수 있다는 점이 다릅니다. 마지막으로 어려운 문제로는 inasmuch as(~때문에) 혹은 insofar as(~하는 한)가 출제되기도 했습니다.

연습문제

다음 문장에서 괄호 안 표현들 중 어울리는 표현을 고르시오. (정답 확인 p.244)

1. He went on talking (a. since / b. though) no one was listening. (   )
2. We hit it off immediately (a. although / b. despite) our differences. (   )
3. I studied hard. (a. Although/ b. Nevertheless) I failed the test. (   )
4. You need to write down your password (a. in case/ b. unless) you forget it. (   )

결과, 목적의 접속사

우리들도 뜻을 알아두면 아주 유용해요!

영화나 TV 시리즈 혹은 회화에서 가장 많이 쓰는 단어 중 하나가 so라고 해도 과언이 아닐 텐데요, so의 기본 뜻은 '그래서, 그러므로'죠. 이런 기본 뜻에서 출발해서 몇 가지 중요한 구문에 없어서는 안 될 역할을 합니다. I was so tired that I couldn't stay up late("너무" 피곤해서 늦게까지 깨어있지 못했다)와 같이 결과를 나타내기도 하고요. Speak louder please so (that) I could hear you clearly(너의 말을 확실하게 들을 "수 있도록")과 같이 '~할 수 있도록'이라는 의미를 나타내기도 합니다. 다음에서 함께 더 살펴보도록 할까요?

Key Point — 대표적인 결과와 목적의 접속사   문법 중요도 ★★★★★

차가 너무 뜨거워서 마실 수가 없어.   **This tea is so hot that I can't drink it.**
- '너무 ~해서 ~하다'의 표현 so ~ that 사이에 hot처럼 형용사가 온다는 데 주의!

너무 뜨거운 차라, 마실 수가 없어.   **This is such a hot tea that I can't drink it.**
- '너무 ~해서 ~하다'의 표현 such ~ that 사이에 명사(tea)가 온다는 데 주의!

차가 뜨거운지 아닌지 잘 모르겠네.   **I'm not sure if[whether] this tea is hot or not.**
- '인지 ~아닌지'의 표현으로 whether가 있지만 구어체에서는 if가 더 많이 쓰입니다.

A 결론 말하기용 접속사들   문법 중요도 ★★★

제드는 한숨도 못 잤어, 그래서 좀비처럼 보여.
Zed didn't sleep a wink, so he looks like a zombie.
- 결론을 유도하는 표현에는 so(그래서), thus(이리하여), after all(결국), in short(요약하자면), therefore(그러므로), consequently(결과적으로)가 있는데 so만 알아도 됩니다.

나는 전화 통화를 할 수 있도록 TV를 껐다.
I turned off the TV so (that) I could talk on the phone.
- '~하도록'의 의미로 so that ~ can[could]을 쓰면 되는데, that은 말할 때 생략됩니다.

이 차는 소음이 너무 심해서 몰고 다닐 수가 없어.
This car is so noisy that I can't drive it around.
- so와 that을 떨어뜨려 놓으면 '너무 ~해서 ~하다'의 뜻이 됩니다.

B 보충 설명 및 바꿔 말하기용 접속사들

문법 중요도 ★★★

짐은 정직하지가 않아. 게다가, 자기밖에 몰라.
Jim isn't honest. In addition, he only cares about himself.

➡ 앞에 나온 내용에 추가해서 말할 때 in addition = moreover = furthermore를 써 보세요.

그 사람은 믿을만하지 않아, 다른 말로 하면 거짓말쟁이라구.
He's not reliable, in other words he's a liar.

➡ 앞서 나온 내용을 바꿔 말할 때 in other words = that is to say 혹은 i.e.를 쓰면 됩니다.

so that ~은 '~하기 위해서'라는 목적의 의미를 보여 주는데, 비슷한 뜻의 in order that ~은 격식 차린 느낌을 주고 그 사용빈도도 떨어집니다. 그리고 that 다음에는 can이 가장 많이 쓰이지만 could, would, might도 가능합니다. 더불어 예를 들어 설명할 때는 for example / for instance(예를 들자면)가 쓰이고요. I need time. Besides I need money.처럼 besides는 '게다가'라는 뜻이지만, 끝에 -s가 없는 beside는 She sat beside me처럼 '옆'이란 뜻이니까 회화에서 주의해서 써야 됩니다.

대학원, 기업체 시험에서는 so + [형용사/부사] + that ~의 구문에서 so 대신 very나 too 혹은 as로 함정을 만들어 놓는 경우가 많습니다. 이런 형태는 TOEFL, TOEIC, TEPS에서도 출제빈도가 높죠. 그리고 목적의 so that ~ 대신 therefore나 다른 접속사를 써놓고 고치는 문제도 종종 등장하니 주의하세요. so 뒤에는 형용사나 부사, such 뒤에는 명사가 나온다는 것도 알아두면 시험문제의 의도가 보일 겁니다.

연습문제

다음 문장에서 밑줄 친 부분이 맞으면 O, 틀리면 X로 표시하시오.　　　　　　　　　　(정답 확인 p.244)

1. Evancho is such lovely and talented that everyone likes her singing. (　)

2. I left early therefore I could meet her before she went to work. (　)

3. He walked very fast that I couldn't keep up with him. (　)

4. I'm not sure thus pets are allowed there. (　)

5. I need your help. Beside, I need more money. (　)

정답

Class 19. 접속사

Grammar Point 91. Both A and B, Either A or B
1. watching
2. but also mentally
3. or to go
4. nor your sister

Grammar Point 92. 시간의 접속사
1. while
2. when
3. Every time
4. since

Grammar Point 93. 이유, 원인의 접속사
1. b. Now that
2. b. because of
3. a. since
4. b. As

Grammar Point 94. 양보와 조건의 접속사
1. b. though
2. b. despite
3. b. Nevertheless
4. a. in case

Grammar Point 95. 결과, 목적의 접속사
1. so
2. so that
3. so fast
4. if
5. Besides

Class 20

관계사

Grammar Point 96-100

〈동사와 명사를 이어주는 힘!〉

관계대명사, 관계부사와 같은 용어를 들으면 뭔가 굉장히 어렵고 복잡한 개념인 것 같은 생각이 들 텐데요. 하지만 문법 용어에 얽매일 필요는 없습니다. 기본 개념만 정확하고 쉽게 정리하면 실제 말로 쓸 수 있고 문법시험까지도 한꺼번에 해결되니까요! 관계사는 한마디로 명사를 보충 설명 해 주기 위한 장치입니다. 형용사가 단어로 보충 설명을 하고("행복한" 아이: a happy boy), to부정사("가르칠" 아이: a boy to teach)나 분사("달리는" 아이: a running boy)가 조금 더 긴 구(phrase)의 형태로 보충 설명한다면, 관계사는 이들보다 더 길고 자세하게 "문장"의 형태로 명사를 보충 설명해 줄 뿐입니다("매일 두 시간씩 달리는" 아이: a boy who runs 2 hours every day). 그러면 이제 명사와 문장의 관계를 보여 주고 보충해 주는 관계사를 어떻게 쓸 수 있는지 구체적으로 그 예들을 이번 class에서 살펴보도록 하죠.

관계대명사 who, whose, whom

사람은 who, 사물은 which나 that

여러분, "가수"(singer)와 "작곡하다"(write)라는 두 단어는 어떤 관계죠? 가수가 작곡을 하겠죠? 그러면 여기에 "내가 만났다"(I met)를 추가하면 어떻게 될까요? "나는 작곡을 하는 가수를 만났다"(I met a singer who writes songs) 가 되겠죠. 이렇듯 관계를 보여주는 장치를 관계사라고 하는데요, 가수처럼 사람인 경우는 who를, 사물인 경우는 which를, 둘 다 구분 없이 갈 때는 that을 쓰면 됩니다. 다음에서 그 예를 좀 더 살펴보기로 할까요.~

Key Point 관계대명사 who, whose, whom 문법 중요도 ★★★

일주일에 한 곡씩 쓰는 가수를 만났어. I met a singer who writes one song a week.
- 가수(singer)와 작곡한다(write)는 어떤 관계죠? 가수가 작곡을 하는(writes)거죠! 그래서 "주격" 관계대명사이고, 이때 write에 -s가 있는 것은 a singer(3인칭 단수) 때문입니다.

아내가 작가인 가수를 만났어. I met a singer whose wife is a writer.
- 가수(singer)와 아내(wife)는 어떤 관계죠? 그 사람의(whose) 아내이죠. 그래서 소유격!

내가 20년 전에 좋아했던 가수를 만났어. I met a singer whom I liked 20 years ago.
- 가수(singer)와 나(I)는 어떤 관계죠? 내가(I) 가수를 좋아했던(liked) 거죠. 그래서 목적격!

A 관계대명사 which와 whose(=of which) 문법 중요도 ★★

베스트셀러가 된 책을 샀다.
I bought a book which became a bestseller.
- 책(book)과 되었다(became)의 관계는? 책이 베스트셀러가 된 것. 그래서 "주격" 관계대명사인데, 책처럼 사람이 아닌 경우는 who 대신 which나 that을 씁니다.

저자가 가수인 책을 샀다.
I bought a book whose author is a singer.
- 책(book)과 저자(author)의 관계는? 저자의 책. 그래서 소유격인데 the author of which처럼 of which를 써야 하지만 구어체에서는 whose로 씁니다.

친구가 쓴 책을 샀다.
I bought a book which my friend wrote.
- 책(book)과 친구는(friend)의 관계는? 친구가 책을 쓴(wrote) 거죠. 그래서 목적격!

B 관계대명사: 한정적 용법 vs. 계속적 용법   문법 중요도 ★★

그는 의사인 아들이 둘 있어.   He has two sons who are doctors.
- 의사인(doctors) 사실을 아들(sons) 뒤에서 꾸며 주기 때문에 "한정적 용법"이라 부르고요, 의사가 된 두 명의 아들 이외에 다른 자식이 있을 수도 있습니다.

그는 아들이 둘인데, 둘 다 의사야.   He has two sons, who are doctors.
- 쉼표 전까지가 하나의 완성된 문장이므로 아들이 두 명 밖에 없다는 뜻이고, 그 두 명 모두 의사가 되었다는 뜻입니다. 앞에서부터 계속 가다 쉰다고 해서 "계속적" 용법이죠.

난 아무 말도 안 했고, 그것이 그녀를 화나게 했지.   I said nothing, which made her angry.
- 앞에 나온 단어나 문장 전체를 다시 언급하고 싶을 때는 커마(,) 다음에 which를 쓰면 됩니다. 생각보다 문어체/구어체에서도 빈도가 높은 유용한 쓰임이니 연습해 두세요.

회화 포인트

명사와 다음 문장과의 관계를 밝혀주는 역할을 하는 것이 바로 관계사인데 who, whose, whom은 사람에게 쓰이고, which는 사물, that은 "그것"이라는 지시성이 강하기 때문에 사람, 사물에 다 쓰입니다. 그런데 현대 영어에서 목적격을 나타내는 whom을 구별해서 쓰는 경우는 거의 없고 대부분 who로 대치해서 씁니다. 소유격의 경우는 사람이나 사물 모두 whose를 쓰면 되는데, 사물의 경우 the author of which~처럼 of which를 쓰면 좀 더 격식 차린 느낌을 줍니다.

출제 포인트

TOEFL, TOEIC에서는 사람의 who, 사물의 which, 그리고 소유격의 whose가 가장 많이 출제됩니다. 예를 들어 which가 필요한 자리에 who를 써놓거나, 반대로 who가 필요한 곳에 which를 써놓는 경우 등이죠. 주의할 것은 I saw a man who "I thought" was the killer처럼 I thought이 삽입된 경우인데 이때 I thought은 없어도 되기 때문에 whom이 아니라 who가 정답이 됩니다. 이런 함정이 있는 문제가 국내시험에 종종 등장하고, 더불어 whose를 발음이 비슷한 who's와 혼동하도록 유도하기도 하죠.

연습문제

다음 문장에서 밑줄 친 부분이 맞으면 O, 틀리면 X로 표시하시오.   (정답 확인 p.256)

1. The candidate who gets more votes becomes the president. (   )

2. A girl whom I thought is Ann's cousin, lives in New York. (   )

3. My sister, who's major is Chinese, helps me with my homework. (   )

4. Do you know the girl which was saved from the fire? (   )

5. I bought a car whose color is greenish blue. (   )

관계부사 where, when, how, why

장소, 시간, 방법, 이유에 대한 추가 설명

"집"(house)과 "살다"(live)라는 두 단어는 어떤 관계죠? 그 집에서 누가 살았겠죠? 이렇듯 "누가 무엇을 하는 장소"라고 말하고 싶은 경우에는 중간에 where만 써 주면 간단하게 해결되는데요. This is the house where I want to live(내가 살고 싶은 집이야)와 같이 쓰면 됩니다. 그럼 장소가 아닌 시간, 방법, 이유는 어떻게 표현 해주어야 할까요? 다음에서 where 이외에 when, how, why의 구체적인 예를 살펴보도록 할까요.~

Key Point — 관계부사 where, when, how, why 문법 중요도 ★★★

이게 내가 살았던 **곳**이야.   **This is (the place) where I lived.**
◎ 내(I)가 살았다(lived)와 장소(place)의 관계는? 거기서 살았겠죠. 장소의 관계부사 where!

이게 내가 여기서 살았던 **때**야.   **This is (the time) when I lived here.**
◎ 내(I)가 살았다(lived)와 시간(time)의 관계는? 그때 살았을테니, 시간의 관계부사 when!

이게 행복한 삶을 사는 **방법**이야.   **This is how you live a happy life.**
◎ 네(you)가 살다(live)와 방법(how)의 관계는? 그렇게 살겠죠. 방법의 관계부사 how!

이게 내 일을 사랑하는 **이유**야.   **This is why I love my job.**
◎ 일(job)을 사랑한다(love)와 이유(why)의 관계는? 그 때문에 일을 사랑할 테니 이유의 관계부사 why!

A 다양한 관계부사의 모습 문법 중요도 ★★

키스가 피아노를 연주했던 바가 여기야.
This is the bar where[in which / ✗in that] Keith played the piano.
◎ '거기서 누가 무엇 했다'는 느낌의 where! where 대신 in which(그 안에서)는 가능하지만 in that을 쓰면 틀립니다. in that은 '그런 점에서'라는 뜻의 접속사 표현이죠.

콘서트가 열렸던 날이 금요일이었어.
Friday was the day when[on which] the concert was held.
◎ '그 때 누가 무엇 했다'는 느낌의 when인데, 역시 뒤에 주어(누가)와 동작(했다)이 따라 나오는데, when 대신 on which를 써도 됩니다.

이게 그녀가 문제를 해결한 방식이야.

This is how she solved the problem.

This is the way that she solved the problem.

○ 이 때 This is "the way that" she solved~는 되지만, This is "the way how" she solved는 안됩니다.

그래서 내가 그 친구를 싫어하는 거야.

That's (the reason) why I don't like him.

That's why I don't like him. = That's the reason I don't like him.

○ 이유의 why 대신 the reason만 써도, 혹은 the reason why처럼 함께 써도 같은 뜻입니다.

"관계부사에는 무엇 무엇이 있다"처럼 외우는 것보다, where가 나오면 '거기에서 누가 어떤 동작을 했구나' 하고 이해하는 것이 말할 때나 실제 시험에서 더 도움이 됩니다. when은 '그때 누가 무엇을 했다.' why는 '왜 했다.' how는 '어떻게 했다'라고 마음속으로 그 뜻을 준비하고 있으면 됩니다. where는 in which로 바꾸어 쓸 수 있는데, where를 쓸 때보다 더 격식 차린 느낌을 줍니다.

관계부사와 관련된 문제는 보통 관계대명사 which나 that의 자리에 where 등을 제시하고 틀린 곳을 고르게 하는 문제나, 관계부사의 정확한 형태와 뜻을 알고 있는가를 묻는 문제가 대부분인데요, 관계사 뒤에 이어지는 문장이 선행사(앞의 명사)와 어떤 관계가 있는지 생각해보면 쉽게 답을 고를 수 있습니다.

연습문제

다음 문장에서 괄호 안 표현들 중 어울리는 것을 고르시오.   (정답 확인 p.256)

1. This is the house (a. which / b. where) I grew up. (   )

2. My mother clearly remembers the moment (a. which / b. when) I was born. (   )

3. For all of us, there's always some place (a. that / b. where) attracts us. (   )

4. Could you tell me (a. how / b. which) it happened? (   )

5. I don't know the reason (a. what / b. why) she dumped me. (   )

Grammar Point 98

범용의 that
사람, 사물에 다 쓰이는 that

여러분, this는 '이것'이라며 가까운 곳에 있는 것을 가리킬 때, 그리고 that은 '저것'이라며 멀리 있는 것을 가리킬 때 쓰는 말이지요? 이런 that의 기본 뜻이 관계사에도 그대로 살아있어서 사물, 동물, 사람에 상관없이 가리킬 수 있는 것은 모두 that을 쓰면 됩니다. 즉, which인지 who인지 혼동될 때 그냥 that을 쓰면 된다는 뜻인데요, 다음에서 구체적으로 그 예를 살펴볼 텐데 여러분은 비슷한 예문을 만들 수 있도록 반복 연습하면 됩니다.

Key Point — 범용의 that   문법 중요도 ★★★

세계 기록을 깬 노래가 이거야.   **This is the song that has broken the record.**
- 노래(song)와 깨트리다(break)의 관계는? 노래가 기록을 경신한 거죠? 이때 노래는 사람이 아니므로 who는 불가능, which는 가능, 혼동되면 주격의 that을 쓰면 됩니다.

모든 사람이 좋아하는 노래가 이거야.   **This is the song that everyone loves.**
- 노래(song)가 사물이니까 which 혹은 사람/사물에 다 쓰이는 목적격 that을 쓰면 됩니다.

작곡자가 과학자인 노래가 이거야.
This is the song whose[×that] writer is a scientist.
- that은 주격(~이), 목적격(~을)이 다 가능하지만 소유격(~의)은 whose로만 씁니다.

A 반드시 that을 쓰는 경우   문법 중요도 ★★

재키는 내가 봤던 사람들 중에 가장 예쁜 애야.
Jackie is the prettiest girl (that) I have ever seen.
- 선행사(girl)에 최상급(the prettiest)이나 서수(the first, the second...) 혹은 the only, the very, all, every와 같은 어구가 있으면 who나 which가 아닌 that을 써야 합니다.

B 그 밖의 다양한 that의 쓰임   문법 중요도 ★★

인간의 언어를 알아듣는 개들도 있어.
There are dogs (that / which) understand human languages.
- 동물 선행사(dogs)는 which 또는 that으로 받을 수 있습니다.

파리는 영화 촬영지를 방문할 수 있는 낭만적 도시야.
Paris is a romantic city where you can visit movie locations.
Paris is a romantic city in which[×in that] you can visit movie locations.

◎ 관계부사 where(거기에서) 대신 in which는 가능하지만 in that은 쓰면 안 됩니다.

그 일이 어떻게 벌어졌는지 말해 주시겠어요?
Could you tell me how it happened?
Could you tell me the way that it happened?

◎ 관계부사 how(어떻게)를 that으로 바꾸어 쓸 수 있는데요, 이때는 선행사(the way)를 생략하면 안됩니다.

사실 회화에서는 소유격 whose를 제외하고 사람/동물/사물 관계없이, 또 헷갈리지 않고 쓸 수 있는 that이 제일 많이 사용됩니다. 그런데 일부러 who나 which를 사용한다면 조금 더 주의를 끌고 싶거나 강조하고 싶다는 의도로 받아들이면 됩니다. 더불어 구어체에서는 의미 파악에 문제가 없는 경우는 거의 that을 생략한다는 것도 알아두시고요.

관계대명사 that과 관련해서는 that과 what의 쓰임을 가려내는 문제가 압도적입니다. that의 경우 Tell me the truth (that) he said와 같이 선행사(the truth)가 나오는 반면, what은 자체에 선행사가 포함되어 있어 Tell me what he said와 같이 말해야 합니다. 또한, the place in which I stayed(내가 머물렀던 곳)과 같은 표현에서 the place in ×that ~과 같이 제시하고 틀린 부분을 찾게 하기도 합니다. 참고로 in that은 '그런 점에서'라는 뜻을 지닌 표현입니다.

연습문제

다음 문장에서 밑줄 친 부분이 맞으면 O, 틀리면 X로 표시하시오. (정답 확인 p.256)

1. The woman which you met at Jake's party was a model. (   )
2. They wanted to visit a town whose location was not well known. (   )
3. The only thing which matters to me is that my family is happy. (   )
4. That's not which I'm trying to say. (   )
5. The Kimchi museum is a place in that you can taste various types of kimchi. (   )

선행사가 포함된 what

내 안에 모두 다 있다~

여러분, "이게 아니다"와 "내가 주문했다" 이 두 문장의 공통점이 보이나요? 무엇이 아니라는 말인지, 무엇을 주문했다는 말인지, 둘 다 완성되지 않은 듯 어색하죠? 이때 두 가지를 '~한 것'이라는 단어를 사용해 합쳐 놓으면 "이건 내가 주문한 것이 아니에요"와 같이 자연스러워집니다. 영어도 동일해서, This is not과 I ordered, 이 두 문장 모두 부족한 부분이 있지만 This is not what I ordered처럼 '~한 것'이라는 뜻의 what을 사용해서 합치면 완벽한 문장이 됩니다. 이때 what을 선행사(~것)가 포함된 관계대명사라 부르는 것뿐이고요.

Key Point — 선행사가 포함된 what   문법 중요도 ★★★★★

이건 **내가 주문한 것**이 아닌데요.   This is not **what**[×that] I ordered.
○ 부족한 두 문장을 연결하는 데에는 what을 쓰면 됩니다.

이건 **내가 주문한 요리**가 아닌데요.   This is not **the dish that**[×what] I ordered.
○ 부족한 문장은 I ordered밖에 없죠. 이때는 what이 아니라 that을 사용하면 됩니다.

여기서 **일어난 일은** 여기에 **묻어두자고**.   **What happens** here **stays** here.
○ 일어나다(happen)와 머물다(stay)의 두 동사 모두 주어가 없죠? what을 맨 앞에 쓰세요.

A 주어의 what, 목적어의 what   문법 중요도 ★★★★

제일 중요한 것은 너의 마음가짐이야!   What matters most is your mindset!
○ 문장 맨 앞에 나와서 중요하다(matters)와 이다(is)의 주어 역할을 하는 관계사 what이죠.

그가 말한 것을 믿어?   Do you believe what he said?
○ 믿는다(believe)와 말하다(say), 이 두 동사의 목적어 역할을 하는 관계사 what이고요.

B what의 다양한 쓰임   문법 중요도 ★★

현재의 나와 과거의 나는 완전히 달라.   What I am is totally different from what I was.
○ what I "am"은 '현재의 나,' what I "was"는 '과거의 나'를 의미합니다.

탐은 소위, 재즈박사야.

Tom is, what we call, a jazz dictionary.

○ what we call은 '소위, 이른바'라는 의미입니다.

노여움과 슬픔으로 나는 잠을 잘 수 없었다.

I couldn't go to sleep what with anger and sadness.

○ 여러 가지 이유를 나열해서 설명할 때 유용한 표현이 what with + [이유]입니다.

여기서 정리한 what을 "선행사가 포함된 관계사 what"이라고 하는데, 사실 이런 용어는 시험에도 나오지 않을뿐더러 스스로 직접 그 예를 만들 수 없다면 정말 무의미합니다!! 제일 중요한 것은 예를 통해서 그 핵심을 파악하는 것이죠. 네가 말하는 것(what you say), 네가 행동하는 것(what you do), 내가 먹는 것(what I eat), 내가 보는 것(what I see), 그녀가 제안한 것(what she suggested), 그 남자가 나한테 준 것(what he gave me)처럼 쉬운 예를 통해 정리하고 난 후, 정말 외우고 싶다면 그때 문법 용어를 알아두면 됩니다.

시험에 가장 출제빈도 높은 관계사가 바로 what인데요. Is this _____ you want?(네가 원하는 게 이거야?)처럼 빈칸을 만들어 which, that, when, who 따위로 함정을 만드는 문제가 가장 흔합니다. 이때 문제를 푸는 관건은 빈칸의 앞/뒤 문장 2개가 모두 완전한 문장이 아니면 what, 한쪽이 완벽한 문장이면 that이 정답이 됩니다. 최근에는 What I want is one more chance(내가 원하는 것은 또 한 번의 기회야)처럼 문장 맨 앞에 나오는 주어 역할의 what을 whatever와 혼동시키는 문제가 출제빈도 높습니다.

연습문제

다음 문장에서 괄호 안 표현들 중 어울리는 것을 고르시오.   (정답 확인 p.256)

1. (a. What / b. That) I'm saying is I don't believe you anymore. (   )

2. The book (a. what / b. that) I wanted wasn't available at the library. (   )

3. Do you know (a. what / b. that) my son did over the weekend? (   )

4. The fact is (a. what / b. that) women seem less interested in politics than men. (   )

5. (a. What / b. Whatever) you said about her was completely wrong. (   )

주의할 관계사 -ever

관계사 더욱 다양하게 사용하기

여러분, ever라는 단어는 유용한 능력을 가지고 있는데요, 앞서 정리한 관계사 끝에 붙여 주기만 하면 '~이든'의 의미를 만들어 줍니다. what(무엇)은 whatever(무엇이든), who(누구)는 whoever(누구이든)처럼 말이죠. whenever(언제든), wherever(어디든)도 물론 가능하고요. 문맥상 Whatever happens, stay with me(무슨 일이 일어나도 내 옆에 있어)와 같이 '~하더라도'라는 의미로 쓰이는데요. 다음에서 그 예를 좀 더 살펴보기로 할까요?

Key Point   주의할 관계사 -ever   문법 중요도 ★★★

네가 **어디 있든**, 너를 위해 거기 있을게.   **Wherever** you are, I'll be there for you.
- where는 '어디에,' wherever는 '어디이든'의 뜻이죠. wherever가 쓰인 문장 뒤에 반드시 다른 문장(I'll be there)이 나온다는 것에 주의하세요.

이것을 **누가 마시든**, 영생하리라!   **Whoever**[×Who] drinks this **will live** forever!
- who는 '누구,' whoever는 '누구든지'의 뜻. 뒤에 동사가 두 개 나온다는 것에 주의!

댄이 말한 **대부분이** 사실이 **아냐**.   **Most of what** Dan said **isn't** true.
- 그것(what)의 대부분(most of)처럼 수치나 크기를 보여 줄 때 of로 연결하면 됩니다.

A 기타 주의할 관계사 쓰임들   문법 중요도 ★★★

스페인어로 쓰여 있는 이메일을 한 통 받았어.
I got an e-mail **written** in Spanish.
- e-mail과 written(쓰여진)은 어떤 관계죠? 이메일이 쓰여진 거겠죠? 이렇듯 명사(e-mail) 다음에 과거분사(-ed)나 현재분사(-ing)가 오면 그 사이에 which was[were/is/are]가 생략된 겁니다.

이건 내가 잃어버린 시계와 (종류나 모양이) 똑같네.
This is **the same** watch **as** I lost.
- the same ... as ~ 는 '~와 같은 종류'라는 의미인데요, as를 관계대명사와 유사하다 하여 유사관계대명사라고도 하는데, 중요한 것은 뜻이지 용어가 아닙니다.

나는 시간 여행에 대한 책 10권을 샀어.
I bought 10 books **that are about** time travel.

○ are의 주어 역할을 하는 관계사(that, which, who)일 때는 관계사를 생략할 수 없습니다. 생략하면 뜻 파악이 어려우니까요.

나는 제이크가 쓴 책 10권을 샀어.
I bought 10 books (that) Jake wrote.

○ 생략해도 뜻에 영향을 주지 않는 목적격(~한 책을)의 관계사(that, which, who)는 생략해도 됩니다.

나는 책 10권을 샀는데, 그중의 반은 시간 여행에 관한 거야.
I bought 10 books, half of which are about time travel.

○ 앞에 나온 것(책 10권: 선행사)의 수량(half)을 보여 줄 때 which는 생략할 수 없습니다.

회화에서 가장 중요한 것은 바로 문법요소의 정확한 형태와 뜻, 그리고 그에 대한 즐거운 연습입니다. 그것들 전부(all of which), 그것들 대부분(most of which), 그것들의 반(half of which), 그것들 일부분(some of which), 그것들 약간(a few of which), 그것들 모두 아닌(none of which)처럼 만들어보면 됩니다. 더불어 [관계사] + -ever 표현의 정확한 형태와 뜻을 정리해 두면 그것이 회화에 제일 도움되죠.

whenever (언제든지),   wherever (어디든지),   whoever (누구이든)
whatever (무엇이든),   however (어떻게 하든)   whichever (어느 것이든)
이때 whyever[✗]만 없다는 것, 꼭 기억하세요!

-ever가 들어간 표현의 기본 형태와 정확한 뜻을 알고 있는가를 묻는 문제가 각종 시험에 가장 빈번한데요, 예를 들어 문맥상 사람인 문장에 whoever 대신 whatever나 whichever를 써놓고 고치는 식입니다. 더불어 where와 wherever처럼 두 가지를 속이는 문제 또한 출제가 잘 되는데요, 이때 -ever가 붙은 것이 뒤에 또 다른 문장을 동반한다는 것만 알고 있으면 쉽게 구별할 수 있습니다.

연습문제

다음 문장에서 밑줄 친 부분이 맞으면 O, 틀리면 X로 표시하시오.   (정답 확인 p.256)

1. You can invite whichever you want to our party. (   )

2. Whatever you decide, we'll support you. (   )

3. Whatever you go, I will always be right by your side. (   )

4. He is not the same guy who you think. (   )

5. I met 50 people yesterday, most of which are doctors. (   )

정답

Class 20. 관계사

Grammar Point 96. 관계대명사 who, whose, whom
1. O
2. who
3. whose
4. who
5. O

Grammar Point 97. 관계부사 where, when, how, why
1. b. where
2. b. when
3. a. that
4. a. how
5. b. why

Grammar Point 98. 범용의 that
1. who (또는 that)
2. O
3. that
4. what
5. in which

Grammar Point 99. 선행사가 포함된 what
1. a. What
2. b. that
3. a. what
4. b. that
5. a. What

Grammar Point 100. 주의할 관계사 -ever
1. whoever
2. O
3. Wherever
4. as
5. most of whom

최강스펙 완성의 필수코스인 OPIc 완전정복 시리즈!
크레듀 OPIc 교육과정

OPIc대비 Best 온라인과정

입문 과정 | OPIc과의 첫 만남

New OPIc 첫걸음
New OPIc 시험에 대한 모든 궁금증을 해결하는 과정

전략 과정 | 목표 레벨 공략을 위한 수준별 전략 과정

OPIc의 정석! Novice탈출
초급자들에게 영어 말하기에 대한 자신감을 부여하는 과정

OPIc의 정석! IL공략
Intermediate Low 레벨 획득을 위한 전략을 제공하는 과정

OPIc의 정석! IM공략
Intermediate Mid 레벨 획득을 위한 전략을 제공하는 과정

심화 과정 | 개인별 취약점 극복을 위한 영역별 심화 과정

OPIc Power Grammar / OPIc Power Grammar Plus
문법을 '말하는 것'으로 배우며 영어의 기초실력을 튼튼하게 하는 과정

OPIc Power Pattern / OPIc Power Pattern Plus
OPIc 말하기에서 자주 사용되는 문장 패턴학습과 아이디어 도출을 통해 사고력, 답안 및 문장 구성력을 높일 수 있는 과정

전략 과정 | 목표 레벨 공략을 위한 수준별 전략 과정

OPIc SOS (Skills Of Speaking) Intermediate
유쾌한 썬킴 강사의 주제별 고득점 전략 강의 음성인식 솔루션을 통해 나만의 답변이 입에서 술술 나올 수 있도록 말하기 훈련 과정

오픽킹 이윤진의 OPIc BOX
OPIc Intermediate레벨 획득을 위한 OPIc BOX활용 전략을 제시하는 과정

실전 과정 | 시험 직전 마무리를 위한 최종 점검

막판뒤집기 2주완성 학생편 / 직장인편
최신 경향 문제를 반영한 모의 TEST 10회의 연습을 통해 실전 적응력을 향상시키는 과정

크레듀 웹사이트에서 더 많은 온라인 과정을 만나보세요! 교육과정문의 TEL 1544-9001 Email ask@credu.com Web | www.opic.co.kr

OPIc중국어대비 Best 온라인강의

입문 과정 | OPIc 중국어와의 첫 만남

New OPIc 중국어 첫걸음
New OPIc 중국어 시험의 채점 기준 제시 및 OPIc 중국어 출제 유형 분석을 통한 고득점 전략을 강화하는 과정

전략 과정 | 목표 레벨 공략을 위한 수준별 전략 과정

OPIc 중국어의 정석! IM공략
OPIc 중국어 시험장에서 꼭 써먹을 수 있는 패턴 중심의 강의로 Intermediate Mid 레벨 획득뿐만 아니라 중국어 회화 실력도 함께 업그레이드 할 수 있는 과정

OPIc 중국어의 정석! IH공략
OPIc 중국어 시험장에서 꼭 써먹을 수 있는 패턴 중심의 강의로 Intermediate High 레벨 획득뿐만 아니라 중국어 회화 실력도 함께 업그레이드 할 수 있는 과정

WPT대비 Best 온라인강의

전략 과정 | 목표 레벨 공략을 위한 수준별 전략 과정

WPT의 정석! IM공략
WPT 시험에 나오는 다양한 주제 학습을 통해 Intermediate Mid 수준의 영작을 가능하게 하는 과정

WPT의 정석! AL공략
WPT 시험에 나오는 다양한 주제 학습을 통해 Advanced Low 이상의 수준급의 영작을 가능하게 하는 과정

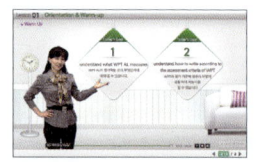

크레듀 오프라인/온라인/모바일 과정

오프라인 러닝
크레듀 오프라인 실전대비 과정
최고의 강사진, 최적의 교육장, 최상의 커리큘럼

★인기 강사★
강북 크레듀캠퍼스 정지수
강남 OPIc SQUARE 최희정

OPIc 실전대비반의 장점!
- 평일/주말 교차 수강 가능
- 결석일 100% 보강
- 전문강사진의 1:1 첨삭 지도
- 소수정예 프리미엄 강좌
- 최신경향 문제 집중 공략!

강남 OPIc SQUARE (강남역 2번 출구) | 강북 크레듀캠퍼스 (시청역 10번 출구) | 학습문의 : 02)6959-1050

온라인 러닝
OPIc 최신경향, 평가 노하우 100% 공개
크레듀 OPIc전문강사 이현석, 신예나의 직강!

OPIc www.OPIc.co.kr
온라인/모바일 병행 가능

이현석 강사
- OPIc의 정석! IM공략
- OPIc Power VOCA

신예나 강사
- New OPIc 첫걸음
- OPIc의 정석! IL공략

크레듀 전화영어
OPIc 주관사 크레듀의 Speaking 전문 전화영어

진단 및 평가
OPIc 평가 방식에 기반한 5대 영역(Comprehension, Pronunciation, Grammar, Vocabulary, Fluency)에 대한 무료 레벨 테스트

체계적인 커리큘럼
OPIc부터 일상회화, 비즈니스, 교원 영어까지 9레벨 50여 개 과정의 정밀한 수준별 맞춤 커리큘럼 제공

검증된 강사진
미시간, 시애틀에 거주하는 고학력 미국 강사(고급회화과정)와 체계적인 교육 과정을 이수한 필리핀 전문 강사진

1:1 전담 학습관리
1:1 출석 관리, 해피콜 상담, 성취도(일, 월)평가, Writing 첨삭 등을 통해 1:1 전담 학습 관리 제공

전화영어문의 | TEL 1544-9002   Web | www.creduphone.com